中国海外投资利益的维护及其风险防范

The maintenance of China's overseas investment interests and the prevention of its risks

陶满成 著

中国商务出版社
CHINA COMMERCE AND TRADE PRESS

图书在版编目（CIP）数据

中国海外投资利益的维护及其风险防范 / 陶满成著. —北京：中国商务出版社，2023.4
ISBN 978-7-5103-4631-6

Ⅰ.①中… Ⅱ.①陶… Ⅲ.①海外投资—权益保护—金融风险防范—研究—中国 Ⅳ.① F832.6

中国版本图书馆 CIP 数据核字（2022）第 254268 号

中国海外投资利益的维护及其风险防范
ZHONGGUO HAIWAI TOUZI LIYI DE WEIHU JI QI FENGXIAN FANGFAN

陶满成　著

出　　版：	中国商务出版社
地　　址：	北京市东城区安外东后巷 28 号　　邮　编：100710
责任部门：	教育事业部（010-64243016）
责任编辑：	刘姝辰
总 发 行：	中国商务出版社发行部（010-64208388　64515150）
网购零售：	中国商务出版社考培部（010-64286917）
网　　址：	http://www.cctpress.com
网　　店：	http://shop595663922.taobao.com
邮　　箱：	349183847@qq.com
开　　本：	710 毫米 × 1000 毫米　1/16
印　　张：	21　　　　　　　　　　　　字　数：321 千字
版　　次：	2023 年 4 月第 1 版　　　　　印　次：2023 年 4 月第 1 次印刷
书　　号：	ISBN 978-7-5103-4631-6
定　　价：	88.00 元

凡所购本版图书有印装质量问题，请与本社印制部联系（电话：010-64248236）
版权所有　盗版必究（盗版侵权举报可发邮件到邮箱：1025941260@qq.com 或致电：010-64515151）

序

高兴为陶满成博士的新著作序。和陶满成博士相识已有一段时间,我……张的工作之余始终坚持学术研究并取得大量成果的精神表示赞赏。……注海外利益的学者,我得到书稿后爱不释手,精读了数遍,收获……启发。

……海外利益,既是大国成长的核心要素和关系国计民生的重大……国义不容辞的地区治理和全球治理责任。中国改革开放后,……"战略、加入世界贸易组织、推动共建"一带一路"以来,……拓展,脆弱性和敏感性也日益突出,但相应的保护机制……后,如何有效应对日益复杂的海外风险与挑战仍是亟待……

……题意义重大,研究也比较系统,作者付出了巨大的……大局、发展安全两件大事的战略高度,建立起了……海外投资利益——海外投资利益的维护及风险防……利益的风险进行了详细的分析,并给出了比较可……今后一段时间我国海外利益保护能力建设具有重……

……家来说,主要是通过对外投资来降低国内生产成……本在全球范围内符合本国价值取向的优化配置。随……包括中国在内的不少发展中国家也从传统的资本输……出国,从而成为推动贸易自由、投资自由化和便利……2021……中国的境外投资无论是流量还是存量都已非常庞大。……年,中……投资流量1 788.2亿美元,连续十年位列全球前三,同……存量2.79万亿美元,连续五年排名全球前三。当前,世界百年……加速演进,国际形势复杂严峻、变幻莫测,世界之变、

中国海外投资利益的维护及其风险防范
The maintenance of China's overseas investment interests and the prevention of its risks

时代之变、历史之变的特征更加明显,世界进入动荡变革期,[在此背景下,]巨量的海外投资利益能否得到有效保护已经成为中国能否实现[和平崛起的重]要内容。这已不仅是理论问题,更是迫切的现实课题。

本书界定了海外利益、"一带一路"、海外经济利益、海外投资利益的内涵与外延,梳理了国家经济安全、海外利益安全、对外投资安全、海外投资风险防范等基本问题,总结了美国、英国、法国、德国、日本、加拿大、俄罗斯等国家海外利益保护的有益经验,阐述了中国海外投资利益保护面临的世界形势、中国海外投资利益需要维护的主要领域,描述了中国海外利益安全维护的目标样态,分析了中国海外投资利益的主要内容及所面临风险,明确了中国海外投资利益风险防范的思路框架,探讨了中国海外利益的主要内容及境外优先项目的风险防范,并以中巴经济走廊和马来西亚东海岸铁路项目为例进行了案例分析。

作者系统阐述了影响中国海外投资利益的四个主要领域:双边、多边、第三方合作、国际格局变化。中国海外投资利益安全保障的四个目标:中国境外投资的总体正常运转、国际经贸规则与体系的公正及良好运转、中国经济构成互为补充的有机整体及中国海外救济体系的良性运转。中国海外投资利益的四项主要内容:绿地投资、跨国并购、金融投资、促进互联互通基础设施。中国海外投资利益的四个优先项目:能源资源安全、产业安全、境外市场安全和国际收支平衡。特别难能可贵的是,作者在书中创建了"Y=FX"模型:Y(高质量发展+法制建设+情报信息搜集+命运共同体建设)=F(双边+多边+第三方+国际格局变化)X(绿地投资+并购+金融投资+互联互通),并用模型指导,解决具体问题。

2023年是"一带一路"倡议提出10周年。"一带一路"倡议是中国维护海外利益的进程中向世界提供的最耀眼的公共产品,现已成为最重要的国际合作平台。未来中国的海外利益将在更大范围、更高水平、更深层次的国际合作的实践中向全球拓展。"一带一路"倡议最深层次的背景是,百年变局下,全球化遭遇逆流,大国政治回归,竞争博弈日趋激烈,和平赤字、发展赤字、安全赤字、治理赤字都在加剧,接下来的数年,中国的海外利益将处于机遇和风险并存、不确定难预料因素增多的多事之秋,且不浪急甚至惊涛骇浪的重大考验，中国仍需在海外利益保护的研究上下足功夫。诚挚希望满成继续艰苦奋斗，工学相长，把相关研究持之以恒地进行下去。期待着为他的下一部著作作序。

于军

2023年2月

自　序

世界经济格局变化对海外投资保护的机遇和挑战

中美经贸摩擦后，突发新冠①疫情，石油价格出现大幅下降、后由于乌克兰危机石油价格暴涨、再后来又下跌，世界经济格局发生了巨大变化。这给中国"一带一路"倡议实施和海外投资等海外利益保护带来了一系列机遇和挑战。

一、当今世界主要大事及其引起的国际经济格局变化

近年来发生的影响世界经济格局的主要大事有中美经贸摩擦及后续中美关系变化、新冠疫情及其对世界经济的主要影响、国际能源市场大动荡等。世界经济格局面临百年未有之大变局：东升西降、多边弱化与双边强化、不确定性风险增加等。

（一）主要世界大事

1. 中美经贸摩擦

2018年以来，美国单方面发起并不断升级中美经贸摩擦，给两国经贸关系和世界经济发展带来了很大不利影响。经过一系列艰苦卓绝的摩擦磨合，2020年1月15日，中美两国在华盛顿签署第一阶段经贸协议，对世界经济格局影响很大。之后中美两国在这个框架下又进行了一系列的合作和摩擦。拜登上任后，在继承了特朗普留下的有利于对华施压和斗争的框架基础上，加大了团结盟国对华斗争的权重，但整体局面没有大的变化，中方保持了战略定力和比较稳定的局面。

2018年9月24日，中国国务院新闻办公室发布《关于中美经贸摩擦的事

---

① 原称"新型冠状病毒肺炎"，2022年12月26日，国家卫生健康委员会发布公告，将新型冠状病毒肺炎更名为"新型冠状病毒感染"。

实与中方立场》白皮书，旨在澄清中美经贸关系事实，阐明中国对中美经贸摩擦的政策立场，推动问题合理解决。2022年11月18日，中国商务部部长王文涛在泰国曼谷APEC领导人非正式会议期间应约会见美国贸易代表戴琪。中美两国元首在巴厘岛会晤之后，双方对共同关心的中美经贸问题和多边、区域经贸问题，进行坦诚、专业、建设性的交流。双方同意继续保持沟通。

2. 全球新冠疫情危机

自2020年1月以来，新冠疫情来袭，冲击了全球大多数国家，成为一场远远超过2003年SARS、2014年埃博拉病毒的严重的全球公共卫生危机，对全球治理和国际合作产生了深远影响。首先，新冠疫情凸显了全球化时代人员高度流动的负面效应，将为逆全球化思潮提供"弹药"；其次，新冠疫情暴露了全球治理和国际组织的无力，不利于推动强化全球治理，世界卫生组织、世界银行、国际货币基金组织和联合国系统在很多问题上显得无能为力；再次，新冠疫情再次印证了现实主义的生命力，无情碾轧了国际政治中的理想主义、建构主义，国家利益至上变得更加明确，民族主义纷纷抬头；最后，中国在应对新冠疫情前期，由于社会管控能力强，检测、隔离、准备、公共卫生等方面整体表现良好，及时控制住了新冠疫情，为全球抗疫作出巨大贡献，提升了中国在国际政治中的道义影响力、领导力。但美国少数州政府、印度和尼日利亚等少数国家却特别强调中国应该承担相应责任。而很多的国家，包括不少发达国家在新冠疫情面前努力的效果都显得比较苍白。后来，随着形势的发展，很多国家逐渐采取了"躺平"的方式。长达3年的新冠疫情对世界经济格局产生了巨大和深远的影响。

3. 国际油价剧变

自2020年新冠疫情暴发以来，绝大多数国家、地区和人口实行封锁躲避病毒政策，机动车和飞机等使用变少，导致原油等能源需求急剧下降。全世界的储油设施都几乎填满，产量相对于使用量而言越发过剩。从2020年3月开始，由于以沙特为首的欧佩克和以俄罗斯为代表的非欧佩克产油国未就石油限产达成一致，进而相互开展价格战，又因石油自身的属性特点，国际原油价格一路暴跌，至2020年4月21日，美国原油2005合约破天荒跌到了–40.31美元/桶。汽油消费大幅下滑，以石油衍生品为原料的工厂关闭，原油价格急剧下跌。

2022年2月24日，乌克兰危机爆发，直到今天也没有结束的迹象。乌克兰危机及其衍生出来的北溪2号管道被炸等事件对国际能源格局产生了巨大影响。俄罗斯作为世界上屈指可数的产油大国，其石油和天然气出口遭遇重大壁垒，石油稀缺性上升，导致国际油价大幅上升。在这种形势下，美国不断加大对欧洲能源输出，而且为了打压俄罗斯，西方国家联手千方百计将油价降了下来。于是石油价格先是暴涨，后又大跌。这对各主要利益相关方和整个世界经济格局产生了巨大而深远的影响。

（二）主要世界大事对世界经济格局的影响

1. 东升西降的国际政治格局变化趋势更加明显

近年来，国际政治格局一直在经历深刻变化。随着科技和基础教育的普及，地球向"平"的方向发展，领土、人口、资源等基础因素影响世界经济的比例在上升；发达国家整体实力下降，以新兴经济体为代表的发展中国家整体实力上升。经过前述三件大事，这一变化趋势更加明显。虽然中美贸易摩擦是由美国挑起，但中国毫不畏惧，充分发挥体量优势和体制优势，增强自信，坚持斗争，敢于斗争，与美国形成了较为平衡的局面，充分展示了中国的实力和韧性。相比于中国对新冠疫情的迅速有效控制，美国和多个欧洲发达国家却表现糟糕。美国自诩世界强国，但在应对新冠疫情和国际油价剧变上没有展现出足够的领导力和话语权。美国国内的根本性问题有放大的趋势，中美力量对比进一步朝着有利于中方的局面发展。

2. 双边走强，多边走弱，国际政治中的现实主义色彩更加浓厚

自特朗普上任后，美国将中国明确为竞争对手，中美进入大国博弈时代。中美签署第一阶段经贸协议，而且文本内容比较均衡，展现出了大国间竞争的波澜壮阔。通过这一阶段的较量，中美两国都更加相信实力决定合作程度的道理。而世界许多国家在新冠疫情面前，呈现出"各人顾各人"的景象，不顾世界卫生组织的建议，前期坚持关闭边境、停止航班，就连有欧盟作为组织者、一直号称团结一致的欧盟国家都互相拼抢医疗物资；后期很多国家又直接采取"躺平"方式，导致新冠疫情迟迟不能结束。油价的剧变更是国家间权力竞争的重要体现，影响国际产业链的重新配置。

多边主义走弱,单边主义和双边主义走强,现实主义上升,民族主义抬头。一方面,受到新冠疫情和油价暴跌的影响,许多国家特别是欧洲国家和广大发展中国家都支持构建更加有效的多边主义,强化国际组织和国际合作。同时,中国在国内应对新冠疫情中展现出的高效和在国际上发挥的无私领导力,将进一步增进中国与部分欧洲国家和发展中国家新型多边主义合作。另一方面,美国和一些受到新冠疫情影响的国家的部分民众将进一步滑向单边主义,民族主义高涨,支持对人员和货物流动进行限制,对产业链的布局进行重构。

3. 不确定性风险增加

世界经济形势衰退带来恐怖主义风险上升,美日等国不断推动产业链"去中国化",中国周边安全如港、台、南海等问题上的不确定性风险大幅提升。例如,在产业链"去中国化"问题上,美日有官员公开号召本国企业回国并采取补贴等政策扶植。在台湾问题上,佩洛西窜访,中方进行大规模军演来反制,而今蒋万安当选台北市市长、国民党获得"九合一"选举胜利,这将对中美关系产生新的重大影响。在香港问题上,美国也是不断向中国挑战和施压,迫使联合国人权事务高级专员对华立场反复。在南海问题上,美国及其盟友不断派军舰进入相关领域,鼓动域内国家挑衅;越南等国也抓住中美博弈大背景下的机会不断进行既得利益巩固和拓展。

二、世界经济格局变化对海外投资利益保护带来的机遇和挑战

世界经济格局的巨大变化给中国"一带一路"倡议和海外投资等海外利益保护工作带来多项机遇和挑战。

(一)主要机遇

1. 美国为首的西方国家有变弱趋势

仍然是世界最富强国家的美国因为缺乏计划性和同一性而一度面临很大的抗疫压力。美国不间断地在新冠疫情溯源等问题上对中国进行嘲讽和政治攻击,甚至拒绝向世界卫生组织提供经费。意大利等国家也都显得比较忙乱。美国联邦政府债务于2022年9月接近31万亿美元,美国家庭债务总额于2022年6月达到16.15万亿美元。国际国内形势和压力之下,美国不断退出国际机构

和多边机制。美国的行为向外界展示出了其对自身实力和世界格局变化的不自信。

2. 世界秩序面临大幅调整

由于改革开放40多年来的崛起带来的自身实力的大幅增强，中国在地区和全球机构中的地位和话语权大大增强。这次应对新冠疫情凸显了中国的制度优势以及重要物资供应链条上的不可替代性，中国在众多制造业行业全球供应链中心的地位得到进一步巩固。综合考虑劳动力成本、市场、关税和整体产业链协同能力等因素，短期内不会出现美国希望的外资企业大批量撤出的情况。特朗普对全球贸易秩序的破坏充分证明了世界秩序架构分崩离析造成的严重后果。再加上原油及其期货价格的剧变，世界经济格局面临巨大变化。

3. 抗击新冠疫情初显中国体制优势，世界各国对中国认同度提升

新冠疫情危机蔓延到了全球绝大多数国家和地区，抗击新冠疫情过程中中国尽快控制住了新冠疫情并向其他国家提供了大量援助。新冠疫情应对是对国家治理体系和能力的大考。建立在全民所有制和集体所有制基础上的中国经济体制起到了决定性作用。中国政府领导的决断力以及采取宏观调控手段高效调动资源的能力和空间是很多资本主义国家无法企及的。中国的制度优势、传统中医和先进技术在抗疫中都发挥了重要作用。以最快速度兴建了基础设施的同时，建立了多层级的防控隔离制度。有效掌控了危机状态下的新闻传播，避免了恐慌心理的急剧蔓延，促进了正能量在危机状态下的传递，实现了政府和民众的良性互动。后期，在众多国家"躺平"后，中国在坚持"动态清零"方针的同时，也根据本国的实际情况不断调整应对措施。

（二）主要挑战

1. 美国将矛头对准中国

要清醒地认识到，在当前的实力对比和发展趋势下，无论是谁代表美国政府，无论美国民众是否关心美国政治、是否对美国政治有较好的理解、是否进一步被极化至两党阵营，美国都不希望中国进一步崛起甚至可能成为世界第一大国。美国已明确将中国作为头号竞争对手，并采取了多种强硬措施。美国拒绝承认中国市场经济地位，采取了大幅加征关税等很多限制中国对美国出口的手段，进一步导致中美之间贸易和投资大幅下降。2018年秋，美国

国会通过立法建立了投资600亿美元的国际开发金融公司（IDFC）来监管对发展中国家的战略投资，显然主要是针对中国不断增长的国际影响力。2019年7月31日，美联储决定下调联邦基金利率25个基点，这是美国金融危机10年后的首次降息，并提前至8月1日起停止缩表。之后美国开始先是大幅减息，后又大幅加息来收割世界财富。2019年8月6日，美国财政部将中国列为"汇率操纵国"。美联储的大幅减息加息，叠加中美经贸摩擦的各种打压手段以及新冠疫情对市场的影响，中国人民币汇率和整个经济基本面难免会受到重大影响。

2020年4月8日，美国联邦通信委员会允许谷歌开通连接至中国台湾的高速互联网链接，但以国家安全担忧为由不允许光缆连接至中国香港。在新冠疫情扰乱全球供应链的背景下，为减轻本国在制造业领域对中国的依赖，美国考虑通过减负等措施来帮助在华美国企业迁出中国。2020年4月9日，美国白宫国家经济委员会主任库德洛表示，美国政府应该允许本国企业在财务核算中抵扣所有资本支出项目的成本，包括从中国回迁到美国的成本。2020年7月14日，时任美国总统的特朗普签署所谓的《香港自治法案》（Hong Kong Autonomy Act），威胁将对"协助限制香港自治"的中国实体和个人实施制裁。

2021年6月，美国国会参议院通过斥资2 500亿美元、全面抗衡中国的跨党派《创新与竞争法案》。在此基础上，2022年1月25日，美国国会众议院推出《2022年美国创造制造业机会和技术卓越与经济实力法》，简称《2022年美国竞争法案》。该法案于2022年2月4日获得通过。按照这项长达近3 000页的法案，美国将创立芯片基金，拨款520亿美元鼓励私营部门投资于半导体的生产等；授权划拨450亿美元改善美国的供应链，加强制造业，防止关键物品的短缺并确保更多此类产品在美国制造；推动美国的科学研究和技术创新以及通过经济发展、外交、人权和同盟关系确保美国在全球的竞争力和领导地位。该法案还有多项涉及中国台湾的条款，包括强化美国与中国台湾的伙伴关系，并包含了2021年由美国两党众议院推出的《台湾和平与稳定法案》和《台湾国际团结法案》的内容。《2022年美国竞争法案》旨在加强美国竞争力，目标是加强美国国内供应链、先进技术研发和科学研究，以提升竞争力，在全球范围内与中国抗衡。美国总统拜登发表声明称，该法案将使美国在今后几十年内在与中国和其他国家的竞争中立于不败之地。2021年12月2日，美国证券交易委员会（SEC）通过最终修正案，颁布了《外国公司问责法》（HFCAA）的实施细则，明确了"SEC认定的证券发行人"，并对英国特许保险学院（CII）提出了明确的各类信息披露要求。美方要求在美国上市的中资公司必须披露它们是否由政府实体拥有或控制，并提供审计底稿供美方检查，否则将在3年内被纽约证交所和纳斯达克摘牌。根据这一规定，面临摘牌的中资公司可能超过200家。2022年2月24日，美国上市公司会计监督委员会（PCAOB）表示正持续与中方监管机构就对在美上市的中资公司的审计底稿检查问题进行沟通，但目前仍不清楚中国政府是否会允许美方检查审计底稿。在美方一系列极端措施之下，中美之间在涉美上市公司的问题上达成了一些协议。

2022年2月7日，美国商务部宣布将33个总部在中国的公司列入"未经核实名单"。列入这一清单的公司必须接受严格的出口管控，美国的理由是美国官员"无法对这些公司进行例行式核查"。美国商务部声明，无法确定这些实体的合法性与可靠性在美国政府控制之中，可能包括无法联系或找到当事方、当事方未能恰当展示涉《出口管制条例》物项的性质、当事方所在国政府在美国商务部工业和安全局进行最终用途调查时缺乏配合。被列入这份名单并不意味着该公司构成具体和明确的国家安全威胁或外交政策关注，但美国公司与纳入名单的公司进行交易时必须进行额外的尽职调查，需要提交更多的文件、美国出口商如向被列入名单的中国公司发货必须获得许可证。这33家公司主要包括电子公司、光学公司、一家风涡轮叶片公司、某大学的国家实验室等。2022年3月25日，美国联邦通信委员会将俄罗斯卡巴斯基实验室、中国电信美洲公司和中国移动国际（美国）公司列入被视为威胁美国国家安全的通信设备和服务提供商。

美国针对中国的举措一项接着一项，显现出不断加码的态势。美国已经形成民主、共和两党一致强硬对待中国的政策趋同局面，不同的只是手法和模式。我们要保持清醒，提前预判，把握主动，要尽量防止全面"脱钩"的两伤局面。

新冠疫情是在中美关系大转型时期发生的重大危机事件，而这一危机事件揭示了中美关系中某些痛苦的真相。从危机产生的消极影响来看，当疫情最初在中国暴发时，美国国内出现了很多幸灾乐祸的声音，认为新冠疫情会阻碍中国经济的发展和大国崛起的步伐，甚至可能影响中国社会的稳定，并加速中美两国经济的脱钩。众所周知，在新冠疫情暴发的前2个月内，美国政府并未对中国提供任何实质性援助。这种负面的表现令我国感到失望，它使我们意识到中美之间地缘政治和意识形态的敌意在很大程度上已经超越了人道主义关切。

2. 世界秩序越发混乱

全球很多国家和地区已经因为战乱、大国经济制裁、自然灾害和气候变化等因素而陷入人道主义危机，新冠疫情让这些国家和地区的情况更加糟糕。除单边行动外，美国与日本、东盟、新加坡、印度、澳大利亚达成双边或多边基础设施合作框架，且联合日本共推高质量基础设施投资标准，把透明度、市场化融资、开放型基础设施及债务可持续作为高质量投资的基本原则。2019年6月，在美日推动下，G20大阪峰会通过了《G20高质量基础设施投资原则》。美国的意图是抢占印太基础设施投资规则的主导权，以对冲中国"一带一路"倡议的先发优势，加大中国与其他国家开展"一带一路"合作的阻力。

2020年1月，针对武汉出现的新冠疫情，中国全国相当一部分地区实行了严格的管控措施，延长春节假期，交通管制，旅游景点、饭店餐厅、文化娱乐等场所停止营业，住宿餐饮、文化旅游、物流运输以及批发零售等行业受到较大冲击，短期内造成了很大经济损失。2020年1月30日，世界卫生组织总干事谭德塞在日内瓦召开紧急会议后确定将中国正在暴发的新型冠状病毒疫情定义为"国际关注的突发公共卫生事件"（PHEIC）[①]。这给中国外贸货物出口、海运物流和对外交流带来极其严重的巨大影响。外资利用和旅游业也将受到巨大打击，美国、澳大利亚、德国、英国等国纷纷暂停了2月初与中

[①] "国际关注的突发公共卫生事件"是指"通过疾病的国际传播构成对其他国家的公共卫生风险"，并可能需要采取协调一致的"国际应对措施"的"不同寻常"事件。世界卫生组织可根据《国际卫生条例（2005年）》第53条提出关于常规或定期采取适宜卫生措施的长期建议。缔约国可针对正发生的特定公共卫生危害对人员、行李、货物、集装箱、交通工具、物品和（或）邮包采取措施，其目的是防止或者减少疾病的国际传播和避免对国际交通的不必要干扰。具体的建议措施包括但是不限于以下意见：审查载货清单和航行路线；实行检查；审查离境或过境时采取消除感染或污染措施的证明；处理行李、货物、集装箱、交通工具、物品、邮包或骸骨以消除感染或污染源（包括病媒和宿主）；实行隔离或检疫；如果现有的一切处理或操作方法均不成功，则在监控的情况下查封和销毁受感染或污染或者嫌疑的行李、货物、集装箱、交通工具、物品或邮包；不准离境或入境。

国主要大城市的互通航班。受新冠疫情和中国假期延长的影响，中国2020年第一季度经济不尽如人意。全球主要经济体几乎都陷入了衰退。

2022年2月11日，美国白宫发布"印太战略"文件，宣布向印太地区投入更多的外交与安全资源。

2022年2月，乌克兰危机爆发，美国和西方国家采取了全方位的制裁措施。而且美国既逼迫中国选边站，又在台湾等问题上对中国出手，世界秩序越发混乱。

3. 各国纷纷启动保护主义

新冠疫情暴发初期，中国关闭部分地区的工厂和隔离城镇，以此来遏制病毒的传播。中国不得已暂停向世界各地的工厂供应零部件，国际工业产业链受到了一定影响。为了减轻本国在制造业领域对中国的依赖，日本决定从该国经济刺激计划中拨出22亿美元用于资助在华日企把生产转移出中国。根据日本公布的经济刺激计划细节，在日本为对冲新冠疫情经济影响而编制的9 920亿日元额外预算中包含两个子项：一是为那些着手把在华生产迁回日本的日资企业提供2 200亿日元（约20亿美元）资助；二是为那些寻求把在华生产转移到其他国家的日资企业提供235亿日元（约2.2亿美元）资助。中国是日本的最大贸易伙伴，但2020年2月由于新冠疫情导致中国许多工厂停工，当月日本从中国的进口下降了将近一半，进而导致日本国内制造业所需的必要零部件出现了短缺。此外，日本一方面与印度推进"亚非增长走廊"计划，另一方面与美、澳共同推进对印太地区基础设施项目的投资，2019年9月又与欧盟签署加强基础设施建设的相关协议，希望推进双边在印太地区、西巴尔干地区和非洲地区完善道路、港湾等基础设施的合作，对冲"一带一路"倡议影响力意图明显。美欧日投资基础设施有助于缓解相关国家、地区建设资金的压力，但其意图若主要为抑制、防范中国，则会形成恶性竞争，导致出现"多带多路"，最终形成基础设施领域令发展中国家和地区难以承受的"意大利面条碗"效应。日本响应中国"一带一路"第三方市场合作的同时，对本国企业参与合作施加诸多限制，并专门将港口、铁路、机场等项目划为"特殊领域"，不建议与中方合作。

欧盟和部分欧洲国家也对"一带一路"倡议采取保护主义政策，加大对中国投资基础设施建设项目的规则审查、安全审查，使包括匈塞铁路在内的中方在欧项目建设进程受到明显影响。2020年3月25日，欧盟委员会向所有成员国发布了《有关外商直接投资（FDI）和资本自由流动、保护欧盟战略性资产收购指南》。这是在2020年10月11日《欧盟外资审查条例》对所有欧盟成员国实施后，针对可能发生的外国投资者对欧盟战略性资产进行收购的相关规定。规定强调了国家安全和公共秩序的要求，对直接投资收购医疗相关企业作出了严格要求。2020年4月4日，意大利政府宣布将修订相关法令，将"黄金权力法"（专门限制资本并购的法律）应用范围扩大到食品、金融、保险和医疗领域，并将欧盟内部的收购行为也纳入这个指南管辖。2020年4月6日，意大利政府宣布，为保护本国企业不被并购，将采取加大保护力度的措施，银行、保险、能源、保健等广泛行业将成为保护对象。限制措施针对的是打算收购意大利企业10%以上股份的外国企业。德国加大了对《德国对外贸易和支付法》（AWG）的执行力度。2020年4月8日，德国政府批准了一项加强监管的政策，适用于欧盟地区以外企业收购本国企业的案例。政府如果认为"收购行为有损德国利益"，就可以阻止收购。中国入股德国汉堡港的并购受到了很大的限制。基础设施、医药用品、防护用品生产商是重点保护对象，能源、数字经济相关企业也可能被纳入保护范围。为应对和减少新冠疫情对经济的影响，西班牙政府出台了一项临时要求——外国（非欧盟）对西班牙的战略性行业进行直接投资需要获得事前批准。

2020年4月初，澳大利亚政府规定外国所有投资项目都要接受政府部门审查（原来的审查门槛是12亿澳元，约合7.36亿美元），审查期限也由原来的一个月延长到最长半年。在今后一定时期内，澳外国投资审查委员会要负责审核所有外商投资项目，不管项目投资金额大小。

2020年4月17日，印度工业和内贸促进局（DPIIT）在其官网发布公告，宣布修改外商投资政策，规定"任何来自与印度接壤的国家投资者"都只能在政府准入路径下进行投资，这将大大增加包括中国在内的与印度陆地接壤国家的企业在印度并购投资难度。邻国中与印度有庞大双边贸易的只有中国，这一规定的目标显而易见。这次印度修订法案把中国同巴基斯坦、孟加拉国两国给予同等待遇，以此来遏制新冠疫情大流行背景下对印度企业的趁机收购。拥有外国投资的印度实体所有权变更也需要得到印度政府批准。至2019年年底，中国已经累计对印度投资超过80亿美元；其中，阿里巴巴等中国投资者在印度"移动支付"电子商务公司和在线零售商弗利普卡特公司有较大投资；在其他印度"独角兽"企业中，中国的投资也比较多。这对中国对印度的新增投资和已经在印度有投资的中国企业的后续投资产生巨大影响，对印度吸引外资会有较大影响。

乌克兰危机后，又有中东、欧洲国家退出与中方的合作机制，甚至抵制中欧班列过境。近期，英国甚至怀疑并可能限制使用中国生产的摄像头。这种情况在客观上迎合了美国的"脱钩"设想。中美贸易摩擦及中美关系形势还不十分明朗，再叠加这次新冠疫情给经济造成的损失、美国采取的大幅降息升息和巨额财政刺激计划，以及石油价格的巨大起伏，给本不乐观的中国经济、特别是海外投资等海外利益保护增加了更多的困难和不确定性。对中国海外投资面临的风险进行系统梳理，如何维护中国海外不同类型投资、特别是优先项目的安全等进行系统研究已经成为中国海外利益保护的重中之重、当务之急。

陶满成

2023年2月

中文摘要

所谓海外投资，即境外投资，是指投资主体通过投入货币、有价证券、实物、知识产权或技术、股权、债权等资产和权益或提供担保，获得境外所有权、经营管理权及其他相关权益的活动。本书将中国海外投资利益界定为中国国家、企业和公民在中国管辖地域外的投资及其衍生利益。近年来，中国海外投资的流量和存量都大幅增加，如何确保海外投资利益的安全成为一项重要的时代命题。中国海外投资利益安全保障需要关注的领域是什么？答案是双边、多边、第三方合作、国际格局变化。"双边"，即中国与对象国之间一对一的经济关系等内容；"多边"一般是指参加同一个国际组织或某个活动的多个国家之间的关系；"第三方合作"是指两个国家在第三国就一些约定的重点领域进行合作。中国海外投资利益安全保障的目标状态是什么？主要确定为，海外投资的总体正常运转、与国内经济构成互为补充的有机整体、国际经贸规则与体系的公正及良好运行和中国海外救济体系的良性运转。

中国海外投资利益面对的主要风险是什么？经过按照有利于应对角度的重新梳理，这些风险主要包括经济风险、政治风险、安全风险、社会风险和突发事件等内容。其中，经济风险包括外贸与利用外资政策大变化、汇率利率和债务等金融政策大变化、能源等市场政策大变化、大型或敏感企业和项目关停并转引发社会问题；政治风险包括领导人变更、政党轮替及反对党作用、政变及政权更迭、大国干预、地缘政治格局变化；安全风险包括战争、动乱、武装冲突、海盗、恐怖主义等暴力袭击；社会风险包括第三部门崛起、环境和气候问题标准大变化、劳工标准大变化、风俗习惯和宗教信仰等理念问题发酵；突发事件包括地震海啸台风等重大自然灾害、重大疫情等公共卫生事件、大规模游行示威罢工活动、互联网安全问题、重大舆情与信息安全问题等。实现有效保护中国海外投资利益的思路框架是什么？一是促进高质量发展；二是加强法制建设（研究对象国的法律制度；用法律来促进中国经济的高质量发展），促进可持续发展；三是加强情报信息搜集，促进判断正确和措施得力；四是加强共同利益和机制构建，促进人类命运共同体建设（有效机制构建）。

本书确定中国海外投资利益的主要内容为，绿地投资、跨国并购、金融投资、促进互联互通的基础设施投资；优先项目主要包括能源资源、高新技术、境外市场、国际收支。将境外项目作为研究的重要内容和视角。本书也对海外投资利益的主要内容和优先项目的内容作了风险分析，梳理了应对措施。

上述过程用"Y=FX"模型体现为：Y（高质量发展＋法制建设＋情报信息搜集＋人类命运共同体建设）=F（双边＋多边＋第三方＋国际格局变化）X（绿地投资＋跨国并购＋金融投资＋基础设施投资）。X是中国海外投资利益，是自变量。当前阶段主要包括绿地投资、跨国并购、金融投资和促进互联互通的基础设施投资，将境外项目作为研究的重要内容。F是函数。中国海外投资利益维护的主要领域包括双边、多边、第三方、国际格局及其变化。双边主要包括中美、中日、中欧、中非、中国和东盟等。多边包括世界贸易组织、亚太经合组织等。第三方包括中日在印度，中印在非洲，中国相关机构与盖茨基金会在第三国的合作等。Y是风险防范，是因变量。中国海外投资利益安全保障的目标状态是，海外投资的总体正常运转、与国内经济构成互为补充的有机整体、国际经贸规则与体系的公正及良好运行和中国海外救济体系的良性运转，风险要切实可控。海外投资利益风险防范的思路框架是高质量发展、法制途径、情报信息搜集和促进人类命运共同体建设。明确四个优先项目：能源资源、高新技术、境外市场、国际收支平衡。

最后，本书以中巴经济走廊和马来西亚东海岸铁路项目为例进行了风险分析和应对措施梳理。

关键词： 海外投资利益　维护　风险防范

Abstract

The overseas investment, refers to the activities that investment subjects acquire foreign ownership, management rights and other related rights and interests through the investment of money, securities, physical goods, intellectual property or technology, equity, creditor's rights and other assets and interests or providing security. China's overseas investment interests are defined as the investment and the derived interests of the Chinese nation, enterprises and citizens outside the jurisdiction of China. In recent years, the flow and stock of China's overseas investment have increased greatly. How to ensure the safety of overseas investment interests has become an important question of our time. What are the areas that China needs to concern to safeguard its overseas investment interests? The answer is bilateral, multilateral and third-party cooperation and the changes in the international structure. "Bilateral cooperation" refers to the one-to-one economic relationship between China and its target country, and "multilateral cooperation" generally refers to the relationship between several countries participating in the same international organization or activity. "Third-party cooperation" refers to the cooperation between two countries in a third country on a number of agreed key areas. What is the target state for the security of China's overseas investment interests? It is defined as: the overall normal operation of overseas investment, the complementary organic whole with domestic economy, the fair and good operation of international economic and trade rules and system and the good operation of China's overseas relief system.

What are the main risks of China's overseas investment interests? After reorganization according to the favorabte response respective, these risks include economic risk, political risk, security risk, social risk and emergency events, etc.

Among them, economic risk includes big changes in the policy of foreign trade and foreign capital utilization, big changes in financial policies such as exchange rates, interest rates and debts, big changes in market policies such as energy, and social problems caused by the shutdown of large or sensitive enterprises and projects. Political risk includes leadership change, political party rotation and the role of the opposition parties, coup and regime change, great power intervention, geopolitical pattern change. Security risk includes war, unrest, armed conflict, piracy, terrorism and other violent attacks. Social risk includes the rise of the third sector, changes in environmental and climate standards, changes in labor standards, fermentation of ideological issues such as customs and religions beliefs. Unexpected events include natural disasters such as earthquakes, tsunamis and typhoons, public health events such as major epidemics, large-scale demonstrations and strikes, internet security issues, major public opinion and information security issues, etc. What is the thought framework to achieve effective protection of China's overseas investment interests? The first is to promote high-quality development. The second is to strengthen the construction of the legal system (study the legal system of the target country; take use of the law to promote high-quality development of the China's economy) and to promote sustainable development. The third is to strengthen the collection of intelligence information. Fourth, we should strengthen the construction of common interests and mechanism, and promote the building of a community with a shared future for mankind (The construction of effective mechanism).

The main contents of China's overseas investment interests are greenfield investment, cross-border M & A, financial investment, infrastructure to promote the interconnection. The priority projects include energy and resource, high and new technology, overseas market and balance of payments. Foreign project is regarded as an important research content and perspective. This research also make a risk analysis of the main content of overseas investment benefit and the priority project and combs the solutions.

The above process is represented as "Y = FX" model: Y (high-quality

Abstract

development + legal construction + intelligence information collection + the building of a community with a shared future for mankind) = F (bilateral + multilateral + the third party + international structure Change) X (Greenfield investment + cross-border M & A + financial investment + infrastructure investment). X is an independent variable of China's overseas investment interests, which include greenfield investment, cross-border M & A, financial investment, and infrastructure investment for the interconnection at the current stage. Foreign projects are regarded as an important part of the study. F is a function. The main areas of maintenance of China's overseas investment interests mainly includes bilateral, multilateral, the third party, international pattern and its change. Bilateral mainly includes China and the United States, China and Japan, China and Europe, China and Africa, China and ASEAN. Multilateral includes the WTO, the Asia-Pacific Economic Cooperation, etc. Third parties include China and Japan in India, China and India in Africa, and cooperation between China's related institutions and the Gates foundation in a third country. Y is the risk prevention, it's a dependent variable. The objective state of the security of China's overseas investment interests is the overall normal operation of overseas investment, the complementary organic whole with the domestic economy, the fair and good operation of the international economic and trade rules and system and the healthy operation of China's overseas relief system. The risks need to be manageable. The risk prevention overseas investment interests is achieved through high-quality development, legal channels, intelligence information collection, and the building of a community with a shared future for mankind. Four priority projects are defined as energy resources, high and new technology, overseas market and balance of international payments.

Finally, taking CPEC and the project of east coast railway of malaysia as examples, this book provides an analysis of the risks and measures.

Key Words: Overseas Investment Interests Maintenance Risk Prevention

目　录

第一章　概述 ... 1
- 第一节　选题意义 ... 2
- 第二节　国内外研究现状 ... 8
- 第三节　研究方案 ... 17
- 第四节　中国海外投资利益界定 ... 24

第二章　中国海外投资利益保护面临的世界形势 ... 31
- 第一节　世界形势 ... 32
- 第二节　主要国家的海外投资利益安全保障措施及其借鉴 ... 37

第三章　中国海外投资利益需要维护的主要领域 ... 49
- 第一节　双边领域 ... 50
- 第二节　第三方市场合作 ... 58
- 第三节　多边领域 ... 62

第四章　中国海外投资利益安全维护的目标样态 ... 69
- 第一节　海外投资的总体正常运转 ... 70
- 第二节　与国内经济构成互为补充的有机整体 ... 71
- 第三节　国际经贸规则与体系的公正及良好运行 ... 75
- 第四节　中国海外投资利益救济体系的良性运转 ... 76

第五章　中国海外投资利益所面临的风险分析 ... 81
- 第一节　经济风险 ... 82
- 第二节　政治风险 ... 89
- 第三节　安全风险（暴力风险） ... 100
- 第四节　社会风险 ... 105
- 第五节　突发事件 ... 112

第六章　中国海外投资利益风险防范的思路框架……………… 119
第一节　促进高质量发展，提升经济金融影响力…………… 120
第二节　加强法制建设，促进中国海外投资项目可持续发展…… 127
第三节　加强情报信息搜集，促进海外投资事项形成正确判断和采取得力措施…………………………………………… 136
第四节　加强共同利益和机制构建，促进人类命运共同体建设…… 139

第七章　中国海外投资利益主要内容的风险防范……………… 155
第一节　绿地投资的风险和防范……………………………… 156
第二节　跨境并购的风险和防范……………………………… 163
第三节　金融投资的风险和防范……………………………… 184
第四节　基础设施投资的风险和防范………………………… 202

第八章　中国海外投资优先项目的风险防范…………………… 209
第一节　能源资源类投资项目的风险分析和防范…………… 210
第二节　高新技术类投资项目的风险分析和防范…………… 222
第三节　拓展境外市场类投资项目的风险分析和防范……… 236
第四节　促进国际收支均衡类投资项目的风险分析和防范…… 241

第九章　案例分析——以中巴经济走廊和马来西亚东海岸铁路为例……………………………………………………………… 251
第一节　中巴经济走廊案例分析……………………………… 252
第二节　马来西亚东海岸铁路项目案例分析………………… 264

结　论………………………………………………………………… 271

政策建议…………………………………………………………… 275

主要参考资料……………………………………………………… 286

附　件……………………………………………………………… 292

后　记……………………………………………………………… 305

表 目 录

表 1　本书所要解决的主要理论问题 ·················· 5
表 2　本书所要解决的主要实践问题 ·················· 6
表 3　中国海外投资利益的主要内容 ·················· 26
表 4　中国海外利益保护的主要措施类型 ··············· 27
表 5　中国海外投资利益面对的主要风险梳理 ············ 117
表 6　中国海外利益分类 ·························· 242
表 7　中国海外经济利益对应的风险内容 ··············· 246
表 8　中巴经济走廊面对的主要风险梳理 ··············· 262
表 9　马来西亚东海岸铁路面对的主要风险梳理 ·········· 267
表 10　马来西亚东海岸铁路分析 ···················· 270

第一章
概　述

主要解决选题和研究方案等内容。

第一节　选题意义

在全球经济"深入一体化"与新冠疫情和保护主义导致的"逆全球化"并存的大背景下，以实现资源全球最佳配置的国际投资活动规模不断变化，带动着包括资本在内的诸多生产要素跨国界地大规模流动。国际投资曾在一些发达国家的经济发展进程中起到了非常重要的作用。对于发达国家来说，主要是通过对外投资来降低国内生产成本，实现资源、技术、资本在全球范围内的符合本国价值取向的优化配置。而对于发展中国家而言，随着实力的不断增强，包括中国在内的不少发展中国家也从传统的资本输入国逐步转变成为资本输出国，从而成为推动贸易自由、投资自由化和便利化的重要力量。

2018年10月，习近平总书记在广东考察时强调，进入新时代，国际国内形势发生广泛而深刻的变化，改革发展面临着新形势新任务新挑战。当前，中国宏观经济面临需求收缩、供给冲击、预期转弱、新冠疫情冲击等现实问题。对外投资一方面能够获得所需要的资源并获取一定的利润，但是也都不可避免地存在很多风险。大国竞争和保护主义、新冠疫情的全球暴发和持续大范围传播更是加剧了经济的不确定性风险。

随着中国"走出去"战略的实施，加入世界贸易组织，特别是"一带一路"倡议实施以来，中国海外利益体量不断变大、保护问题越发突出，对中国经济安全的影响也越来越大。可以说，中国在快速"走出去"融入经济全球化的过程中，在内部"攻坚战"和外部"贸易战"的叠加中，中国经济步入了新常态的新阶段，中国海外利益所面临的挑战与威胁也越发突出，特别是中国海外投资利益的风险分析和安全保障问题已经不可回避。

2019年1月21日，省部级主要领导干部"坚持底线思维，着力防范化解重大风险专题研讨班"在中央党校开班。习近平总书记强调，要深刻认识和准确把握外部环境的深刻变化和我国改革发展稳定面临的新情况新问题新挑战，坚持底线思维，增强忧患意识，提高防控能力，着力防范化解重大风险，保持经济健康发展和社会大局稳定。习近平强调，当前，世界大变局加速深刻演变，全球动荡源和风险点增多，我国外部环境复杂严峻。我们要统筹国内国际两个大局、发展安全两件大事，既聚焦重点，又统揽全局，有效防范各类风险连锁联动。要加强海外利益保护，确保海外重大项目和人员机构安全。要完善共建"一带一路"安全保障体系，坚决维护主权、安全、发展利益，为我国改革发展稳定营造良好外部环境。① 这为包括海外投资利益在内的中国海外利益的保护工作指出了努力的方向，为应对新冠疫情冲击和乌克兰危机导致的国际形势变化提前进行了思想准备。

一、问题导向

中国改革开放以来，特别是实行"走出去"战略和加入世界贸易组织以来，随着全球化的国际环境，中国海外利益日益扩大、不断拓展。1997年，党的十五大报告确立了"鼓励能够发挥我国比较优势的对外投资"的战略方针；1998年，党的十五届二中全会提出，要有领导有步骤地组织和支持一批有实力有优势的国有企业走出去，到国外尤其是到非洲、中亚、中东、中欧、南美等地投资办厂；2000年，明确把"走出去"概括为一项开放战略，指出有计划有步骤地走出去投资办厂，成为关系中国发展全局和前途的重大战略之举。再到后来的"丝绸之路经济带"和"海上丝绸之路"，中国的海外利益实现了从小到大、从弱到强。2012年11月，党的十八大报告明确提出"坚定维护国家利益和我国公民、法人在海外合法权益"，中国开始从政策到实践都将海外利益保护纳入重要的战略议题。2014年11月29日，习近平总书记在中央外事工作会议上发表重要讲话，指出"要切实维护我国海外利益，不断提高保障能力和水平，加强保护力度"。2020年，党的十九届五中全会指出，推动共建"一带一路"高质量发展，积极参与全球经济治理体系改革。习近平总书记的重要论述，呼应了经济全球化深入发展的时代背景，充分体现了党

---

① 习近平：《提高防控能力，着力防范化解重大风险，保持经济持续健康发展社会大局稳定》。

中央对海外利益安全保障的高度重视。2021年，党的十九届六中全会提出，推动共建"一带一路"高质量发展。

当前，中国越来越多的利益和设施孤悬海外，与此同时，海外利益保护机制和能力建设却相对滞后。在境外，中国公民面临日益频繁的安全威胁，中国国家和公民的海外资产面临多种现实威胁，国家战略利益也遭受多种挑战。"'一带一路'沿线国家多为新兴市场国家和不发达国家，在'一带一路'沿线涉及亚欧非60多个国家和地区，地理覆盖面积范围广，各国和地区具有不同的国情，政治、文化、民族和社会差异很大。很多国家和地区还深受恐怖主义、宗教极端主义、分离主义等困扰，国内局势动荡，常年处于战乱之中。这些因素必然会给企业开展海外贸易和投资带来巨大的风险和挑战。'一带一路'沿线国家和地区大部分是新兴经济体和不发达国家，这些国家和地区目前所处的发展阶段会出现许多诸如政治稳定、社会转型、政策调整等挑战。导致沿线整体的营商环境不佳，企业在投资和贸易中将会面临许多未知的因素导致商业风险。"[①] 以前遇到中国人遭遇绑架、海外企业受欺负时，主要采取的是外交抗议的方式。作为海外利益保护的主要对象国，情况复杂多样，在政治、经济、社会等多个方面均处于不同的发展阶段。其中一些国家深处大国博弈的热点地区，其国内面临着领导人的更替、国家政治转型、民族宗教冲突多发等多重矛盾。由此可见，在"一带一路"相关国家为主的海外利益保护对象国面临的各种风险，已经成为中国国家政策推进和企业走出去不可回避的重大现实问题。加强海外利益，特别是海外投资利益保护工作已经刻不容缓。开展相关的风险预防工作更是十分迫切的需求。

世界主要大国都十分关注海外利益的维护与拓展，很早就认识到了海外利益的重要性。"1621年，英国人托马斯·孟出版了《英国得自对外贸易的财富》一书，系统思考英国海外利益的范围和来源，推动英国重商主义思潮的兴起，使得海外开拓成为英国的战略选择。正是对海外利益的孜孜寻求，造就了世界上最庞大的殖民帝国。美国在崛起过程中，尤其重视获取原料和开拓海外市场，'门户开放'政策由此而来，其国际主导地位与海外利益的

---

① 陈伟光、缪丽霞：《"一带一路"建设的金融支持：供需分析、风险识别与应对策略》，《金融教育研究》2017年5月刊，第5页。

第一章 概 述

寻求密切相关。"[①]

综上可以看出，中国海外利益特别是投资利益的风险防范及其安全保障问题更加突出。根据统计，截至2020年年底，中国海外利益存量已经达到2.58万亿美元，仅次于美国的8.13万亿美元和荷兰的3.8万亿美元，居世界第三位；流量也已经连续10年处于前三水平，流量占比也已经连续5年超过10%。而且海外利益的损失也主要体现在投资方面，对中国经济安全的影响已经非常之大。因此迫切需要加强中国海外投资利益的风险防范和安全保障研究。

围绕中国海外投资利益的安全保障，本书致力于解决以下几个理论问题：一是保什么。什么是中国海外投资利益，确定的主要内容是什么。绿地投资、跨境并购、金融投资和基础设施投资。海外投资的主要价值取向是能源资源、高新技术、境外市场和国际收支均衡等。这是确定的保护和保障工作的对象。二是防什么。海外投资利益所面对的主要风险是什么。这是开展有效应对或是保护工作的基础。主要列出和分析了经济风险、政治风险、安全风险、社会风险和突发事件风险。也对中国海外利益和主要价值取向的相关风险内容进行了分析。三是目标是什么。达到什么样的状态才是安全、才是安全保障，需要关注的领域是什么。四是怎么保、如何保障。建立什么样的海外利益保护体系，主要采用什么方法来实现中国海外投资利益安全的有效保障，如何进行风险防范。

表1　本书所要解决的主要理论问题

主要问题	问题内容
保什么	什么是中国海外投资利益，主要内容是什么（保护的对象）
防什么	海外投资利益所面对的主要风险是什么 中国海外利益相关内容和主要优先项目所面临的主要风险是什么
目标是什么 需要关注的领域是什么	达到什么样的状态才是安全、才是安全保障 双边角度，多边角度，第三方角度，国际格局及变化
怎么保、如何保障 如何进行风险防范	主要采用什么方法来实现有效保护中国海外投资利益 建立什么样的海外投资利益保护体系

[①] 宋坤：《中国海外利益研究文献综述》，第5页，360文库，https://wenku.so.com/d/c427ccc8e23eee14c4aa1abb2dfcf401。

围绕中国海外投资利益及其保护和经济安全保障，针对当前阶段面临的客观情况，本书致力于助力解决以下几个实践问题：一是如何有效应对美国发起的经贸摩擦，如何应对美国的投资审查。2018年10月10日，美国财政部针对中国宣布新规定，收紧对外国投资的国家安全审查。美国参议院、众议院通过了"外国投资审查更正法案"。该法案中的部分条款若在美国进行投资时须仔细研读。之后美国又采取了很多打压、做空中国企业的措施，2022年年初，中概股正面临着巨大压力，很多中概股企业可能要全面撤出美国市场。二是如何确保对外投资安全。维护国家经济产业链供应链安全。三是如何确保能源资源安全，特别是石油安全、天然气安全。四是如何确保国际收支均衡。针对上述问题，站在项目运行角度，思考问题、困难和解决对策。

表2　本书所要解决的主要实践问题

主要问题	问题内容	备注
如何有效应对美国发起的经贸摩擦 如何应对美国的投资审查	对外投资安全、涉外金融安全等	国际贸易、科技摩擦不断加剧，金融摩擦已经悄悄开始
如何确保对外投资安全	维护国家经济产业链供应链安全	
能源资源安全	特别是石油、天然气安全等	
如何确保国际收支均衡	汇率和外汇储备问题 如何确保涉外金融安全	

实践中需要关注和解决的问题是，理论问题在不同具体条件下的外在表现，随着时空条件的变化，会发生相应的变化。

二、理论意义

第一，当前正处于"百年未有之大变局"，世界经济结构与秩序的裂变期，中国经济结构转换的关键期，深层次问题的累积释放期以及中国新一轮改革推行的关键时期，同时也是"一带一路"倡议推行的关键时期，中国海外投资利益的研究意义十分重大。

第二，中国海外利益特别是海外投资利益的体量不断增大，对国家的影响越来越大、越来越重要，中国海外投资利益已经成为中国国家利益结构中必不可少且日益重要的一部分。巨量的海外投资利益能否得到有效保护，已经成为中国能否实现和平崛起的重要内容。

第三，中国海外投资利益的内容越来越丰富，涉及对外投资、对外贸易、涉外金融、能源资源、战略通道等重要事项。这些内容不仅丰富了中国国际安全的内容，还成为与中国国家安全紧密相关的重要内容。

第四，这些海外投资利益所面临的风险不断上升，急切需要客观全面地分类梳理，并制定有针对性的对策。其中风险防范问题更是十分突出。

第五，既有的海外投资利益保护研究比较杂乱，急需对研究的主要框架内容予以明确。

第六，面对不断变大的中国海外投资利益，越发紧张的经济安全形势，如何使得对象国和整个世界正确认识、客观认识中国的崛起和强大、为中国赢得良好的外部环境，意义十分重大。

三、现实意义

第一，为中国海外投资利益的安全保障提供切实有效的着手点和方式方法，为切实减少和避免海外投资利益损失、实现有效安全保障，提供对策建议。

第二，总结美日俄等国和欧洲国家海外利益保护，特别是投资利益保护的制度建设和成功经验，服务于中国海外利益保护。

第三，对于中国海外利益及其面对的风险，特别是经济风险进行详细的论述，为中国海外投资利益的安全保障工作奠定坚实基础。

第四，中国的海外投资利益保护机制还存在法律法规和机制建设滞后，海外利益观念淡薄，风险评估、预防和预警机制不足、应急反应缓慢，同时懂得对象国情况、国际法、经济商务等方面知识的人才缺乏等问题。

第五，对中国海外投资利益保护能够动用的资源和开展保护工作的方法进行认真的梳理，为海外投资利益保护工作顺利开展奠定基础。

第六，切实服务"一带一路"倡议实施，谋求高质量发展。只有对其所面对的各种风险进行全面客观认识，并及时采取有效措施来预防、避免和化解，才能确保"一带一路"倡议顺利实施。

第二节　国内外研究现状

2004年，胡锦涛在第十次驻外使节会议上发表重要讲话时强调，要增强中国海外利益保护能力，为在国外的中国公民和法人服务。由此，国内的相关研究逐步展开。这些研究中，绝大多数成果仍然停留在战略性理解和解释，对中国处理与相关国家关系的立场认识不够深入，对对象国的国情及与中国关系的梳理不够细致，所提出的对策和建议都比较空泛，往往缺乏前瞻性和可操作性。涉及海外经济利益风险预防的内容较少。

一、海外利益相关研究

海外利益可以划分为国家安全利益、海外公民权益、海外商业利益和国际社会认同，其中，海外商业利益是我国当前海外利益增长最重要的一大板块。"海外商业利益是指中国政府与企业在世界市场进行经济或与经济有关活动时所产生的利益。"[①]唐昊在《关于中国海外利益保护的战略思考》中，将中国目前的海外利益划分为四类：国家安全利益、海外安全利益、海外商业利益和国际社会认同。国家安全利益是指一系列与国家安全有关的政府在海外的行动自由和国家权利。海外公民权益是指中国公民在海外的人身安全、财产安全、行动自由、旅行便利以及其他方面的合法权益是否得到保护。海外商业利益是指中国政府与企业在世界市场进行经济或与经济有关的活动时所产生的利益。国际社会认同即文化"软实力"，它包括本国对外的国际形象和影响力；驻外文化机构行使合法文化交流的自由；国家和公民在海外合法进行传媒活动的自由等。[②]

张曙光提出了一种海外利益的分类，有一定的借鉴意义。"国家的海外利益也有核心、重要和边缘的等级之分。核心海外利益是国家安全利益的

[①] 唐昊：《关于中国海外利益保护的战略思考》，《现代国际关系》2011年第6期。
[②] 唐昊：《关于中国海外利益保护的战略思考》，《现代国际关系》2011年第6期，第2页。

延伸。此类利益主要有六种：(1)国家驻外机构(使领馆)行使合法的外交活动的自由；(2)国家在国际组织机构中行使法定权力(代表、参与、执行)的自由；(3)国家出于政治与安全考虑而实行对外经济外交(经济援助、经济制裁)的自由；(4)国家参与国际安全合作(维和行动、人道主义干涉、国际护航、反跨国犯罪)的自由；(5)国家参与境外军事联合演习、国际军事交往的自由；(6)国家参与国际公共资源(海洋和外空)研究、开发与和平利用的自由。重要海外利益是国家对外发展利益的延伸。此类利益至少包括六种：(1)国家促进与保护海外直接投资(实体经济和资本市场)的自由；(2)国家促进与保护海外资产(有形与无形)的自由；(3)国家实行境外经济贸易活动的自由；(4)国家参与国际经济社会活动规范的制定与执行的自由；(5)国家参与国际经济交往的自由；(6)国家分享全球共同资源的自由。边缘海外利益是国家对外文化利益的延伸，即文化'软实力'。此类利益大约有六种：(1)国家海外新闻媒体行使合法传媒活动的自由；(2)国家参与国际学术、教育、文化、艺术交流活动的自由；(3)国家保护与促进国际形象和国际尊严的自由；(4)国家保护与宣传世界级人类文化遗产的自由；(5)国家驻外文化机构行使合法文化交流的自由；(6)国家分享人类共同文化资源的自由。"[①]

笔者在《中国海外利益面临的风险及其应对》一书中，从海外利益保护的操作角度出发，将中国海外利益分为五类：一是政治安全，主要表现为中央领导人访问期间安全，特别是国家主席(国家元首)出访期间的安全；二是驻外机构和设施安全，主要包括中国驻外使领馆等驻外机构安全、海外军事基地安全、重要海外基础设施安全、航空母舰安全、护航编队安全等；三是国家战略利益，包括战略通道安全、能源资源供应安全、海外金融安全、海外市场安全、中国的国际秩序安全等；四是重要海外利益，包括大型项目、海外巨额国有资产、境外中国公民密集地区的安全等；五是一般海外利益，主要包括普通的海外商业利益、境外公民个体安全等内容。需要强调的是，这种分类不是采取保护措施的顺序依据，实践中人员安全通常处于优先保护的地位。

[①] 张曙光：《国家海外利益风险的外交管理》，《世界经济与政治》2009年第8期，第7页。

二、面临风险相关研究

关于海外利益保护和"一带一路"倡议所面临的风险的研究已经不少，但是缺少系统性的全面梳理和研究。相关论文也不算少，但是同样缺乏系统性的研究。张弘在《北京工业大学学报（社会科学版）》2016年8月刊发表《"一带一路"倡议中的政治风险研究逻辑与方法》一文中，基于政治学的基本研究框架，将有关研究划分为国家政权、政府决策和地缘政治3个层次，梳理了涉及政权安全、政府政策和政治危机等议题的研究逻辑，初步搭建起解决相关问题的研究方法。周亦奇、封帅在《国际展望》2017年第5期发表的《安全风险分析的方法创新与实践——以"一带一路"政治安全风险数据库建设为例》一文中，尝试运用新的研究工具和研究方法对相关国家政治安全风险进行有效解析，即安全冲突事件数据库的构建与安全分析模型的创新。赵睿、贾儒楠在《上海金融》2017年第3期发表《浅议"一带一路"倡议中的国别风险管控——基于国别经济风险评估模型的研究》一文指出，"一带一路"沿线国家发展状况不一，国内银行和企业在开展相关跨境业务时，不可避免地面临东道国的国别风险。针对这个问题，笔者选取相关经济指标，采用主成分分析方法，建立国别经济风险评估模型，并选取泰国历史上的风险迁徙状况对模型进行检验，之后提出控制别国风险的相关建议，以期为中国的银行和企业"走出去"建设"一带一路"提供参考。胡俊超、王丹丹在《经济问题》2016年第5期发表《"一带一路"沿线国家国别风险研究》，就"国别风险"问题进行了较为系统的理论阐述，指出国别风险是一个涉及政治、经济、社会、文化、国际关系、自然环境和突发事件等十分复杂的范畴。其中，经济合作与发展组织（OECD）认为，国别风险包含5个基本要素：由债务人的政府或政府机构发出的停止付款的命令、政治经济事件引起的贷款被制止转移或延迟转移、法律导致的资金不能兑换成为国际通用货币或兑换后不足以达到还款日应该有的金额、任何其他来自外国政府的阻止还款措施、不可抗力（包括战争和内战、革命、骚乱、民变、飓风、洪水、地震、火山喷发以及核事故）。张锐连、施国庆在《经济纵横》2017年第2期上发表《"一带一路"倡议下海外投资社会风险管控研究》，文章以社会风险视角为基础，通过对以往中国海外投资案例的分析以及对国际机构通行社保障政策的解读,识别出中国企业海外投资过程中可能面临的潜在的社会风险。廖春勇、高文胜在《广西社会科学》2018年第6期上发表《当前我国海外利益面临的主要风险及对策研究》,从海外东道国和中国国内两个角度进行了分析。2020年3月,笔者在"'走出去'导航网"发表《中国海外利益的主要风险》,从安全风险、政治风险、经济风险、社会风险和突发事件风险等角度进行了全方位阐述。

三、应对风险相关研究

关于如何应对风险的研究比较少见,而且大多比较空泛和浅显。崔守军在《国际展望》2017年第3期上发表《中国海外安保体系建构刍议》一文建议:中国应借鉴发达国家经验,在继续运用"自上而下"的外交与政治手段的同时,辅之以"自下而上"的市场与民间手段,打造立体防护体系。在继续发挥政府主导作用的同时,应充分调动社会和市场主体的积极性,打破横向分隔,以建立一种跨单元的横向协作型海外安保体系。中国应从海外安全保障的供给侧角度出发,在国家安全委员会的统筹下建构"五位一体"的海外安保体系,以领事保护机制为核心,以企业、私营安保公司、保险公司、海外侨团为支柱,相互配合、相互支撑,形成一个官民结合、体系完备、运转有序、反应快速的横向协作性互动架构,从而实现海外安全供给的长期性、稳定性和连续性。①

2017年9月5日,中国金融学会绿色金融专业委员会[Green Finance Committee(GFC)of China Society for Finance and Banking]、中国投资协会(Investment Association of China,IAC)、中国银行业协会(China Banking Association,CBA)、中国证券投资基金业协会(Asset Management Association of China,AMAC)、中国保险资产管理业协会(Insurance Asset Management Association of China,IAMAC)、中国信托业协会(China Trustee Association,CTA)、环境保护部环境保护对外合作中心[Foreign Economic Cooperation Office,(FECO)of Ministry of Environment Protection]在北京共同

---

① 崔守军:《中国海外安保体系建构刍议》,《国际展望》2017年第3期,第78-98页。

主办了绿色金融国际研讨会,并发起了《中国对外投资环境风险管理倡议》(Enviromental Risk Management Initiative for China's Overseas Investment)。主要倡议是:(一)参与对外投资的金融机构和企业应充分了解项目所在地的环境法规、标准和相关的环境风险。(二)参与对外投资的金融机构和企业应充分了解项目所属行业的环境法规和标准,以及该行业环境风险的主要类别和防范与应对方法。(三)参与对外投资的银行应借鉴国际可持续原则,参与对外投资的机构投资者应借鉴联合国责任投资原则,在投资决策和项目实施过程中充分考虑环境、社会、治理(ESG)因素,建立健全管理环境风险的内部流程和机制。(四)鼓励参与对外投资的金融机构和企业强化ESG信息披露,主动与环保组织合作,利用信息披露要求改善项目评估和内部管理流程。(五)参与对外投资的金融机构要充分利用机构总部的资源、国际资本市场和第三方机构的支持,强化对境外分支机构开展环境风险管理的内部流程和能力建设。(六)鼓励加强在对外投资项目决策过程中逐步完善对项目环境效益与成本的定量评估。(七)鼓励参与对外投资重大项目的机构在决策和实施过程中,充分利用第三方专业力量,帮助评估和管理环境所面临的环境和社会风险。(八)鼓励对外投资项目,尤其是中长期基础设施项目,充分利用绿色融资工具。(九)鼓励在环境高风险领域的对外投资企业积极使用环境责任保险作为环境风险管理的工具,充分发挥保险公司在监督企业降低环境风险、减少环境事故方面的作用。(十)在基础设施等大型对外投资项目的设计、项目招标、原材料和设备采购的过程中,应该采用绿色供应链管理方法,推动原材料和设备及服务提供商进行绿色化运营。(十一)金融机构应推动贸易融资和供应链融资绿色化,降低绿色供应商的融资成本,提高融资可获得性。(十二)中国金融学会绿色金融专业委员会和中国投资协会将联合中国银行业协会、中国证券投资基金业协会、中国保险资产管理业协会、中国信托业协会、环境保护部环境保护对外合作中心等行业协会和机构,为"走出去"的金融机构和企业在环境风险管理领域提供更多的能力建设服务。

四、海外利益保护相关研究

"西方发达国家虽然形成了较为完善的海外利益保护机制，但西方关于海外利益的研究或者散见于各种国家利益的研究中，或者就是针对中国等新兴国家对其海外利益挑战的政策应对，并无全面系统总结这种实践的系统论述。"[①]国内相关研究文章已经有一定数量，专著却屈指可数。但是研究普遍不系统，或者是针对某一具体问题，大多缺少有效应对的措施方面的系统性研究。

主要研究文章及相关研究情况：2005年王前强的《全球化与中国海外利益保障机制的转型》和成曦的《努力维护海外公民利益》都只是提到了中国海外利益保护的背景和具体内容。2007年毕玉蓉的《中国海外利益的维护与实现》、郑永年的《中国应考量如何保护其海外利益》、2008年张志的《关于维护和拓展中国海外利益问题的思考》、2009年唐贤兴的《海外利益的保护与中国对外政策的变化》和张曙光的《国家海外利益风险的外交管理》等，这些文章都涉及了中国海外利益保护有关的问题。

门洪华和钟飞腾发表于《外交评论》2009年第5期的《中国海外利益研究的历程、现状与前瞻》，在梳理国内外相关研究的基础上提出，中国海外利益的维护与拓展，应以中国海外利益的经验与教训为历史线索，以确立更具包容性的国家利益观为前提，以中国海外利益的客观评估为基础，以国家战略体系的建立与完善为依托，以共同利益的汇聚与制度化为主要路径，以与相关国家建立利益共同体、实现中国海外利益的进一步拓展为目标。[②]

苏长和发表于《世界经济与政治》2009年第8期的《论中国海外利益》指出，中国海外利益是指中国政府、企业、社会组织和公民通过全球联系产生的、在中国主权管辖范围以外存在的、主要以国际合约形式表现出来的中国国家利益。海外利益保护已经成为当代中国对外关系中的一个重要问题。中国海外利益需要通过与国际体系的互动完善国际制度建设以及加强国家

[①] 李志永：《"走出去"与中国海外利益保护机制研究》，北京：世界知识出版社，2015年，第15-16页。

[②] 门洪华、钟飞腾：《中国海外利益研究的历程、现状与前瞻》，《外交评论》2009年第5期，第56-71页。

（外交）能力建设等手段来实施保护。在海外利益保护过程中，中国在国际体系中的位置、社会主义政治制度独特性以及国内政治经济体系消化外部压力的方式，促使中国形成与近现代西方国家海外利益保护不同的模式。①

2011年，吴志成的《从利比亚撤侨看中国海外国家利益的保护》、张茉楠的《加紧建立中国海外利益保障网》、苗迎春的《中国海外经济利益的维护与拓展》，2012年王金岩的《利比亚变局对中国海外经济利益的影响》、钱学文的《中东剧变对中国海外利益的影响》等论文，对如何开展保护作了一些探讨，但是普遍缺乏系统性，特别是仅仅停留在理论层面，难以提升实际保护能力。

2015年9月，李志永在世界知识出版社出版了专著《"走出去"与中国海外利益保护机制研究》，该书对中国"走出去"战略与中国海外利益遭遇的风险进行了较全面分析，有利于我们感知海外利益遭遇的巨大风险；从国内立法角度对美国的海外利益保护机制进行了分析总结，有利于我们管窥西方海外利益保护经验；对中国海外利益的内涵与外延进行了界定，有利于帮助实施"走出去"战略的政府、企业与公民认识中国海外利益扩展现状；构建了中国海外利益保护的基本原则和理论基础，提出了中国海外利益保护的"一用三不四要"八项基本原则和"四观一路"的基本理念与实施路径，有利于为急剧拓展的中国海外利益提供理论说明，并为中国海外利益保护实践提供理论指导；还从领事保护、警务外交、企业公共外交角度分析了中国海外利益保护机制现状，有利于改进中国海外利益保护机制，逐步打造多元立体的海外利益保护体系；对中国海外利益保护机制的特色进行了初步总结，有利于我们认识中国海外利益保护机制的独特之处。

刘莲莲2017年10月在《世界经济与政治》杂志上发表了《国家海外利益保护机制论析》。主要内容是，建设海外利益保护机制已经成为国家战略。从事这项工作应该区分海外利益在境外公民安全保护和新型国家利益建构两个语境下的不同内涵，认识到海外利益的地域、物质和复合主体属性。全球化和国民跨境迁移打破了传统国家自主、自助、自足的形态，国籍国安保资源用于境外利益时不仅效用降低，而且和东道国存在管辖权冲突。国籍国

---

① 苏长和：《论中国海外利益》，《世界经济与政治》2009年第8期，第13-20页。

在海外利益保护中面临着效用困境、合作困境和法理困境。为此，海外利益保护的机制设计需要发挥制度在配置资源、界定权责、承载价值上的作用，坚持有效性、公平性和合法性原则，整合国籍国与东道国、境外国民三方主体的资源优势，顾及东道国的受益度和机会成本，创造性地遵守国际法原则，协调国家间的正义观差异，并确保保护措施在国际社会中的正外部效应。

崔守军在《国际展望》2017年第3期上发表的《中国海外安保体系建构刍议》。主要内容是，中国"走出去"规模的急剧扩大导致海外安全需求增加，而安全供给的严重不足则诱发了"高风险、低安保、损失重、救济弱"的安全困境。为化解矛盾，中国亟须构建与海外安全利益相匹配的海外安保体系。这既能为"一带一路"建设提供支持，又能拓展护侨手段，还能为海外维和提供后勤保障。中国应借鉴发达国家经验，在继续运用"自上而下"的外交与政治手段的同时，辅之以"自下而上"的市场与民间手段，打造立体防护体系。在继续发挥政府主导作用的同时，应充分调动社会和市场主体的积极性，打破横向分隔，以建立一种跨单元的横向协作型海外安保体系。中国应从海外安全保障的供给侧角度出发，在国家安全委员会的统筹下构建"五位一体"的海外安全体系，以领事保护机制为核心，以企业、私营安保公司、保险公司、海外侨团为支柱，相互配合、相互支撑，形成一个官民结合、体系完备、运转有序、反应快速的横向协作型互动架构，从而实现海外安全供给的长期性、稳定性和连续性。

五、中国海外投资利益安全保障相关研究

与本书题目相似、聚焦中国海外投资利益的安全保障的研究只发现一篇——员智凯、李博发表于《河南社会科学》的《中国海外经济利益的安全保障研究》。主要内容是，随着中国海外投资日益增多，中国海外利益所面临的风险也开始明显增加。目前，中国的海外经济利益主要面临政治、金融和自然灾害等风险。加强中国海外经济利益的安全保障措施主要包括加强海外投资风险评估机制、有效利用国际法律保护自己、健全政府关于海外投资的保险体系、提升中国特色文化软实力影响力、加强驻外领事机构保障职能

建设、对国有企业在海外的亏损投资问责等。

六、中国海外投资利益面临风险相关研究

2012年5月，张萍在上海社会科学出版社出版了《中国企业对外投资的政治风险及管理研究》一书，其从对政治风险理论的研究入手，吸收借鉴了东西方学者的相关研究成果，并对新时期政治风险重新进行了界定：政治风险是指由于各种政治力量的利益博弈而使跨国企业在东道国的投资产生某种不利结果的可能性。作者还提出了我国企业对外投资面临的政治风险类型。笔者通过从东道国、我国（企业）和国际政治经济环境变化三个维度，对我国企业对外投资面临的政治风险发生根源进行了全面、深入挖掘，通过典型案例，对遭遇的政治风险进行定性分析。在危机中辨明利益关系以及社会、政治权利掌握在谁手中，就能够在较大程度上理解政治风险的成因和根源，或者知道谁是决策者也能帮助我们认识可能发生的政治风险种类。这些都使企业可以更好地识别政治风险。政治影响经济资产的方式各种各样。笔者尝试对我国主要投资国的政治风险引入模型计算，目的是使企业对东道国政治风险有直观的衡量比较，有助于跨国经营决策。并且对模型的修正提出了调整外部政治力量影响变量的建议，对原有模型作了改进，充分考虑地缘政治对政治风险的影响和中国企业面临的特有的国际形势，对中国企业评估政治风险有一定借鉴意义。通过对政治风险的上述定性和定量分析，并根据政治风险产生的根源，笔者从我国政府和企业两个层面，提出了政治风险的管理框架，以期规避和控制政治风险，降低或减少政治风险损失。

董慧梅、曹怡婷、田诗语在《中国能源》2022年第1期上发表的《中国能源企业对阿尔及利亚直接投资风险动态测度及防范》一文中分析了中国能源企业对阿尔及利亚投资风险的变化趋势及特征：（1）中国能源企业对阿尔及利亚的投资风险总体呈小幅上升趋势；（2）经济风险、政治风险是影响中国能源企业对阿尔及利亚投资的相对重要的因素；（3）随着时间的变化，经济、政治、社会、资源风险等各影响因素对投资风险的影响程度也会发生变化。

七、中国海外投资利益风险防范相关研究

赵蓓文等在上海社会科学院出版社2016年10月出版的《中国企业对外直接投资与全球投资新格局》一书的第九章"中国企业对外直接投资的风险防范与案例研究",对中国企业在境外投资面临的主要风险类别和表现进行了简要论述,认为风险主要包括政治风险、社会风险、法律风险、金融风险、经营风险、技术风险、宗教风俗文化等风险以及非传统安全等。当前对外投资风险的地区分布包括亚洲地区——地缘政治影响投资合作,欧洲地区——金融市场风险占据主导,中东地区——政治安全局势令人担忧,北美地区——意识形态思想仍在作祟,中南美洲——风俗文化差异需要重视,大洋洲地区——政策不稳定依然存在,非洲地区——民族情绪有泛政治化趋势。

第三节 研究方案

一、主要研究内容

(一)建立"Y=FX"模型

X是中国海外投资利益,是自变量。主要包括绿地投资、跨国并购、金融投资和促进互联互通的基础设施投资,将境外项目作为研究的重要内容。

F是函数。中国海外投资利益的角度主要包括双边、多边、第三方、国际格局及其变化。双边主要包括中美、中日、中欧、中非、中国和东盟等双边关系。多边包括世界贸易组织(WTO)等,小多边的区域包括亚太经合组织(APEC)、区域全面经济伙伴关系协定(RCEP)等多边关系。第三方包括中日在印度,中印在非洲,中国相关机构与盖茨基金会在第三国的合作等。

Y是风险防范,是因变量。要通过高质量发展,法制建设,情报信息搜集,促进人类命运共同体建设等方式或渠道来实现。

明确境外投资四个重要优先项目类型:能源资源、高新技术、境外市场

和国际收支均衡。以中巴经济走廊和马来西亚东海岸铁路项目为案例说明。

Y（高质量发展＋法制建设＋情报信息搜集＋人类命运共同体建设）=F（双边＋多边＋第三方＋国际格局变化）X（绿地投资＋跨国并购＋金融投资＋基础设施投资）。

站在项目角度，通过研究来揭示自变量和函数变化对因变量引起的变化。例如，在中美经贸摩擦的问题上，美国是自变量，中国采取了比较有效的办法来应对；进口博览会的举办是因变量的有效作为；中国的"一带一路"倡议是自变量，美国的应对是因变量。

（二）基本观点

在"走出去"战略实施的基础上，随着"一带一路"倡议的实施，中国海外投资利益保护问题越发迫切。如何认识、发现和规避中国海外投资利益面临的风险成为不能回避的重要现实问题。也就是说，加强海外利益保护、实现海外投资利益的安全保障已经成为共识，而且形势已经十分迫切。

（1）具体保什么？也就是中国海外利益的主要内容是什么？笔者从海外利益保护的操作角度出发，将中国海外利益分为五类：一是政治安全，主要表现为中央领导人访问期间的安全，特别是国家主席（国家元首）出访期间的安全；二是驻外机构和设施的安全，主要包括中国驻外使领馆等驻外机构安全、海外基地（军事、军民两用等）安全、重要海外基础设施安全、航空母舰安全、护航编队安全等；三是国家战略利益，包括战略通道安全、能源资源供应安全、海外金融安全、海外市场安全、中国的国际秩序安全等；四是重要海外利益，包括大型项目、海外巨额国有资产、境外中国公民密集地区的人员群体安全等；五是一般海外利益，主要包括普通的海外商业利益、境外公民个体安全等内容。这种分类与实际工作中保护的顺序没有必然联系。

所谓海外投资，即境外投资，是指中国投资主体通过投入货币、有价证券、实物、知识产权或技术、股权、债权等资产和权益或提供担保，获得境外所有权、经营管理权及其他相关权益的活动。中国海外投资利益是指这些投资及相关利益。本研究对于中国海外投资利益的界定是，中国国家、企业和公民在中国管辖地域外的投资及其衍生利益。

（2）中国海外利益怕什么、需要防什么？也就是中国海外利益面对的主要风险是什么？经过按照有利于应对角度的重新梳理，这些风险主要包括经济风险、政治风险、安全风险、社会风险和突发事件等内容。其中，经济风险包括外贸政策大变化、汇率利率和债务等金融政策大变化、能源等市场政策大变化、大型或敏感企业和项目关停并转引发社会问题；政治风险包括领导人变更、政党轮替及反对党作用、政变及政权更迭、大国干预、地缘政治格局变化；安全风险包括战争、动乱、武装冲突、海盗、恐怖主义等暴力袭击；社会风险包括第三部门崛起、环境和气候标准大变化、劳工标准大变化、风俗习惯和宗教信仰等理念问题发酵；突发事件包括地震、海啸、台风等重大自然灾害、重大疫情等公共卫生事件、大规模游行示威罢工活动、互联网安全问题、重大舆情与信息安全问题等。中国海外投资利益的内容，主要确定为绿地投资＋跨国并购＋金融投资＋基础设施投资；从优先项目的角度主要确定为能源资源、高新技术、境外市场和国际收支均衡。

（3）中国海外投资利益安全保障的目标状态是什么？主要确定为：境外投资的总体正常运转、与国内经济构成互为补充的有机整体、国际经贸规则与体系的公正及良好运行和中国海外救济体系的良性运转。

对外投资安全是指中国的对外投资总体上处于面临较少风险和风险基本可控的情况。对外投资风险是指在一定时期内，在东道国的投资环境中，客观存在的，但事先难以确定的可能导致对外投资经济损失的变化。

（4）中国海外经济投资利益安全保障需要关注的领域是什么？双边、多边、第三方合作、国际格局变化。"双边"，即中国与对象国之间一对一的经济关系等内容；"多边"一般是指参加同一个国际组织或某个活动的多个国家之间的关系；"第三方合作"是指两个国家或组织在第三国就一些约定的重点领域进行合作。

（5）怎么保？主要采用什么方法来实现有效保护中国海外投资利益的安全？建立什么样的海外投资利益保护体系？具体来讲，如何对中国海外投资利益面临的主要风险进行预防？主要应对措施包括：一是促进高质量发展，提升中国本土经济金融影响力（做好自己的事情）；二是加强法制建设，促进可持续发展；三是加强情报信息搜集，促进形成正确判断和采取得力措施；四是加强机制构建和共同利益构建，促进人类命运共同体建设。

（三）研究思路

1. 提出问题

如何加强和实现中国海外投资利益的安全保障？如何进行风险防范？具体化为四个理论问题和四个实践问题。

2. 分析问题

理论角度——中国海外投资利益的主要内容是什么？面对的主要风险是什么？需要关注的领域是什么？实现保障的目标状态是什么？中国海外投资利益的内容，主要确定为：绿地投资+跨国并购+金融投资+基础设施投资；从优先项目的角度主要确定为：能源资源、高新技术、境外市场和国际收支均衡。将境外项目作为研究的重要内容和视角。

实践角度——如何应对美国的投资审查？如何确保"海上丝绸之路"的能源供应安全？如何确保"丝绸之路经济带"的对外投资安全？如何确保国际收支均衡？

3. 解决问题

海外投资利益风险预防的思路框架：一是促进高质量发展，提升中国本土经济金融影响力（做好自己的事情）；二是加强法制建设，促进可持续发展；三是加强情报信息搜集，促进形成正确判断和采取得力措施；四是加强机制构建和共同利益构建，促进人类命运共同体建设。

二、研究难点

本书拟突破的难点包括：

（一）热点学科交叉

本书是海外利益、风险管控、经济安全几大热点问题的交叉领域研究，并且与中国国家战略和中美经贸摩擦等国际热点敏感问题紧密相连，因此结论和建议部分下笔有一定的难度。

(二)领域多

既要站在国家和国际的层面来思考问题,又要能够深入具体的问题当中,涉及政治、经济、安全等诸多难点领域,而且很多是交叉领域,需要研究人员具有广博的知识面。

(三)信息量大

需要驾驭大量的相关材料,需要消化吸收海量信息,需要从繁杂的材料中选出重点内容,信息搜集和处理的难度比较大。而且这些情况一直处于变化之中,全面系统地掌握动态情况比较难。

(四)尝试构建模型

本书尝试创建了模型,需要不断完善。Y(高质量发展+法制建设+情报信息搜集+人类命运共同体建设)=F(双边+多边+第三方+国际格局变化)X(绿地投资+跨国并购+金融投资+基础设施投资)。

三、研究方法

本书研究的问题既有理论性又有现实性;既有对国内外新理论的梳理、介绍、评论,又有联系实际特别是对发展中国家具体问题的分析,采用的分析方法主要有:

(一)模型分析

建立"Y=FX"模型。

X是中国海外经济利益,是自变量。当前阶段主要包括绿地投资、跨国并购、金融投资和促进互联互通的基础设施投资。

F是函数。中国海外经济利益的角度主要包括双边、多边、第三方、国际格局及其变化。双边主要包括中美、中日、中欧、中非、中国和东盟等。多边包括世贸组织等,其中区域包括亚太经合组织等,可以作为小多边来理解。第三方包括中日在印度,中印在非洲等。

Y是风险防范,是因变量。风险要切实可控。海外投资安全的风险预防的思路框架是,实现高质量发展,法制建设,情报信息搜集,人类命运共同体建设。

进行项目优先性分析：能源资源、高新技术、境外市场和国际收支平衡。

Y（高质量发展+法制建设+情报信息搜集+人类命运共同体建设）= F（双边+多边+第三方+国际格局变化）X（绿地投资+跨国并购+金融投资+基础设施投资）。

美国在特朗普执政时期发动的经贸摩擦是自变量，中国的有效应对是因变量；长远来看，中国的"一带一路"倡议及实施是自变量，世界格局的变化是因变量。因变量不一定就没有作为。特朗普想尽各种方法来孤立中国，但中国召开了进口博览会，有172个国家和地区、3600多家企业参展；英国、德国、加拿大都参加了，美国也有180多家公司参加。

（二）定性分析

定性分析法是指以定性分析为手段，以文字描述的风险分析、风险评价、对策建议为主要形式的评价方法。主要以智库等专业单位研究、知名学者、核心期刊等有关中国海外利益的研究为基础开展。

（三）定量研究

定量研究法，对中国海外利益的具体情况和面对风险情况进行定量研究。主要结合中国国家统计局、中国国家发展和改革委员会、"一带一路"官网等官方数据、万德数据库、中国知网（CNKI）的期刊论文数据等学术数据，对中国海外利益进行量化分析。努力站在项目角度，通过研究来揭示项目审批和运行过程中变量和函数变化对因变量引起的变化。

（四）实地调研

实地调研法，到相关主管单位（外交部、国家发展和改革委员会、商务部、科技部、国家卫生健康委员会、国家安全部、国有资产监督管理委员会、中国人民银行、银保监会、证监会、海关总署、市场监管总局、国家税务总局等），风险评估单位（中国现代国际关系研究院等），相关从业单位（中国信息安全测评中心、境外保安公司、中国交通建设股份有限公司、金诚信等境外施工单位等）等进行实地调研。

（五）访谈

访谈法，对经历过境外风险和从事海外利益保护工作的从业人员进行专题访谈，包括驻外外交官、境外公民、境外企业、本土民间组织、境外非政府组织、高等院校国际处室、专业智库的研究人员、境外经商务工人员等。

（六）文献研究

文献研究法，搜集获取海外利益保护、海外风险、危机管控、"一带一路"倡议和经济安全的相关文献消化吸收，并进行系统研究。

（七）案例

案例法，对海外利益保护和"一带一路"建设的经典案例进行调研和分析，如中巴经济走廊和马来西亚东海岸铁路，以此作为研究的基础。

四、预期创新

（一）研究的站位角度符合当前形势

本书选题对接总体国家安全观的经济安全，符合国家战略需要；关注海外利益、特别是海外经济利益保护，是当前热点问题。谋求促进"一带一路"倡议高质量发展，服务国内国际"双循环"大局。

（二）角度比较新

在海外投资利益保护的研究中，研究相关风险内容的有一些，但专门研究风险预防的很少。本书立足风险分析展开具体研究。

（三）系统性较强

既有的研究多是碎片化的，缺少系统性、整体性的海外利益保护，特别是中国海外利益经济安全保障、海外经济利益风险预防的研究。本书提出了四个理论问题，针对这些问题，对海外利益进行了系统分类，对海外利益面对的风险、如何进行风险预防进行了系统梳理，展开了系统论述，形成了比较完整、系统的理论体系。

(四)应用性较强

既有的研究绝大多数停留在理论探讨层面，缺少实际可操作性，一些论述确属纸上谈兵，严重缺乏可操作性。而本书则建立在对诸多海外投资利益保护和经济安全保障实务部门的扎实调查研究基础之上，紧密围绕四个实践中的问题，所谈应对措施，内容比较具体翔实，具有较强的实用性和可操作性。

第四节 中国海外投资利益界定

关于中国海外利益，"狭义而言，中国的海外利益为中国领土之外的国家利益，是中国国家利益的延伸，它具体表现为四个方面：人员生命安全、财产安全、能源供应和海外市场的拓展"。[1]"广义而言，它也包括中国在海外的秩序利益，即中国作为国际体系中的一员，从稳定的、对中国有利的国际秩序中获得的利益。"[2] 张曙光认为，"国家的海外利益是国家对外域安全利益的自然与必然延伸，而非一般意义上的经济利益的拓展，其中可分为核心海外利益、重要海外利益、边缘海外利益"。[3] 目前比较公认的定义是："中国政府、企业、组织和公民通过全球联系产生的、在中国主权管辖范围以外存在的、主要以国际合约形式表现出来的中国国家利益。"[4] 青年学者李志永给出的定义是："海外利益是伴随一个国家及其公民与法人（企业与各种非营利组织）参与国际交往而产生的跨越主权界限的境外合理合法利益，是现代国家利益中必不可少且日益重要的组成部分。"[5]

---

[1] 崔守军:《中国海外安保体系建构刍议》，《国际展望》2017年第3期，第85页。
[2] 王金强:《国际体系下的中国海外利益分析》，《当代世界》2010年第4期。
[3] 储殷、黄日涵:《"一带一路"：中国海外安全风险与防范》，刘慧主编:《中国国际安全研究报告（2016）》，北京：社会科学文献出版社，2016年，第57页。
[4] 张曙光:《国家海外利益风险的外交管理》，《世界经济与政治》2009年第8期，第6-12页。
[5] 苏长和:《论中国海外利益》，《世界经济与政治》2009年第8期，第13-20页。

笔者对于中国海外利益的概念界定是，中华人民共和国（本书中简称中国）管辖地域之外的中国利益，主要包括：外出访问期间的国家领导人、驻外外交官等国家工作人员和境外中国公民的人身安全；驻外机构、海外军事设施、战略通道、战略性基础设施、能源资源供应等安全；境外企业、涉外金融、海外市场等安全；中国的国际秩序安全。

一、中国海外投资利益界定

所谓海外投资，即境外投资，是指投资主体通过投入货币、有价证券、实物、知识产权或技术、股权、债权等资产和权益或提供担保，获得境外所有权、经营管理权及其他相关权益的活动。

对于企业来说，海外投资又称对外投资或者国际投资，是指跨国公司等国际投资主体，将其拥有的货币资本或产业资本，通过跨国界流动和营运，以实现价值增值的经济行为。内涵包括：参与国际投资活动的资本形式是多样化的，既有以实物资本形式表现的资本，如机器设备、商品等，也有以无形资产形式表现的资本，如商标、专利、管理技术、情报信息、生产诀窍等；参与国际投资活动的主体是多元化的，包括官方和非官方机构、跨国公司、跨国金融机构及居民个人投资者；国际投资活动是对资本的跨国经营活动，这与国际贸易和国际信贷有所区别。国际贸易主要是商品的国际流通与交换，以此实现商品的价值；国际信贷主要是货币的贷放与回收，其目的也是实现资本的价值增值，具体营运过程中资本的所有人对其并无控制权；而国际投资活动，则是各种资本运营的结合，是在经营中实现资本的增值。

本书对于中国海外投资利益的界定是，中国国家、企业和公民在中国管辖地域外的投资及其衍生利益。

二、中国海外投资利益的主要内容

海外投资的内容既包括各类新建项目及改扩建项目的初始投资、再投资；收购、合并、参股、增资扩股等权益投资活动；也包括对境外投资提供担保的行为。

中国海外投资利益的内容，本书主要确定为：绿地投资、跨国并购、金融投资和促进互联互通的基础设施投资项目。

表3 中国海外投资利益的主要内容

主要分类	主要内容
绿地投资（创建投资）	跨国公司等投资主体在东道国境内依照东道国的法律设置的部分或全部资产所有权归外国投资者所有的企业
跨国并购	境外的企业或个人收购境内公司的股权，或境内公司收购境外企业的股权
金融投资（证券投资）	经济主体为获取预期收益或者股权，用资金购买股票、债券等金融资产的投资活动
基础设施投资	在为社会生产和居民生活提供公共服务的物质工程设施等开展的投资行为

绿地投资案例：2014年7月，比亚迪宣布在巴西投资设立首座电动大巴工厂，同时将设立研发中心和原型车制造中心，该项投资约为9100万美元（大约5.6亿元人民币）。

跨国并购案例：2017年，中国远洋运输总公司以3.5亿欧元完成了收购希腊比雷埃夫斯港控股权的交易。

金融投资案例：中国有色金属矿产地质调查中心购买Canaco公司收益突出。有色地调中心以中色地科（香港）公司为投资平台，通过定向增资方式投资在加拿大多伦多上市的加纳克公司。

基础设施投资案例：2018年1月，中国路桥工程有限责任公司牵头的联合体在克罗地亚最大的基础设施项目佩列沙茨大桥建设的竞标中胜出。这是中国公司第一次中标欧盟基建项目。

三、海外投资的优先项目

海外投资的目的是获得境外资产或经营活动的所有权、经营管理权及其他相关权益，如收益分配权、资产支配权、资源勘探或开发权等。海外投资的目的，既可以是在境外进行生产、销售、经营或研发，也可以是在境外进行融资。

从优先项目的角度，本书主要确定为能源资源、高新技术、境外市场和国际收支平衡。

四、主要保护措施

主要解决用什么方式保障中国海外投资利益安全的问题。明确用什么方式保障是有效开展保护工作的重要基础。

战略安全的主要措施是加强有效保护；财产分为动产和不动产，动产中的一部分可以采取运送到安全地带等措施，不动产则主要依赖于当地有效保护，保险是化解财产安全问题的重要方式；国际经济秩序安全则主要依赖于国家实力的增长以及不断增强的经营国际关系的能力。

保险是一种非常重要的方法，需要给予足够的重视，无论是对于人身安全，还是对于财产安全来说。例如，在人身安全救助中，针对可能出现的被绑架的情况，可以购买相应保险，最终实现解救人质由保险公司和反绑架公司等来实施，从而避免政府支付赎金带来的道德压力。基于这种客观需求，中国政府2014年出台了《国务院关于加快发展现代保险服务业的若干意见》。2015年11月，中国平安保险公司与英国危机管理公司NYA合作，率先推出了"绑赎险"。

表4 中国海外利益保护的主要措施类型

主要分类	主要措施
战略安全	加强有效保护
财产安全	动产中的一部分可以采取运送到安全地带等措施，不动产则主要依赖于当地有效保护，保险是化解财产安全问题的重要方式
秩序安全	国家实力的增长以及不断增强的经营国际关系的能力

五、中国海外投资利益的特点

第一，分布的点更多、面更广。中国海外投资利益遍布世界主要国家和地区，截至2020年年底，中国2.8万家境内投资者在全球189个国家（地区）设立对外直接投资企业4.5万家，全球80%以上国家（地区）有中国的投资，年末境外企业资产总额达7.9万亿美元。而"一带一路"就涉及65个国家和地区。由此也可以确认，"一带一路"是中国对外投资和海外利益保护的重点地区，却不是全部。

第二，国际法属性。从国际的角度考虑，海外投资利益可以分为：一国位于其主权界限之外属人的正当权益，包括公民和机构；在别国的主权范围内，但是关系到本国的生存和发展等根本利益；在不属于任何国家管辖的国际公共领域，如外层空间、公海、网络空间等。解决这些问题，应当合乎当地法律、东道国法律或者国际法。这是海外经济利益能够得到保护的基础。中国海外经济利益的保护原则上应该在"用尽当地救济"之后才能实行，不能干涉他国内政，不是迫不得已也不能首先使用武力。

第三，体量不断增大。中国对外投资流量和存量都已经十分巨大。"一带一路"项目的数量、体量和质量不断上升。"六廊六路多国多港"的合作格局基本形成，一大批互联互通项目成功落地。海外投资利益的广度和深度仍在不断拓展。中国拥有数万家境外企业，中国海外投资利益的存量和流量也都已经处于世界前列。"中国持续的改革开放和高速增长，从以下五个途径，使中国海外利益急剧膨胀起来：（1）贸易顺差和资本输入使中国的外汇储备居世界之首，使中国掌握了对外购买资产和资源的巨大资本。（2）进出口贸易大规模扩张使中国在海外拥有具备合约法律效力的巨大商品市场和原料基地。（3）外国跨国公司的直接投资使中国制造业直接被纳入国际分工序列。（4）近年对外投资的迅速增长使中国在海外拥有的企业股份和合同项目显著增多，这些直接权益对于中国的海外资产增值和国内利税增长关系重大。（5）出入境限制的放宽，使中国公民因公务、商务、探亲、求学、旅游、移民而出境短期或长期居留的人次急速增长，海外中国人的人身和财产利益已经遍布全世界。"[①] 此外，还有贷款、赠款和捐赠等。

第四，动态性比较明显。中国海外投资利益是一个动态变化的体现。随着时间的变化，体量、内容、所面对的风险、各方拟采取的措施都会发生巨大变化。如几内亚铝土矿资源相当丰富，其铝矾土储量高达240亿吨，占世界总储量的2/3（已探明180亿吨，含铝品位高达58% ~ 62%）。而中国铝土矿对外依存度高达50%。中国宏桥集团于2014年5月29日与一家目标公司及其股东签署了谅解备忘录，目标公司主要在几内亚共和国从事铝土矿开

---

① 中国商务部、国家统计局和国家外汇管理局2014年9月联合发布的《2013年度中国对外直接投资统计公报》。

采业务。2016年2月10日，河南国际合作集团获得几内亚铝矿开采权。中铝集团更是积极参与了几内亚的铝土矿开采。中铝集团拥有西芒杜铁矿80%的权益，其余为几内亚政府所占有。2016年10月31日，几内亚政府与中铝集团签署协议，中铝集团将承揽开采几内亚伯凯地区131铝土矿项目，按协议，中铝集团将在6个月内完成131铝土矿项目的可行性研究。2017年8月，几内亚矿业部证实，中铝集团将在几内亚北部地区投资5亿美元进行大型铝土矿生产。在中菲关系回暖的背景下，中国在2018年一跃成为菲律宾最大的外国直接投资来源国，全年菲政府投资委员会批准的来自中国的直接投资达到487亿比索（约合62.24亿元人民币）。

第五，成长性。反映中国不断发展的"海外中国"成长壮大。中国境外企业数量快速增加，对外投资规模不断扩大，境外资产规模不断变大。

第六，出资形式多样。中国对外投资的形式主要包括货币资金的投入，股票、债券、信托凭证等金融资产的投入，各类实物资产的投入，知识产权、专有技术等无形资产的投入。只要是向境外的资产输出行为，无论是以什么方式出现，都应该按照境外投资项目核准的有关规定履行相应行政许可手续。

六、中国海外投资利益保护工作面临的主要矛盾

前述特点共同构成了当前阶段"海外安全需求日益扩大与安全供给相对不足之间的矛盾是中国海外安保实践发展的主要矛盾"，[①] 即中国海外投资利益内涵更加丰富、体量增大明显，同时遇到的风险内容不断变多、程度不断加深，但是相应的法律保护、情报信息搜集、风险评估、救助行动等安保工作却相对滞后。

[①] 陈位数：《中国海外利益研究的总体视野——一种以实践为主的研究纲要》，《国际观察》2009年第2期，第9页。

第二章
中国海外投资利益保护面临的世界形势

中国海外投资利益分布于世界上的很多国家和地区，因此海外投资利益保护工作必须高度关注世界形势和国际格局。世界形势和国际格局是指世界上和特定重点地区、主要国家或地区政治力量的对比以及政治利益的划分情况。包括主权国家、国家集团和国际组织等多种行为主体在国际舞台上以某种方式和规则组成一定的结构，由各种政治力量对比而形成的一种相对稳定的态势和状况。

第一节　世界形势

世界形势在当前最重要的时代背景就是"百年未有之大变局"。

一、百年未有之大变局

当今世界正面临百年未有之大变局，东升西降趋势明显，世界正在走向多极化。国际金融危机、新冠疫情和乌克兰危机更是加速了这个大变局。全球化遭遇逆流，逆全球化现象此起彼伏。世界网络化趋势明显，虚拟世界与现实世界相生互动。文化多元化发展，呈现出明显的多样性趋势。

乌克兰危机已经成为世界百年未有之大变局加速演进的重要变量。乌克兰危机是第二次世界大战结束后在欧洲爆发的最严重冲突，其影响力堪比"9·11"恐怖袭击、2008年全球金融危机和2020年新冠疫情，正促使百年未有之大变局加速演进。

第一，加速推进大国格局重组重构。俄乌摩擦不断对俄意味着"消耗"，俄可能呈现出走向虚弱的态势。美国借乌克兰危机之际巩固自身在西方世界的领导地位，"西降"的历史趋势可能趋缓。

第二，加速国际安全秩序规则性调整。乌克兰危机本质上是美西方全球霸权主义与俄罗斯地缘战略利益的冲突激化，以联合国安理会为核心的国际秩序，特别是在和平与安全的问题上遭到巨大挑战。国际安全秩序规则面临巨大调整压力。

第三，加速国际经济结构分化冲击。全球化再次遭到巨大挑战。从中美经贸摩擦，再到乌克兰危机，西方对中国市场的需求、中俄对西方高科技的需求、欧洲对俄罗斯的能源需求，相继出现"脱钩"和断供的趋势。新的双边和小多边全球贸易和投资新规则、新机制，如《全面与进步跨太平洋伙伴关系协定》、美加墨自贸协定、美日自贸协定、欧盟—日本自贸协定等都得到了一定程度的发展。

乌克兰危机及其对百年变局的影响，正在对中国国家利益和战略布局产生重大影响。短期来看，乌克兰危机引发的美欧与俄关系恶化，使得中国在大国博弈中相对主动。乌克兰危机会吸引一部分美国的精力，而且美俄双方对中国都有着一定的需求。但从长远来看，乌克兰危机导致的力量格局与国际秩序变化，会逐步增大中华民族伟大复兴面临的战略压力。美西方将打压俄罗斯和中国作为政治正确，而且美国打压中国的力量会更突出，美国对华遏制是长期的，更为剧烈的。

二、中美俄欧关系

涉美因素在当前世界形势和国际格局中占有特别重要的地位。第二次世界大战之后，苏联一直是美国的冷战对象。苏联解体后俄罗斯也一直被美国在安全问题上高度关注和防范。随着中国在2001年加入世界贸易组织后经济实力不断增强，美国在处理中俄事务的问题上，不断加大对中国的重视程度。2014年克里米亚事件之后，西方国家银行将其对俄罗斯金融机构的风险敞口减少了80%，对俄罗斯其他私营部门的债权也减少了一半。但这并没有改变美国更加重视应对中国崛起的趋势。

2018年，中美、俄美两对大国关系中的竞争性、对抗性都有所加剧。同时，联合国维和、国际反恐、气候变化、可持续发展等全球性议题都面临着预算削减的局面。联合国、欧盟、七国集团和二十国集团（G20）等多边国际组织和集团，都面临着矛盾增多、离心力加大、影响力下降的趋势。

美国已经不再将恐怖主义列为首要威胁。美欧一直不相信俄罗斯，2022年2月开始的乌克兰危机使得西方国家对俄罗斯启动了全方位制裁。美国单方面宣布"新冷战",在战略上将中国视为其头号竞争对手已经成为定局。特朗普政府对美国国家安全最重要的举措就是将中国视为美国长期利益的主要威胁。将大国竞争提升到美国国家安全议程首位的决定是一个非常重要的事件,特朗普乃至拜登卸任后仍将会长期影响美国的外交决策。基于这种政策取向,美国采取了一系列针对性政策,中美关系已经成为影响大国关系和世界格局的主线。

2017年,美国《国家安全战略》报告将中国定为"竞争对手"和"修正主义国家";2018年1月,美国国防部的《国防战略报告》将中国列为"战略竞争者"。除了经贸摩擦之外,中美在其他领域的关系也在继续走低。特别是美国及其盟国在台湾问题、南海问题和印太战略方面不断挑战中国底线,使得中美关系的对抗性增强,风险上升。

2020年11月,特朗普签署第13959号行政命令,美国国防部列出了一份禁止美国人投资的黑名单。其中包括海康威视等48家公司。2021年6月3日,拜登签署的行政命令,使被禁止接受美国投资的中国企业总数达到59家,中国航空工业集团公司等被纳入禁令。2021年6月8日,美国参议院通过了《美国创新与竞争法案》。该法案计划在重点高科技领域投资2 500亿美元用来与中国进行科技竞赛。其中,半导体行业将获得520亿美元支持。

2021年11月11日,拜登签署《安全设备法案》,阻止华为和中兴通讯等被视为安全威胁的公司获得美监管机构颁发的新设备许可证。该法要求联邦通信委员会(FCC)不再审查或批准任何对美国国家安全构成风险的设备的授权申请。2021年11月17日,美国国会跨党派"美中经济与安全审查委员会"(US China Economic and Security Review Commission, USCC)发布551页的2021年度报告。这份报告重点关注的是中国在拉丁美洲和加勒比地区的影响力、中国的经济及科技发展雄心、美中金融联系及其对美国国家安全风险、中国核武库建设、台海前景等方面,并针对美中全球竞争、美中经济与贸易关系、美中安全政治外交事务、台湾问题、香港问题五个方面提出32项紧急措施的建议。2021年11月24日,美商务部宣布将"从事违背美国国家安全或外交政策利益的活动"的27个外国实体和个人列入出口管制实体清单,其中有12家中国实体。

2022年2月24日，乌克兰危机暴发。这导致了美国和欧洲国家对俄罗斯进行了全面的制裁，措施包括将俄罗斯踢出环球银行间金融通信协会（简称SWIFT）系统。国际格局使得俄罗斯更加依赖中国。中国应该加强与俄罗斯的合作，获得稳定的石油和天然气资源。无论中国对乌克兰危机的态度如何，中国都需要俄罗斯的能源和高端武器技术，并且随着中国实力的不断增强，俄罗斯很可能成为中国主导的新秩序的一部分。中国要尽量在美欧能接受的范围内、在不打破美国或欧洲的制裁的情况下来支持俄罗斯，但应当允许俄罗斯的银行和公司更多进入自己的金融市场和金融机构，这对中俄金融系统来说都是很重要的。

2022年3月17日，来自美国佛罗里达州的共和党联邦参议员马尔科·鲁比奥、里克·斯科特与来自印第安纳州的共和党联邦参议员托德·杨联手推出一项题为《击垮俄罗斯疯狂好战行为及中国参与普京阴谋》的法案，（以下简称《遏制中俄合谋法案》）。依据该法案，美国要制裁使用其他金融通信系统与俄罗斯进行国际交易、协助俄罗斯规避与环球银行间金融通信协会（SWIFT）系统相关制裁的中国金融机构。美国将针对使用人民币跨境支付系统（CIPS）和俄罗斯金融信息传输系统（SPFS）等替代系统的中国金融机构进行制裁，具体措施包括冻结或终止与中国金融机构有关的任何美国账户，以及组织这些机构使用其在美国的财产。

三、其他重要涉美关系

（一）美伊关系

美国从2019年5月2日起不再延长允许各国购买伊朗原油的豁免条款。这就意味着美国将全面开始针对伊朗的石油封禁，并且不再给任何国家豁免权。目前美伊两国仍处于对峙当中。

（二）美朝关系

从2002年起，中国成为朝鲜最大出口对象国。从2009年起，中国在朝鲜对外贸易中所占比重急剧上升，2016年上升至90%。美朝首脑会晤中，朝鲜和美国未就取消涉及朝鲜的相关制裁达成协议。朝方希望让美国取消制裁，因为美国的制裁覆盖了朝鲜整个出口行业，包括矿产、金属、煤炭、农业和海产品。这些制裁已经使朝鲜国民经济承受巨大压力，同时已经成为其经济建设的一大障碍。2017年朝鲜对华贸易逆差为19.6亿美元，达到历史最大规模。根据中国海关公布的数据，朝鲜对华出口2018年锐减88%至2.1亿美元，朝鲜对华贸易逆差2018年增加了30%。2018年中朝进出口总值同比下降52.4%，中国贸易顺差扩大29.9%。2017—2018年朝鲜经济都出现了比较大的收缩。

（三）美国与印太

美国印太战略的特点是美国为发展印太地区盟友和伙伴间的"水平"军事政治关系，明确脱离与这些国家的双边"垂直"军事政治关系，不变的是以美国的利益为重。先前的"美国—日本—韩国战略三角"出现了不协调，是因为日韩之间的军事相互协作几乎为零。美国力求证明部署"萨德"反导系统理由充分，韩国防长和日本驻韩国大使在美国的压力下才签署了关于全面保护军事信息的双边协议，两国可直接互换关于导弹攻击威胁的信息。不过东亚地区并无这样的潜在敌人，这使得美日韩军事合作没有实际效果。按照美国战略专家的逻辑，印度是印太地区屈指可数的可以平衡中国正在增强的影响力的国家。2022年5月24日，美日印澳四国在日本举行四方会谈。

（四）美国与拉美

2010年2月，南美洲国家联盟和加勒比共同体在墨西哥城市坎昆举行了峰会，与会者决定建立拉美和加勒比国家共同体。这使得美国主导的泛美主义意识形态遇冷。美国经过奥巴马和特朗普政府的努力，促使拉美右翼领导人不断上台，左翼不断受到打压，直到催化委内瑞拉政治危机，预示着美国在西半球的整合达到了一定水平。但是在俄乌问题上，巴西、墨西哥都保持了与美国不一样的立场。

四、其他重要国家和地区

例如，缅甸、马来西亚等东南亚地区，巴基斯坦和中亚地区，欧洲、北美等发达板块，非洲和拉美地区，对中国海外投资利益来说都很重要。

对中国而言，地缘利益主要是指对影响中国国家安全和发展的重要地理位置、战略资源来源地和交通要道的影响力和控制力。中国地缘利益的分布，从国家类型来看，主要集中于西方主要大国和发展中国家中的资源大国。中国海外利益的分布地区，特别是"一带一路"沿线国家地区地缘政治格局十分复杂，历来是大国博弈必争之地。需要关注的重点地区还包括冷战的重点地区、领土争端的重点地区、历史矛盾的集中地区（如克什米尔、克里米亚、耶路撒冷）等。国际政治格局的状态和变化对于地区、国家的发展与对外合作影响十分巨大。例如，2014年的乌克兰危机、2022年的乌克兰危机就对中国海外利益及其经济安全保障产生了很大影响。

第二节　主要国家的海外投资利益安全保障措施及其借鉴

海外投资利益保护问题没有国界，是世界所有主要大国都面临的现实问题。美日俄印和欧洲等国家和地区的海外利益保护机制与主要的经验做法对我国相关工作有很大借鉴意义。目前国内虽然已经有相关研究，但普遍停留在表面层次，缺少深入、系统和扎实细致的研究。我国应充分借鉴其他国家的成熟经验和做法，遵循国际惯例，依法保护境外企业、境外投资及其他中国海外经济利益的相关内容。

当前世界主要大国都高度重视海外利益保护，具体措施各具特色，一般都遵循集中统筹、分类保护、情报支撑、防范为主、立法引导和官民结合等原则。甄炳禧发表于《经济问题专论》2009年第6期的《新形势下如何保护国家海外利益——西方国家保护海外利益的经验及其对中国的启示》一文认为，西方大国主要采取如下措施来维护本国海外利益：（1）通过外交手段营造有利的国际经贸环境；（2）制定国际贸易、投资及领事保护等法律；（3）设立保护和支持海外投资经商的政府机构；（4）建立海外投资保险制度；（5）建立预防和处理海外危急事件的机制；（6）为企业提供海外投资信息服务；（7）使用军力控制全球石油战略枢纽，保证石油产地、输油管线和海上运输线的安全；（8）企业实施本土化战略。

具体到国别角度分析如下：

一、美国

1823年美国总统詹姆斯·门罗（James Monroe）在国会演讲的国情咨文中提出了著名的"门罗主义"，明确将美洲视为美国的势力范围，欧洲列强不应该再殖民美洲，或者涉足美国与墨西哥等美洲国家之主权相关事务。这是美国涉外事务的转折点，同时也明确表达了其对于海外利益的关切。之后，随着美国的不断发展和实力的不断增强，美国反对卡尔沃条款[①]，逐步把寻求能源的稳定供应作为核心保护的海外利益。

"二战"以后，美国享有世界霸权，美国利益遍布全球，军事利益、经济利益遍布全球，因此美国非常重视海外利益保护工作。美国保护的海外利益涉及美国公民人身安全、对外投资、对外贸易、能源与资源获取、战略通道安全以及反恐怖、价值观捍卫等诸多内容。

第一，美国推进法制机制建设。美国通过国内法解释国际法、通过把国内法向全球推广、通过国内立法来加强海外利益保护是其重要特点。美国不断明确政府、企业和个人的责权关系。美国在1948年《经济合作法案》（*The Economic Cooperation Act* 1948）通过后，制定了许多投资保障措施，来确保美国公司不受特定海外投资风险的困扰，这些困扰包括货币不可兑换、财产国有化等。[②]美国相继制定或者修订了《贸易法》《对外援助法》《美国领事法规》等一系列相关法律，为海外利益保护提供了完善的法律依据。一些专门机构如美国国会海外安全委员（OSAC）还颁布了《居住境外的美国人安全指南》《美国境外企业安全指南》《纵览海外安全防范》《如何保护美国海外商业信息》《美国海外商业旅行者安全指南》等。

第二，美国推进保护实体建设。美国的机构设置与分工比较明确，权责分工清晰，协商机制健全。美国设立由国务院牵头的海外安全顾问委员会、

---

① 阿根廷国际法学家卡尔沃（Carlos Calvo）在1868年提出，主要内容是：属于一国领域内的外国人同该国国民有同等受到保护的权利，不应该再要求更大程度的保护。

② Stephen Krasner, Defending National Interests: Raw Materials Investments and U.S Foreign Policy, New Jensey: Princeton University Press, 1978,p.93.

境外应急支援小组等机制，协调海外利益保护。美国商务部成立了支持中心（Advocacy Center），为海外投资者提供政治支持。设立了美国外国投资委员会，主要职能是：(1)决定是否对可能影响美国国家安全的外国投资进行审查和调查；(2)向美国国会提交有外资委员会工作和外国投资情况的年度报告；(3)建议制定有关外国在美国投资的法律、法规；(4)与主要的外国投资国的政府进行预先磋商，对在美国的投资提供指导。美国还专门设立"美国—中国经济与安全审查委员会"（U.S.-China Economic and Security Review Commission，简称"美中经济与安全审查委员会"，USCC），其职能是监测和审查美中两国的经济关系和双边贸易对国家安全造成的影响，并且以向国会提交年度报告的形式提供行政和立法建议，为执政当局决策美国是否需要采取行动来维护国家经济安全提供材料和判断的依据。

第三，美国对其海外利益分类保护。2000年7月，由美国国家利益委员会发表的《美国的国家利益》的报告对美国的国家利益进行了全面界定和阐述。"生死攸关的利益"一共有六项，其中四项涉及海外利益保护：预防、阻止和减少核生化武器对美国或者海外军事力量的袭击，阻止敌对大国或者失败国家的出现，确保全球贸易、金融、能源供应和环境体系的运转和稳定，与中国、俄罗斯这样的潜在的战略对手建设符合美国国家利益的富有成效的外交关系。"极其重要的利益"的11项中有3项涉及海外利益保护：预防大规模杀伤性武器及其运载工具的扩散，促进国际法制规则的和平解决、管理争端机制的运行，抑制恐怖主义（特别是国家恐怖主义）、跨国犯罪和毒品交易。"重要利益"的10项中有3项涉及海外利益保护：保护被恐怖主义组织攻击或者劫为人质的美国公民的生存和福祉，阻止美国海外资产的国家化，用国际贸易和国际投资最大限度地促进美国国民生产总值的增长。①

第四，美国明确主要威胁。早在1997年，时任美国国防情报局局长的休斯（Hughes）在对参议院情报特别委员会所作的陈述中就列举了美国海外利益面临的主要威胁：对美国理念、价值观的意识形态敌视，拒绝美国进入重要的资源和市场，在美国有至关重要利益的地区出现不稳定局势，出现能

---

① "America's National Interest", The Commission on America's National Interest, July 2000.

损害美国超强军事能力的外国军事力量。①美国对于海外利益的主要担心是：恐怖主义的威胁、新兴国家的挑战和其塑造的国际规则被改变。"9·11"事件至本·拉登被击毙的时间段内，恐怖主义是美国的头号敌人。本·拉登被击毙后，应对中国等新兴国家对美国既得利益的挑战成为美国的重要战略重心。2017年年底，美国明确把中国视为其竞争对手，而非原来的合作伙伴。2018年以来美国更是采取了大量敌对中国的措施。

第五，美国明确政府义务。《美国法典》对外交事务管理、公民在外受灾、救助遭到外国政府逮捕公民等均有明确条款规定其相应权利和政府职责。美国政府保障海外公民人身安全、合法资产、行动自由不受他国和其他主体伤害。

第六，美国规范企业和公民行为。美国在相关法律中明文规定，政府将惩罚违反禁令到受限地区营商的公民和企业，只承担基本的人道义务。

第七，美国善用经济杠杆维护国家海外利益。美国立法修法，把"最惠国待遇"和对外援助与禁止对象国损害美国利益挂钩。授权美国政府视情况投票反对世界银行、国际货币基金组织、亚洲开发银行、欧洲复兴开发银行和泛美开发银行等多边机构向相关国家贷款。美国还利用双边投资协定施压发展中国家，强迫其接受有利于美国资产的条款。冷战时期主要经济手段包括：（1）经济援助。对盟国进行经济援助，增强联盟实力，以更有力地遏制苏联和共产主义国家的发展；对亚非拉落后国家提供经济援助和技术援助，以控制其经济命脉，削弱苏联的影响。（2）经济制裁。禁止与敌对国家进行贸易和投资，削弱对手发展潜力，或直接以经济压力迫使对手让步。如在伊朗人质危机中，冻结伊朗在美国包括银行存款在内的所有官方资财、停止同伊朗的石油贸易等。（3）出口管制。对部分国家实行高技术或战略物资出口管制，削弱其军事、经济和科技发展潜力。

第八，美国统筹完善全球军力布局。美国在全球40个国家部署有598个海外军事基地，军力部署与海外利益分布密切相关。美国2016年国防战略报告指出，必须凭借军事优势应对海外利益威胁。可见，美国以其全球的军

---

① Patrick M. Hughes, "Global Threats and Challenges to the United States and Its Interests Abroad", Statement for the Senate Select Committee on Intelligence, 5 February 1997.

事基地、全球的军事打击能力作为其海外利益保护的坚强后盾。

第九，美国塑造企业良好形象。早在1971年，美国经济开发委员会发表的《商事公司的社会责任》报告列举了多达58项旨在促进社会进步的、要求公司实施的社会责任行为。美国通过1971年成立的海外私人投资公司成功地将私人企业投资与国家外交政策融为一体，企业获得了贷款和保险，而政府实现了引导企业投资来配合美国的外交布局。美国海外私人投资公司在2010年又采用了世界银行的国际金融公司的标准，修改和完善了《环境与社会政策说明》，进一步强调了劳工权、人权保护以及在应对全球挑战方面的责任，有力地提高了美国企业的国际形象。

第十，美国建立了风险评估和预警机制，在实践中发挥了良好作用。美国海外安全预警分多个层次：情报部门每年定期公布"全球威胁评估"，提示各地区有哪些主要安全风险；国务院设有专门的"出行帮助"网站，依靠情报线索，评估各国安全风险等级，及时发布有针对性的旅行警示或者禁令；商务部设有"外国和美国商业服务"机构，为驻外企业、跨国公司和海外投资者提供当地商业信息、法律制度、安全环境信息和风险评估服务；驻各国商会经常发布政策警示和社会局势评估；评级机构也根据该国经济发展、国际收支、债务规模等评定其投资信用等级，指引投资者规避风险。美国政府问责局于2008年6月提出了改进国土安全部风险管理的操作模式。该模式包含了5个风险管理步骤：（1）确定风险管理的战略目标、任务和客观制约因素；（2）通过定性和定量的方法预测风险发生的概率；（3）考察多种风险管理路径的利与弊；（4）锁定最佳风险管理方法；（5）实行风险管理办法并监管工作进程与结果，即战略设计—风险预测—路径对比—方法选择—实施与监管。[1] 如美国遇到对象国出台法案、政策损害美国企业利益时，则一般通过高层、使领馆和商会表达诉求、施压影响，甚至动员非政府组织加以抵制，迫使对接国进行调整。

---

[1] GAO-08-904T, "Risk Management Strengthening the Use of Risk Management Principles in Homeland Security" pp.3-4。转引自张曙光：《国家海外利益风险的外交管理》，《世界经济与政治》2009年第8期，第9页。

二、欧洲

英国曾被称为"日不落帝国",因此其一贯重视海外利益保护。英国虽然丧失了世界霸权,但仍旧寻求世界影响力。英国设立直接对内阁办公室负责的部长级联合情报委员会,统一评估情报。"2009年3月末,英国公布的《国家反恐战略》就将反恐目标确定为'降低英国及其海外利益遭受恐怖主义威胁的风险,保障民众可以自由而放心地生活'。"[①]

法国海军是政府维护海外利益和推行外交政策的主要工具。法国海军致力于提升法国国际地位,强调法国地缘政治布局,有力地维护了法国的核心利益。法国近些年也开始多采用外交干预等手段来实现海外利益的经济安全保障。

德国外交部设有海外危机反应中心,协调联络相关部门保护海外利益。

三、日本

日本作为岛国和外向型经济体,海外利益巨大,非常重视海外利益保护工作。日本2013年年底设立了首相领导的"国家安全保障会议",统领海外利益保护工作。日本外务省设立国际情报统括官,驻馆外交官负责收集情报,并负责与日企和民间团体等驻外机构联系。日本2015年年底成立直属首相官邸的"国际反恐情报收集组",启动内阁网络安全中心,向海外使领馆增派情报官,并扩大与美国、澳大利亚等国的情报合作。

日本健全风险防范管理。日本外务省、经济产业省、贸易振兴会等政府机构制定、完善相关法律法规,建立"政府—国内企业本部—海外子公司"三级海外安全风险管理体制。海外日企一般均有风险防范常设机构和专人,建立有整套风险管理机制和危机预案,可与国内无缝对接和分级管控。

日本外务省与20余家跨国企业组建"海外安全官军民协力会议",外务省领事局局长与企业、团体负责人定期开会,共商策略。日本利用各种海外安全协会在风险防范中发挥重要作用。"海外日本人安全协会"收集和调研

---

① 李志永:《"走出去"与中国海外利益保护机制研究》,北京:世界知识出版社,2015年,第14页。

海外信息，向会员企业提供信息和指导对策，协助政府决策。"日本在外企业协会"向企业提供咨询，协助解决投资问题，开展"海外安全与危机管理者"资格认定。

四、俄罗斯

俄罗斯联邦法律《海外同胞国家政策》规定了保护俄侨的政策和原则。2016年普京签署新版对外政策构想，提出要对俄海外公民、侨胞的合法权益提供全面有效的外交保护。

俄罗斯外交部专设海外同胞工作司、海外资本建设和资产司以及危机应急处理中心，负责协调其海外机构、资产、公民的保护和危机应对。

俄罗斯灵活运用外交手段来维护海外利益。俄外交部和经济发展部把推进海外经济利益作为重点任务，坚决维护俄罗斯企业利益。

五、加拿大

加拿大的海外利益保护制度也比较完善。加拿大外交部在其海外利益保护格局中占据核心地位，比较有效的作为是确定了其主角地位。外交部高层奉行多元化服务原则，坚持专业化分工管理模式，设有全天候运转的紧急行动中心（Emergency Operations Center），也进行专题培训项目等。加拿大外交部对本国的海外利益保护、管理的路径选择以及实施措施等都值得借鉴。加拿大外交部总是最先抵达危机或者突发事件的现场，也是最直接参与的行为主体。政府授予外交部的国际协调权力使得外交部可以动员任何可以动员的外交资源并直接对接和调用国际资源，借助国际多边和双边的机制以及非正式机制，迅速启动谈判和调解进程。

"作为国家从事海外利益保护的众多行为体之一，加拿大外交部总是最先派员抵达危机或突发事件现场，因而它最直接地参与其中。相对其他行为体，外交部最大的优势是：第一，政府授予它国际协调权力使之可动用任何可以动用的外交资源并直接调用国际资源，借助国际多边/双边机制及非正式机制，迅速启动谈判和调解进程。第二，鉴于本国总理、下院支持外交部的传统、外交部内部的机制保障、外交专才的储备和培养，外交部具备代表国家从事对外交往的各种能力，如整合资源、协调系统及其功能、运用相关技术等，能够快速集聚国内相关人力和财力资源，分析、确定问题的根源，并按照它的危害烈度确定解决中的先后顺序，配置必要的资源，迅速介入谈判、解决危机或援救处于危难中的海外加拿大公民。第三，专业化、职业化是外交部自创建时起始终坚持的理念和传统。招募专业人才以及外交专才的培养计划长期被视为外交部海外利益保护的最优保障。因此，外交部在处理海外各种危机时，其专业精神和人性化服务常常能够产生事半功倍的效果。同时，外交部的各类公开资料、宣传册以及网上学习课程等公共交流平台对加拿大公民海外安全意识的培养、风险承受能力的增强及对各种求助路径的了解等也起到不可低估的作用，有助于其防患于未然。第四，加拿大长期保持的通过多边和双边机制开展国际合作的传统确保了其外交部在海外利益保护中得以避免单边行动多承担的巨大风险。加拿大是国际社会中参与各类全球性组织、区域组织、双边组织以及非正式组织、非政府组织等最多的国家，中等国家的局限性是其选择以多边路径参与国际事务、国际发展、国际秩序构建的决定性因素。无论在海外经济安全利益、海外军事安全利益抑或海外文化安全利益的保护中，加拿大都积极参与各种全球/区域性组织的创建，推动其发展和改革。全球/区域性组织成熟的机制对加拿大海外利益的保护不仅给予机制上的支持，也为加拿大在面临海外利益危机时提供协调的平台，更使之在国际/区域性组织机构中享有行使法定权力的自由。正是得益于这种多边机制的保障，加拿大外交部可依托国际社会为之创造的条件，达到消弭危机、保障国家海外利益的目的。"① 加拿大的海外利益保护具有如下特点：

第一，重点明确。加拿大明确了国家海外核心利益，主要包括：驻外机构开展合法的外交活动的自由；国家在国际组织机构中行使法定权力（代表、参与、执行）的自由；国家出于政治与安全考虑而实行对外经济外交（经济援助、经济制裁）的自由；国家参与国际安全合作（维和行动、人道主义干涉、国际护航、反跨国犯罪）的自由；国家参与境外军事联合演习、国际军事交往的自由；国家参与国际公共资源（海洋和外空）的研究、开发与

---

① 钱皓：《加拿大外交部与国家海外利益保护》，《国际观察》2015年第6期，第155-156页。

和平利用的自由。当涉及这些核心利益时，加拿大外交部通常会选择综合外交协调和斡旋路径等方式来化解和去除相关威胁。

第二，信息通畅。加拿大政府成功地实现了海外利益保护的信息搜集、汇总和处置。"1947年7月，加拿大战时建立的政府信息服务处并入外交部信息部，并将外交部原来的工作人员从10人编制扩大到127人。"[1]信息部的工作包括确保驻外使馆与国内信息渠道通畅、处理媒体函件和质询、安排外长记者招待会以及将外交部的记者招待会信息披露给媒体，以做好媒体宣传，并同时为加拿大的海外利益申诉和保护做好宣传工作。信息部还与当时的商务贸易部联手，向海外免费分发非商业用途的电影胶片以及出版物，为加拿大海外商贸活动做好宣传介绍工作。信息部还编撰《参考资料》并定期发布，供国内相关人员了解加拿大对外关系和海外投资环境。此外，信息部还承担1946年首发的《声明和演讲》（Statement and Speeches）和1948年推出的《对外事务》（External Affairs）。外交部通过这些公开信息传播，使得相关人员知晓了相关投资政策和投资对象国政治生态、经济文化和法律环境，以及他们在遭受困境和危难时如何通过有效渠道进行申诉并向外交部求助。

为确保加拿大外交部驻外使馆的信息、人员安全，1952年外交部内部还设置了安全部门，负责绝密情报、资料和外交人员的安全。该安全部门的设立对维护加拿大海外政治利益、经济贸易关系起到了预警和后续保障作用。实践当中，安全部门和情报部门联手，使得加拿大的海外利益保护，既有了"防火墙"，也有了"救火队"。

第三，路线专业化。专业化是外交部从创建期就一直坚持的理念和传统。招募专业人才以及外交专才培养计划长期被视作外交部海外利益保护的最优保障。因此，外交部在处理海外各种危机时，其专业精神和人性化服务常常能够达到事半功倍的良好效果。同时，外交部的各类公开资料、宣传册以及网上学习课程等公共交流平台对加拿大公民的海外安全意识教育、风险

---

[1] John Hilliker & Donald Barry, Canada's Department of External Affairs: Coming of Age, 1946-1968, Vol.2, McGill-Queen's University Press, 1995, p.11. 转引自钱皓：《国际政治中的中等国家：加拿大》，上海：上海人民出版社，2020年，第92页。

承受能力的培育以及如何寻求援助等也起到了预警传播的作用。

1968年，为更好地协调加拿大对外援助和直接投资，加拿大政府将外交部对外援助处剥离，成立了副部级的国际发展署（Canadian International Development Agency，CIDA）。该署分工细致，机构庞大，在加拿大对外援助和投资的过程中起到了架桥、实施、监督和保护作用。经过数十年的运行，2013年3月，哈珀政府将CIDA又并入外交部，从预算和人员方面先行改革，并将外交部的名称"外交事务与国际贸易部"（Department of Foreign Affairs and International Trade）改为"外交事务与贸易发展部"（Department of Foreign Affairs, Trade and Development）。在中高层外交官任职中，外交部推行了"旋转门机制"，解决了实践中的人才需求问题。

第四，应急救助机制成熟。鉴于加拿大国内总理和下院对外交部一贯支持的良好传统、外交部内部的机制保障、外交人才的储备和培养，外交部具备整合资源、系统、功能、技术等方面的国家对外交往能力，这样才可以快速集聚国内相关人力和财力资源，确定、分析问题的根源，并按照问题的危害烈度制定出优先次序，配置必要的资源，迅速介入谈判、解决危机或营救处于危难中的海外加拿大公民。

紧急行动中心提供的主要服务有：遭受逮捕和拘留；儿童福利、绑架和监护；海外死亡；撤离；金融援助；强迫婚姻；劫持、人质劫持和绑架；海外丢失或被盗物品；失踪人员；自然灾害或突发事件；护照、性侵、疾病或受伤等。针对上述服务都有详细的求助指南，告知求助者在哪些方面可以得到哪些援助。如果发生紧急事件，加拿大公民可以在任何地方、任何时间拨打紧急行动中心服务网站专门设置的免费电话，求助者会得到专业人士的指导。行动中心的全球网络系统可迅速支持调动最近可到达的专业人员进行救助。

第五，"多边"和"双边"的外力借助良好。加拿大长期奉行的"多边机制"和"双边机制"的合作传统确保了加拿大外交部在海外利益保护中避免了"单边行动"所承担的巨大风险。加拿大是世界上参与各类国际组织、区域组织、非正式机制组织以及双边组织、非政府组织等最多的国家，中等国家的"有限性"是加拿大选择以多边路径参与国际事务、国际发展、国际秩序建构的决定性因素。无论在海外经济利益、海外军事利益，还是在海外利益等方面，加拿大都积极参与了各种国际组织和区域组织的建构、发展以及革新。国际和区域组织领域成熟的合作机制对加拿大的海外利益保护不仅起到了机制上的支持，也给加拿大在面临海外利益相关危机时提供了协调和借力的平台，更为加拿大在国际和区域组织机构中提供了按照章程和协定来行使法定权力的自由。正是在这样的多边机制的保障下，加拿大外交部可以依托国际社会提供的多边机制，达到消弭危机、保障国家海外利益的目的。总之，"多边路径、多元措施"是加拿大外交部有效实现其海外利益保护的重要模式。

六、其他

印度总理担任国家安全委员会、贸易和经济关系委员会等机构主席，统筹协调其海外利益保护。

总之，我们要审视和借鉴美国、英国、日本、俄罗斯等国的海外利益保护经验，并与中国海外利益所面临的客观情况、成败得失相比较，为中国维护和拓展海外利益保护提供历史线索和有益参考。

第三章
中国海外投资利益需要维护的主要领域

"一带一路"已经呈现双边合作、三方合作和多边合作相辅相成、相互促进的良好态势。截至2022年1月14日，中国已经与147个国家和地区、32个国际组织签署200多份共建"一带一路"合作文件。影响中国海外投资安全的主要领域包括双边、第三方与多边。这也是中国海外投资利益需要维护的主要领域。

第一节 双边领域

双边是指中国与目标国家之间一对一的经济关系等内容，如中巴、中马、中美、中日等。目标国的自然资源、市场规模和潜力、劳动力成本、技术水平、基础设施、宏观经济稳定性、金融开放程度和稳定性、营商环境、安全风险、实力对比、对华友好程度等是需要给予关注的重要内容。双边投资协定是双边经济外交需要着力推进的重要内容。

中国在"一带一路"的双边领域取得了巨大成就。2020年全年与沿线国家货物贸易额达到1.35万亿美元，同比增长0.7%，占我国总体外贸的比重达到29.1%。中欧班列全年开行超过1.2万列，同比上升50%，通达境外21个国家的92个城市。2021年最受中企欢迎的十大目的地中，有一半来自亚洲，包括新加坡、韩国、印度尼西亚、印度和日本，且除印度外均取得三位数增长。

一、美国

美国明确把中国作为竞争对手。自2017年特朗普就任美国总统后，美国将中国明确为竞争对手，提出"印太战略"，中美进入大国博弈时代。中美竞争摆上桌面以2017年12月18日特朗普政府公布首份《国家安全战略报告》明确把中国列为"战略竞争者"为标志，上升到战略层面。2019年3月25日，美国成立了"应对中国当前危险委员会（committee on the present danger: China)"。这个委员会作为一个专门对付中国的组织机构，它的成立标志着美国遏制中国崛起进入全面实施阶段。美国印太战略的基本框架包括四大层面：军事层面的力量建设、政治层面的盟友与伙伴关系发展、经济层面的贸易协定再谈判与投资合作扩大化、制度层面的地区网络化结构的形成。该战略具有明显的中国指向性，在军事安全、经济发展、地区影响力以及政治安全等领域对中国造成了一定挑战。美中经济与安全审查委员会（USCC）确认了156家在美国三大交易所上市的中国大陆公司的名单，其中包括11家国有企业，总市值达到1.2万亿美元。这些公司有可能被美国证券交易所除名，这将引发中国概念股退市潮和回归潮。美国还可能采取公布或者冻结中国公民在美国资产，甚至动用《紧急状态法》规定的冻结中国持有的美国国债等在美国资产的方式。上述情况使得人民币汇率和中国金融稳定充满了变数。

美国在高科技领域全力打压中国。2020年2月20日起，特朗普政府开始禁止向中国提供CFM国际公司（法国斯奈克玛公司和美国通用电气公司的合资公司）生产的LEAP-1C航空发动机。中国商用飞机公司正在研制的C919新型客机使用这款发动机。2020年5月15日，美国商务部工业和安全局宣布了一项有针对性的规则修订，旨在利用美国在芯片领域的垄断地位全面切断华为全球供应链，想一举打垮华为。多名华人学者被美国逮捕或被判重刑。5月11日，著名华裔科学家洪思忠在美国被捕；之前几天著名华人物理学家李晓江在美国被判重刑；5月15日，著名华人科学家、中国"千人计划"学者王擎在美国被捕。2021年6月，美国国会参议院通过斥资2500亿美元，全面抗衡中国的跨党派《创新与竞争法案》。在此基础上，2022年1月25日，美国国会众议院推出《2022年美国创造制造业机会和技术卓越与经济实力法》，（以下简称《2022年美国竞争法案》）。该法案于2022年2月4日获得通过。按照这项长达近3000页的法案，美国将创立芯片基金，拨款520亿美元鼓励私营部门投资于半导体的生产等；授权划拨450亿美元改善美国的供应链，加强制造业，防止关键物品的短缺并确保更多此类产品在美国制造；推动美国的科学研究和技术创新以及通过经济发展、外交、人权和同盟关系确保美国在全球的竞争力和领导地位。该法案还有多项涉及中国台湾的条款，包括强化美国与中国台湾的伙伴关系，并包含了2021年由美国两党众议院推出的《台湾和平与稳定法案》和《台湾国际团结法案》的内容。《2022年美国竞争法案》旨在加强美国竞争力，目标是加强美国国内供应链、先进技术研发和科学研究，以提升竞争力，在全球范围内与中国抗衡。美国总统拜登发表声明称，该法案将使美国在今后几十年内在与中国和其他国家的竞争中立于不败之地。

美国不断扩大对中国的制裁。美国2018年推出《出口管制改革法案》，包括对中国执行更加广泛和严格的出口管制，首次对纳米生物、合成生物、基因组以及进化、遗传算法等生命科学前沿新型和基础技术加强管制。2019年5月，美国将华为及70家关联企业列入其所谓的"实体清单"，并表示今后如果没有美国政府的批准，华为将无法向美国企业购买元器件。2019年10月，美国又将8家中国企业列入美国贸易管制黑名单，禁止与美国企业合作。具体包括：大华科技；海康威视；科大讯飞；旷视科技；商汤科技；厦门美亚柏科信息有限公司；依图科技以及颐信科技有限公司。2020年5月23日，美国商务部宣布，将北京计算机科学研究中心、奇虎360等共计33家中国公司及机构列入"实体清单"。据媒体统计，迄今美国已将300多家中国公司或实体列入制裁"实体清单"。2020年6月5日，美国对33家中国企业和机构的新制裁正式生效。2020年6月24日，特朗普政府决定将包括华为、海康威视等20家中国顶尖企业列为中国军方"拥有或控制"，为美国对其实施新金融制裁铺路。2022年2月7日，美国商务部宣布将33个总部在中国的实体列入"未经核实名单"。列入这一清单的公司必须接受严格的出口管控，美国的理由是美国官员"无法对这些公司进行例行式核查"。美国商务部声明，无法确定这些实体的合法性与可靠性在美国政府控制之外，可能包括无法联系或找到当事方、当事方未能恰当展示涉《出口管制条例》物项的性质、当事方所在国政府在美国商务部工业和安全局进行最终用途调查缺乏配合。被列入这份名单并不意味着该实体构成具体和明确的国家安全威胁或外交政策关注，但美国公司与纳入名单的实体进行交易时必须进行额外的尽职调查，需要提交更多的文件、美国出口商如向被列入名单的中国公司发货必须获得许可证。这33家公司主要包括电子公司、光学公司、一家风涡轮叶片公司、某大学的国家实验室等。

美国不断在中国香港、新疆等事务上干涉中国内政。2020年6月29日，美国商务部官网发布声明称，已取消对中国香港的特殊相关待遇，包括暂停出口许可证豁免，并正在进行差别待遇评估。2020年7月14日，美国总统特朗普签署所谓的《香港自治法案》(Hong Kong Autonomy Act)，威胁将对"协助限制香港自治"的中国实体和个人实施制裁。2020年4月8日，美国联邦通信委员会允许谷歌开通连接至中国台湾的高速互联网链接，但以国家安全担忧为由不允许光缆连接至中国香港。2020年5月14日，美国参议院通过干涉中国新疆事务的"涉疆法案"。

中美两国之间的双向投资水平下降到了近年来少有的低水平。至2020年5月，中国在美国的直接投资已经下降到2009年全球经济衰退以来的最低水平，接近于停止。但是美国在中国的直接投资情况变化不大。2019年中国在美国的直接投资平均每个季度为20亿美元，但是2020年度前3个月，中国对美国的直接投资接近于停止，金额只有2亿美元；同期美国公司宣布在中国的投资项目金额为23亿美元，仅略低于2019年的季度平均值。美国在中国的投资虽然2019年相较于2018年的130亿美元增加到了140亿美元，但是增长部分主要来自之前宣布的一些项目，如特斯拉在上海建厂等。

美国不断向印太地区加大力量投入。2022年2月11日，美国白宫发布印太战略文件，宣布向印太地区投入更多的外交与安全资源，以抗衡"中国寻求在该地区建立势力范围并称为世界影响力最大国家的行动"。依据这份12页的文件，美国将聚焦从南亚到太平洋岛屿的印太地区的所有地域，来加强美国的地位。文件认为："中国正在将其经济、外交、军事和技术力量结合在一起，同时寻求在印太的势力范围，并试图成为世界最有影响力的强国。我们今后10年的集体努力将决定中国是否会成功改变那些造福印太和世界的规则与规范"。在台湾问题上，华盛顿将与地区内外的伙伴合作，维护台湾海峡的和平与稳定。美国将要推动联盟关系现代化，加强新兴的合作伙伴关系，并对地区性的组织进行投资。美国还将扩大美国海岸警卫队在南亚、东南亚与太平洋的存在与合作。美国还将在2022年推出"印太经济框架"来弥补特朗普退出《跨太平洋伙伴关系协定》的真空。美国在原有的西太平洋地区双边同盟体系的基础上，近年来逐步构建了美日印澳四方安全对话和澳英美联盟来对抗地区"唯一竞争对手"中国的印太战略的核心。

为应对中国"一带一路"倡议的影响，美国于2019年发起成立了美国国际开发金融公司（DFC），这是美国海外私人投资公司的替代，贷款能力扩大到了600亿美元，职权范围是帮助华盛顿实现外交的政策目标，包括抗衡中国和俄罗斯等国在非洲的影响力。可以通过贷款、保险和持股等方式来支持美国和其他私营公司在发展中国家投资。该公司拟在埃塞俄比亚投资50亿美元，来支持埃塞俄比亚的私营部门改革，并抗衡中国在这个非洲增长最快的经济体的影响力。但资金到位的前提是埃塞俄比亚能够成功实施一些特定的改革措施。中国应对美国"重建更美好世界"计划需要给予高度重视。

无论是谁代表美国政府，无论美国民众是否对美国政治有较好的理解，是否进一步被极化至两党阵营，美国都不希望中国崛起并成为一个世界大国。2020年1月中旬，拜登上台之前任命外交政策专家坎贝尔（KurtCampBell）担任亚洲事务主管"印太协调人"一职，以应对中国的挑战。美国已明确将中国作为头号竞争对手，并采取了多种强力措施。美国拒绝承认中国市场经济地位，采取了大幅加征关税等很多限制中国对美出口的手段，中美贸易和投资大幅下降。

对美国要从积极和消极两个方面努力应对。在积极方面，中美应该加强包括元首会晤在内的高层级交流，拓展共同利益领域，加强在非传统安全、全球性问题上的合作，维护与促进两国的社会文化交流。从消极方面看，中美应该保持战略接触，防范战略误判，同时对可能的战略冲突点构建危机预防与管控机制。值得一提的是，中企对美国投资热情不减，2021年在北美洲投资数量的86%投向美国，全年达到115宗，仍为交易数量最多的国家；美国也是少数连续2年交易数量同比上涨的国家之一，交易数量最多的行业为医疗与生命科学行业（主要投向生物制品研究和医药研发领域），同比增长121%；但受地缘和严格的投资审查影响，中企对美国企业并购呈现小规模、低金额趋势，2021年没有单笔超过10亿美元的交易，为10年来首次。

二、欧盟与欧洲国家

欧盟2016年开始对"一带一路"倡议采取了防范措施，对中国企业的投资尤其是对欧洲高新技术产业的投资加强了审查。欧盟在关键议题上同美国联手施压，加强对华投资安全审查，不承认中国完全市场经济地位。

欧盟和部分欧洲国家则对"一带一路"倡议采取保护主义政策，加大对中国投资基建项目的规则审查、安全审查，使包括匈塞铁路在内的中方在欧项目建设进程中受到明显影响。中国应对欧盟"全球门户"战略需要给予高度重视。

欧洲议会2019年3月26日通过了备受争议的版权改革，其中第13条旨在加强权力持有者与YouTube、Facebook等平台讨价还价的能力。根据这项改革，欧洲法律首次要求平台对执行版权负有法律责任，要求平台检查用户发布的一切信息和内容来防止侵权现象的发生。

在2014年10月颁布的《非财务报告指令》（NFRD）中，欧盟首次系统地将ESG三要素列入法规条例。为践行对联合国2030年可持续发展目标的承诺，也为实现欧盟在2050年前实现碳中和的愿景，欧盟委员会出台了一系列与ESG密切相关的新举措以推动投资者转向更可持续的技术和业务。2021年4月，欧盟委员会通过了《欧盟分类法气候授权法案》《企业可持续发展报告指令》等关于可持续发展的一揽子措施。2021年7月，欧盟委员会又推出新的"可持续金融战略"等一系列绿色金融举措。欧盟ESG新规体现出三个方面特点：一是促使ESG标准趋向统一；二是加大ESG信息披露的强度和范围；三是引领ESG规则国际化，积极推动ESG投资理念在国际上更多地转化成更有影响力和约束性的ESG投资规则。ESG新规给中国企业"走出去"带来了机遇：一是为"走出去"企业投资决策提供更充足的信息；二是倒逼"走出去"企业提升国际化经营水平；三是为"走出去"企业开展绿色合作创造新契机。ESG新规也给中国企业"走出去"带来了一些挑战：一是更高标准和更具强制性的ESG信息披露要求增加了企业"走出去"的合规成本；二是金融机构在借贷政策中更广泛地接受ESG规则增加了特定行业内企业"走出去"的融资成本；三是ESG规则为国际化及供应链尽责立法趋势增加了企业"走出去"的运营成本。[①]

英国新版《国家安全和投资法》于2021年11月首度公布，旨在改善已经实施20年的旧法不足以应对威胁的情况。2022年1月4日，英国开始实施新版《国家安全和投资法》，使得外国企业要收购英国资产变得更加困难。新版《国家安全和投资法》扩大了相关政府部门审查外国投资者活动的权力，包括对收购交易设定限制条件，甚至予以封杀。新法实施后，对于国防、能源或者交通等可能影响国家安全的敏感产业，外国投资者或企业如打算收购英国企业任何资产，都必须向英国政府通报。新法确立了17项战略领域，包括人工智能、核电、机器人和太空产业等。依照新法如果收到的是不实或误导信息，英国政府部门有权撤销收购交易。

2020年4月6日，意大利政府宣布，为保护本国企业不被并购，将采取加大保护力度的措施。银行、保险、能源、保健等广泛行业将成为保护对象。限制措施针对的是打算收购意大利企业10%以上股份的外国企业。

2020年4月8日，德国政府批准了一项加强监管的政策，适用于欧盟地区以外企业收购本国企业的案例。政府如果认为"收购行为有损德国利益"，就可以阻止收购。基础设施、医药用品、防护用品生产商是重点保护对象，能源、数字经济相关企业也可能被纳入保护范围。

2021年，中企在欧洲宣布的海外并购金额为159.8亿美元，同比增长13%，交易数量为161宗，为本期交易数量最多的大洲，主要投向消费品、TMT以及医疗与生命科学行业；其中对荷兰、英国、丹麦和卢森堡等国的投资金额有大幅增长，而对传统的热门投资目的地德国和法国的并购额均处于历史较低水平。

三、日本

新冠疫情暴发后，中国开始关闭各地的工厂和隔离城镇，以此来遏制病毒的传播。中国不得已暂停向世界各地的工厂供应零部件，于是出现了零部件短缺的局面，许多国家的工厂都因此被迫关闭。为了减轻本国在制造业领

[①] 参见中国人民银行主管：《中国金融》2022年第2期，第90-91页。

域对中国的依赖，日本决定从经济刺激计划中拨出22亿美元用于资助在华日企把生产转移出中国。根据日本公布的经济刺激计划细节，在日本为对冲新冠疫情经济影响而编制的9920亿日元额外预算中包含两个子项：一是为那些着手把在华生产迁回日本的日资企业提供2200亿日元（约20亿美元）资助；二是为那些寻求把在华生产转移到其他国家的日资企业提供235亿日元（约2.2亿美元）。中国是日本的最大贸易伙伴，但2020年2月由于新冠疫情导致中国许多工厂停工，当月日本从中国的进口下降了将近一半，进而导致日本国内制造业所需的必要零部件出现了短缺。此外，日本一方面与印度推进"亚非增长走廊"计划，另一方面与美、澳共同推进对印太地区基础设施项目的投资，2019年9月又与欧盟签署加强基础设施建设的相关协议，希望推进双边在印太地区、西巴尔干地区和非洲地区完善道路、港湾等基础设施的合作，对冲"一带一路"影响力意图明显。美欧日投资基础设施有助于缓解建设资金的压力，但其意图若主要为抑制、防范中国，则会形成恶性竞争，导致出现"多带多路"，最终形成基础设施领域令发展中地区难以承受的"意大利面条碗"效应。日本对华开展"一带一路"第三方市场合作的同时，对本国企业参与合作加诸多限制，并专门将港口、铁路、机场等项目划为"特殊领域"，不建议与中方合作。

2022年2月9日，日本政府向国会提交了《日本经济安全保障推进法案》全文。法案由确保包括半导体在内的供应链、对重要基础设施设备实施事前审查、尖端技术研发、专利非公开四大支柱内容构成。

在确保供应链方面，法案要求企业针对半导体、医药产品等特定重要物资制订供应计划。一旦政府认定其有效，将会通过发放补贴予以支持。特定重要物资将通过政府行政命令予以定义。

事前审查制度将涵盖电气、铁路、金融等14个行业。从业者在引进铁路运行管理系统这样的重要设备之时，需要向政府提交包括设备名称、引进时间等内容的计划书。如果政府判断引进对象存在风险，将会通过下达劝告或命令要求企业调整计划。

在尖端技术研发方面，将设立官民协作的磋商会议，通过基金对人工智能、量子等方面的技术研发提供补贴。专利非公开的对象可能涉及原子能和武器研发。政府如果认定有必要保密，则不会公开其申请的技术。

法案的施行将分为三个阶段，稳定供应链和尖端技术研发将在法案公布后9个月内施行。涉及公共基础设施的事前审查制度和专利非公制度的条款分别在2023年度和2024年度施行。

四、澳大利亚

2016年以来，澳大利亚就与中国摩擦不断。澳方先是以国家安全为由阻止中国企业收购澳电网公司。后在2018年又禁止华为参建其5G网络。

2020年4月，澳大利亚对新冠疫情源头展开紧急独立调查，使得中美、中澳关系进一步恶化。中国对澳大利亚输华大麦加征80%关税，禁止4家澳企对华出口牛肉。2021年11月17日，澳大利亚总理莫里森在澳战略政策研究所（ASPI）举办的活动上宣布，将量子计算、人工智能、疫苗、关键矿物和5G、6G通信技术等九大领域列入"关键技术清单"，澳大利亚政府加大对这些领域的资金投入和技术保护。澳战略政策研究所因多次发表造谣抹黑中国报告而臭名昭著，是澳"中国威胁论"的总设计师。

2020年4月初，澳大利亚政府规定外国所有投资项目都要接受政府部门审查，审查期限也由原来的1个月延长到最长半年。在今后一定时期内，外国投资审查委员会要负责审核所有外商投资项目，无论项目投资金额大小。

第二节 第三方市场合作

第三方市场合作主要是指中国企业与发达国家企业合作，共同在作为第三方的发展中国家市场开展商业经营活动。这种合作可以将中国的优势产能、发达国家的先进技术以及广大发展中国家的发展需求进行有效对接。习近平总书记在第二届"一带一路"国际合作高峰论坛主旨演讲中指出，鼓励第三方市场合作，通过多方参与实现共同受益的目标。论坛期间，中国同奥地利、瑞士、新加坡、联合国开发计划署等国家、国际和地区组织签署多份第三方市场合作文件，丝路基金同欧洲投资基金等宣布设立多种形式第三方市场合作基金，进一步充实和加强了"一带一路"国际合作的内涵。中方同有关国家签署中缅经济走廊等一系列政府间务实合作协议，同意大利等国共同设立新型合作基金、开展第三方市场投融资项目，各国企业就开展产能与投资合作项目达成众多协议。

第三方市场合作逐步发展出第三方金融合作。如2019年5月，中国国家开发银行与日本国际协力银行在北京共同举办中日第三方市场金融合作论坛。论坛旨在通过搭建交流沟通平台，积极贯彻2018年中日两国领导人关于中日加强第三方市场的共识，以金融支持两国企业开展务实合作，实现互利共赢。时任国开行行长郑之杰在发言中表示，第三方市场合作是中国首创的国际合作新模式，中日两国深化这一领域互利合作的空间巨大，推进中日第三方市场合作离不开金融的有力支持。

一、实践已经比较丰富

已经开展的实践项目包括中日在非洲在泰国、中比在非洲、中国与新加坡在东南亚的第三方市场合作；中国和法国在英国欣克利角共建核电项目以及在亚非一些国家的合作。中国先后与法国、意大利、西班牙、日本、葡萄牙等国政府签署了第三方市场合作文件。这种合作可以较好地执行"共商、共建、共享"的原则，是中国企业与发达国家企业、沿线国家当地企业之间较为合适的国际合作创新方式。中葡两国在第三方合作方面也具有广阔潜力，葡萄牙在葡语国家中具有语言、经验和网络优势，中方则具有资金和技术优势，因此两国企业可在其他葡语国家开展第三方合作。

2018年10月26日，中日两国政府在北京召开"第三方市场合作论坛"，来自两国各界1500多名嘉宾出席论坛。中日两国签署了基础设施投资等领域的50余项第三国合作协议，金额超过180亿美元。李克强总理指出，这充分说明，两国开展第三方市场合作，潜力巨大、前景广阔，必将成为中日务实合作的新支柱。中国和其他国家在第三国共同开拓市场也有先例，但像这次中日之间如此规模大、数量多、领域广、涉及国家众多的项目合作是前所未有的。例如，日本JFE工程等企业联合体将与中企携手在泰国推进智慧城市开发项目；伊藤忠商事将联手中国中信集团，扩大对德国海上风力发电项目的投资；富士通将与中企一同推出面向老人的IT技术服务；日本国际协力银行（JBIC）将与中国政府的金融机构"国家开发银行"共建合作框架，在对第三方市场进行基础设施投资时提供联合贷款。这为中国将来和其他国家在第三方国家合作共赢留下了很大的空间。日本不愿意看到本国经济的衰落，从而导致其在世界影响力的衰落。日本竭力通过配合美国印太战略发挥竞争作用，既有遏制与围堵中国的用意，也有同中国合理竞争的因素。在中国经济实力日益增强的前提之下，两国可以逐渐消除顾虑，敞开心扉进行相关合作。这对中日两国都是有利的。

2018年11月5日，彭丽媛在会见盖茨时表示支持盖茨基金会继续同中方加强双方和三方合作，包括提高中国卫生人才能力建设和全球卫生专业队伍储备。"澳大利亚—中国—巴布亚新几内亚疟疾控制试验性合作项目"是太平洋地区最著名的援助项目之一。

以中美在非洲的第三方合作为例，两国间存在竞争，但双方在对外经贸方面也有很大合作空间。中美两国各自具有比较优势，中国在对非贸易方面远超美国，而美国在对非投资方面则占据优势。中美对非投资侧重点也有所不同，中国擅长铁路、公路等基础设施建设，美国侧重电力、技术。中国对非洲合作的步子大、速度快，但美国对非洲介入早、了解深入，中美在非洲开展第三方合作的潜力比较大。在应对马里安全危机、南苏丹冲突、西非埃博拉疫情等问题上，中美已经开展了比较有成效的合作。中美就非洲事务也开展多次磋商。

二、引领示范作用突出

欧洲和美日韩等发达国家企业在基础设施的投融资、设计、咨询、运营、管理等方面具有明显的比较优势。而中国对外承包工程企业积累了丰富的市场开发和施工管理经验，中国基建"质量好、价格优、效率高"。中国与发达国家在基建领域开展第三方市场合作，有利于充分整合双方在全球基建产业链中的独特优势，共同为第三国提供高质量、可持续的基础设施项目。

如莫桑比克的马普托大桥、埃塞俄比亚的吉布3水电站、厄瓜多尔医院项目、喀麦隆克里比深水港、巴基斯坦卡西姆港燃煤电站等多个高标准、惠民生、可持续的项目，融合了中外企业的智慧和努力，有力地促进了东道国的经济发展和民生改善，同时也为第三方市场合作模式的推广发挥了引领示范作用。

中外企业的强强联合，使得参与方在资金、技术、人才、管理等方面的综合竞争优势更加突出，能够有效对接第三国基础设施建设的需求痛点，并且为业主提供质量更高、效益更好的综合服务。中法双方正在合资建设英国欣克利角C核电项目，其中部分使用了中国第三代核电技术——华龙一号，该技术已经获得欧盟和英国认可。

自2015年中国政府和法国政府联合发布了第三方市场合作联合声明以来，中国政府部门与意大利、日本、新加坡、英国、澳大利亚等多国政府部门签署了关于推动第三方市场合作的谅解备忘录或者是发表了联合声明。在这些合作文件的基础上，又建立了合作机制，共同为企业深化务实合作提供了有利的条件。例如，2019年6月17日，第十次中英财金对话期间，国家发展改革委员会副主任宁吉喆与英国国际贸易部投资部长斯图尔特签署中英《关于第三方市场合作的谅解备忘录》。

以协议方式明确开展第三方市场合作的主要原则、重点领域、对话机制等内容，不仅为第三方市场合作注入了源源动力，也推动了合作意识不断增强。截至2019年，中国电建集团国际工程公司与奥地利、英国、法国、西班牙等14个国家的30多家公司开展了第三方市场合作，推动和成功合作的项目30余个，总合同金额达360亿美元。

作为最早进入国际工程承包领域的四大国有企业之一，中国路桥不断努力探索尝试开展第三方合作市场。由于南部非洲规范不全，对大桥的设计和验算技术支撑不够，莫桑比克马普托跨海大桥最终按照欧洲规范建设。这个变化促成了中国路桥与德国高尔夫公司在第三方市场的合作。这一合作，不仅带来工程质量的提高，而且提升了建设效率。马普托大桥在2017年和2019年先后两次获得南部非洲混凝土协会颁发的"混凝土最高质量奖"，该奖是南部非洲混凝土行业的最高奖项。

三、推动更广泛第三方合作

第三方市场合作顺应了经济全球化的历史潮流，契合了各国开放合作、联动发展的现实需要。在共建"一带一路"的过程中具有广阔的发展前景。

针对未来继续充分发挥企业和金融机构的主体作用，促进第三方市场高质量发展，一要加强机制建设，进一步扩大合作的朋友圈；二要拓展合作领域，进一步挖掘各国共同发展新动能；三要政府部门优化服务，进一步增强企业的获得感，为企业提供更好的服务；四要推动项目合作、融资合作，进一步增加利益交汇点。

从政府层面来讲，要进一步加强相关国家的战略对接、规划对接、产业对接，不断完善第三方市场的合作机制。特别是要加强政策沟通，确保相关政策的连贯性，提升合作各方的合作信息和积极性。

对企业来讲，要积极主动寻求合作机会，加强与合作方的沟通学习和借鉴吸收，加快利益的融合，诚信经营，有效防范风险。同时要积极宣传合作成果，营造良好的舆论环境。中外政府部门、金融机构、行业组织和企业之间要加强协调联动，为相关合作项目提供必要的支持，还要充分发挥重要企业的合作积极性，持续扩大合作的参与群体和受益面。同时，要坚持互利共赢，开放包容。所有持久的合作都必须是共赢的。只有主要参与者在合作过程中既想到自己的利益，也尊重伙伴的关切，第三方市场合作才能不断做大做强。

第三节 多边领域

当今世界仍然依赖于第二次世界大战后建立的经济和政治安全体系，而美国是这个体系的核心和关键，其作用在苏联解体后越发凸显。但自特朗普执政以来，美国正在走向双边甚至单边。拜登重回多边，但却是竞争的多边。多边一般指参加同一国际组织或某个活动的多个国家之间的关系，如在世界贸易组织等机构范围内的关系、对外的自贸区谈判中面临的问题。而美国的"逆全球化"是力图从它自己主导的世界秩序体系中逐步退出，现在已经与多国签订了双边条约。特朗普在任时期，美国架空联合国等多边组织，以否认历史承诺与推卸责任；转而经过双边或三边条约，强化自己的霸权特权和政治倾向；虚化中国从世界贸易组织等国际组织中所得到的权益。

除单边行动外，美国与日本、东盟、新加坡、印度、澳大利亚达成双边或三边基础设施合作框架，且联合日本共推高质量基础设施投资标准，把透明度、市场化融资、开放型基础设施及债务可持续作为高质量投资的基本原则。2019年6月，在美日推动下，G20大阪峰会通过了"G20高质量基础设施投资原则"。美国的意图是抢占"印太"基础设施投资规则的主导权，以对冲中国"一带一路"倡议的先发优势，加大中国与其他国家开展"一带一路"合作的阻力。

一、世界贸易组织（WTO）争端解决机制

当前阶段多边经贸领域面临的主要问题是，世界贸易组织改革方向还不明确，多边贸易规则面临巨大挑战。美国及其盟国在第二次世界大战后建立的全球经济体系在特朗普执政时期没有了美国领导和关照。自特朗普上任以来，美国一直在破坏多边主义，放弃机制，违背已经谈判成功达成的协议或削减资金。贸易战背景下的中美关系的紧张局势更是对多边主义的严峻挑战。特朗普政府成功打破了主导美国对华政策数十年的"负责任的利益攸关方"共识，以一种新的"战略竞争"范式取而代之。这是美国战略思想中非常重要的理念转变，肯定会对美国和世界产生深刻的政治、经济和安全影响。与特朗普的其他政策相比，对华采取更具对抗性的战略的必要性迅速得到了美国民主、共和两党和立法行政司法甚至美联储的广泛支持。特朗普政府强烈质疑世界贸易组织的有效性以及对美国的不公平，一是指责中国利用世界贸易组织特别是其中给予发展中国家的特殊和差别待遇，剥夺了美国应该享有的利益；二是指责中国特色的经济体制未能在世界贸易组织现有框架下得到有效的约束，使得中国享受了世界贸易组织保护下的不公平的竞争优势。

自2018年以来，面对美国挑起的单边主义和保护主义持续威胁，多年裹足不前的世界贸易组织内外交困。美国通过实施232钢铝措施、对华301

条款、阻挠上诉法官任命等单边主义方式来影响、控制世界贸易组织和一些国家。美国企图通过先破后立的方式迫使其他成员重新接受它对世界贸易组织的绝对领导，以此来达到"美国优先"和遏制中国的目的。特朗普与中国的贸易战以及他针对其他国家（包括日本、欧洲和加拿大等美国盟友）采取的贸易行动，表明美国根本不顾及其一手建立的世界经济金融体系。

美国主要采取阻挠上诉机构成员选任的方式来造成争端解决机制的瘫痪，以此作为使世界贸易组织和相关国家就范的手段。争端解决机制是世界贸易组织体制的核心，在世界贸易组织规则指定功能发挥不畅的情况下，如果争端解决机制能够正常运行，世界贸易组织仍能够发挥维护多边贸易体制的作用。但美国指责上诉机构行事不当，连续阻挠开启上诉机构法官候选人甄选程序，导致原本由7名成员组成、由3名成员轮流审理案件的上诉机构仅剩下3名成员。上诉机构2019年年底因为成员不足的问题而瘫痪。

2018年美国政府相继采取一系列单边主义贸易保护措施，严重违反了世界贸易组织最惠国待遇原则，也违反了美国之前作出的不对世界贸易组织成员适用301条款的承诺。其他成员的反制措施也不符合世界贸易组织相关程序。这些贸易摩擦无视世界贸易组织规则的存在，对世界贸易组织的权威和公信力造成重大负面影响。

美国政府谋求与世界贸易组织基本原则相违背的所谓"对等"待遇，试图削弱现有多边贸易体制。2017年7月26日至27日的世界贸易组织总理事会上，美国代表表示世界贸易组织必须注意自己的体制性问题，且应该在第11届部长级会议上启动对世界贸易组织的系统性改革谈判。2018年5月31日，美国贸易代表罗伯特·莱特西泽与日本经济产业大臣世耕弘成及欧盟贸易专员西莉亚·马姆斯特罗姆在巴黎举行会谈，并达成《欧盟—日本—美国制定更为严格产业补贴规则的基础界定》《技术转让政策和做法的联合声明》《关于市场导向条件的联合声明》等联合文件。文件多处表达三方对世界贸易组织规则进行完善与改革的意愿。

世界贸易组织的规则只涉及出口补贴，而中国在法律层面上已经不提供这种补贴了。几乎所有国家都向国内企业提供优惠贷款和补贴。在外国企业进入本国设置壁垒的问题上，美国也是一样的，如阻止蚂蚁金服收购美国速汇金国际公司。特朗普发起的贸易战不过是为国内政治服务的工具，他把贸易作为政治的大棒，而阻止这种做法是建立世界贸易组织的初衷。中国相较于美国更加支持自由贸易。中国应该维护世界贸易组织这个多边贸易平台，并争取促进世界贸易组织改革体现中国主张，为人类贸易事业作出贡献。

二、解决投资争端国际中心（ICSID）

解决投资争端解决中心（International investment disputes resolution center）是依据1966年生效的《解决国家与他国国民间投资争端公约》（1965年《华盛顿公约》）而建立的世界上第一个专门解决国际投资争议的仲裁机构，办公地点设在美国华盛顿特区的世界银行。该中心的宗旨和任务是，制定调解或仲裁投资争端规则，受理调解或仲裁投资纠纷的请求，处理投资争端等问题，为解决会员国和外国投资者之间争端提供便利，促进投资者与东道国之间的互相信任，从而鼓励国际私人资本向发展中国家流动。

国际投资争端解决中心（ICSID）是一个通过调解和仲裁方式，专门为解决政府与外国私人投资者之间争端提供便利而设立的机构。中心在国家和投资者之间培育一种相互信任的氛围，增加发达国家投资者向发展中国家进行投资的信心，从而促进国外投资不断增加。ICSID有自己的仲裁规则，并且仲裁时必须使用其规则。ICSID还发表有关解决争端和外国投资法律方面的出版物。

ICSID要求争议的双方须为公约的成员国，争议的主体为国家或国家机构或代理机构，提交该中心调解和仲裁完全是出于自愿。其解决的正义性质必须为直接由投资引起的法律正义。

三、多边投资担保机构（MIGA）

多边投资担保机构（MIGA），是根据1985年世界银行通过的《多边投资担保机构公约》主持建立的世界性组织。基于《汉城公约》创设的多边投资担保机构是国际保险人，并由其承保缔约方政府违约风险，当公约的缔约国的投资者在另一缔约国境内投资并遭遇东道国政府违约时给予救济。作为世界银行的第五个新增成员，其主要宗旨是促进资本跨国流动，改善国际整体投资环境，维护海外投资者利益。MIGA 作为独立地法人，有权处理资产、缔结合同。在承保政治风险地保险机制中，MIGA 是参与国家最多的多边投资保险实体。而且它创设性地在承保范围内增加了政府违约风险这一险别，填补了现有投资保险机制中承保险种的空白。MIGA 第 11 条规定：政府违约风险中的"约"是指东道国政府和海外投资者之间签订的国家协议，尤其指特许协议。东道国政府不履行或者违反与外国投资者签订的合同规定期限内作出裁判；虽然在规定期限内作出裁判，但未能有效执行。这一机构的设立弥补了不少国家国内海外投资保险制度的不足，为海外投资企业提供了一个相对完整的风险承保机构。也有利于投资东道国接纳更多适合在本国投资的海外资金，推进东道国的经济发展。

　　MIGA 创设性地增加了政府违约风险，海外投资企业可以自由选择风险承保机构，一旦东道国政府发生违约行为，并构成政府违约风险时，投保企业可以根据保险合同中规定的争端解决机制，如向 ICSID 申请仲裁。如果东道国拒绝履行仲裁裁决时，MIGA 可以先行支付赔偿金，赔偿之后，即可取得投保企业的代位求偿权。一方面保障了海外投资企业的合法权益，赔偿了其在投资过程中受到的损失。另一方面使得原本处于不平等地位的两个当事主体，转化为两个都享有国际法保护的主体，这在一定程度上也避免了东道国和投资母国的矛盾和纠纷，对维护地区和平与稳定也起到了一定的积极作用。第一，MIGA 在承保条件上只承保程序性风险，对实体风险并不承保，即 MIGA 只承保东道国在违反特许协议后拒绝司法的行为，并不承保违反特许协议这一违约行为。第二，在 MIGA 成立之初，每个成员国都认购了一定数额的股份，随着 MIGA 的不断壮大，成员国的数量也越来越多，因此大多数国家在 MIGA 中占有一定的股份，这其中也包括不少投资东道国。第三，MIGA 是由各成员国共同组成的，不仅有来自发达国家的成员国，还有不少像中国这样迅速崛起的发展中国家，因此机构是否健康稳定运行关乎着每一个成员国的切身利益。一旦某一个成员国在作为投资东道国时进行了某些类似于违反协议、国有化征收、征用等政府违约行为，都可能加剧 MIGA 的经济负担，不仅受到发达国家的责难，也会受到不少来自发展中国家的舆论压力。这也有效地减少了政府违约风险的发生。第四，MIGA 对承保人也作出了较为宽泛的界定，不仅包括成员国，也包括非成员国国籍的海外投资企业以及成员国国民投资的企业。

MIGA 的特有作用：一是为各国海外投资企业在东道国投资提供了一种国际投资担保机制，处于中立位置保护各方利益。有助于资本的跨国流动，尤其是流向发展中国家，促进各国共同繁荣。二是通过代位求偿机制为东道国与投资母国之间的投资争端的解决提供了更为缓和的解决方案。有助于缓解当事国之间的矛盾，促进局部的和平与稳定。

MIGA 也为日后的海外投资提供了法律保障。各国的海外投资保险机制的运行主要目的是保障本国投资者海外投资的安全，而多边投资担保机构则是国际层面上的投资担保机制下的保险人，也是当今最具规模的多边投资担保机构，这弥补了国内保险机构在承保范围与赔偿救济上的不足。这二者都是借助于投资保险机制由特定的保险人承包政府违约风险而进行的救济。但 MIGA 与投保人在 2010 年到 2014 年这 5 年间一共签订了 676 笔保单，总保险金额 23 728 亿美元。而 2014 年 7 月 MIGA 的成员国有 163 个，这说明当时每年每个成员国平均不到一个保单。这显然无法满足当前世界经济贸易发展的投资需要。

多边投资担保机制在设置上存在许多不同于国内海外投资保险机制的地方：第一，MIGA 作为国际层面的保险人，并不能取代各国国内保险机构的地位。第二，MIGA 要求投保者只能向发展中国家投资，但随着当今全球化格局的建立，各国间资本往来频繁，大量发展中国家也纷纷向发达国家投资，如我国目前主要的对外投资就有很多在发达国家。第三，MIGA 对投保人的投标标的的要求较高，如果投保的投资项目仅仅对投资母国有利而对东道国的经济发展没有太大作用，可能会遭到拒绝承保。

四、区域（小多边）

需要注意的是，由于全球化遭遇逆流，近年来区域也可以理解为小多边呈现出增长态势。G7、G20 的影响已经非常大，美国近年来先后搭建了美日印澳四国机制、美加墨自贸协定等。中国也先后发起了上合组织和 RCEP 等。区域或者说小多边机制越发重要。

第四章
中国海外投资利益安全维护的目标样态

2021年中国对外直接投资达到9336.9亿元人民币（1451.9亿美元），是世界第一大对外投资国。其中，中国境内投资者共对全球166个国家和地区的6349家境外企业进行了非金融类直接投资。依据安永2022年2月11日发布的《2021年中国海外投资概览》，2021年中国全行业对外直接投资1451.9亿美元，同比增长9.2%；非金融类对外直接投资1136.4亿美元，同比增加3.2%；其中，对"一带一路"沿线国家和地区投资同比增长14.1%。2021年中企宣布的海外并购总额达到570亿美元，同比增长19%，但较2019年仍下降28%；宣布的交易数量为516宗，同比减少4%，创下7年来最低纪录。综上所述，应该逐步明确中国海外投资的价值取向和目标样态，使得投资有的放矢。

第一节 海外投资的总体正常运转

近些年来，随着经济全球化和贸易自由化的不断深入发展，谋求实现资源全球最佳配置的国际投资活动越发兴盛，带动着包括资本在内的各个生产要素在不同国家和地区之间的大规模流动。这些流动使得发达国家通过对外投资来降低国内生产成本，实现资源、技术、资本在全球范围内的更深层次的优化配置。追求境外投资的总体正常运转，要从经济效益、政治效益、社会效益和环境效益等方向来努力。

一、较好的经济效益

境外投资首先是经济行为，追求较好的经济效益、实现境外投资的最大效益，是经济上的可持续发展的重要内容。要服务国家能源战略，服务产能疏解的同时，努力实现国际收支平衡，不断促进中国境外投资效益最大化，中国境外经济的良性运转以及与中国国内经济的良性互动。

二、良好的政治效益

境外投资也要追求政治效益。要促进国际格局和地缘格局向有利于中国的方向改变。例如，通过中巴经济走廊加强与巴基斯坦的联系，通过中缅石油管道、中缅经济走廊加强与缅甸的联系。良好的政治效益有利于中国境外投资的良性、可持续发展。比如，良好、稳定的中巴关系使得中国在巴投资虽然面临恐怖主义威胁，但仍然未来可期。

三、在社会环境和环境保护上取得较好效果

境外投资项目也要对社会环境和生态环境保护给予足够重视。要追求社会环境和生态环境的良好效果，为境外项目运行创造良好的国际环境。特别是人类社会治理水平不断提高，导致环境、社会标准不断提高，必须对社会、环境、NGO组织等给予高度重视。

第二节 与国内经济构成互为补充的有机整体

当前我国的建设目标是，国内大循环为主体的国内国际"双循环"的经济格局。境外经济必须与国内经济构成互为补充的有机整体，实现良性循环。

一、促进国内经济高质量发展

要着力促进国内经济的高质量发展，切实解决好能源安全、粮食安全、产能过剩等问题。要逐步真正实现创新引领的经济发展模式。中国经济还处于从高速到高质量增长的转型阶段，受国内信贷紧缩和国外贸易紧张局势等因素影响，面临着金融业一家独大、经济脱实向虚，投资边际效应已经很低，但是不得不投资，出口受到美国打压，储蓄下降、居民没有能力提升消费，粗放型经济发展模式面临巨大生存压力，财税收入和企业可持续发展之间的矛盾，国有企业面临政策调整压力，新冠疫情给2020年、2021年经济造成很大损失等很多现实问题和挑战。

在中美第一阶段经贸协议的框架范围内，在不用改变发展战略和进行结构性改革的情况下，积极构建适合支持经济高质量增长的"最优金融结构"，发展多层次的资本市场，推动金融机构更好地为创新活动和中小企业服务。要优化结构，完善金融市场、金融机构、金融产品体系。要坚持质量优先，引导金融业发展同经济社会发展相协调，促进融资便利化、降低实体经济成本、提高资源配置效率、保障风险可控。提供良好的金融环境与基础设施，包括落实竞争中性、推进利率市场化和建设良好的信用体系。

第一，保持经济稳定，处理好几对重要关系。在新冠疫情对经济构成严重挑战的情况下，贯彻中央经济工作会议上习近平总书记指出的"六稳"，保持经济稳定就具有更加突出的现实意义。一要处理好发展和就业的关系，促进制造业可持续发展，不断提升实体经济占比，切实促进就业率提升，最终实现良性经济互动。二要处理好人口老龄化和消费合理提升的关系，有效应对人口老龄化，促进消费结构合理提升，促进积累和消费取得较好平衡。三要处理好投资和利用外资的关系，要维持足够的资本来确保经济良性运转，要通过稳投资来为经济发展做好铺垫，实现对外投资和利用外资的良好平衡。四要处理好土地和房地产价格的关系，必须着力解决房地产泡沫的问题，继续去库存的同时要建立长效机制，稳定房价，加工资，让房子实际贬值。坚持"房住不炒"的原则，逐步将地租自然升值部分通过制度途径收归国家所有。五要处理好金融业高质量发展和服务实体经济的关系，促进金融高质量发展，逐步回归服务实体经济属性，要在创新调整中逐步实现"最优金融结构"。六要处理好发展和保护环境的关系，坚持绿色发展理念不动摇，推行务实环保政策，要防止"一刀切"带来的负面效应，促进经济可持续发展。七要处理好税费和企业竞争力的关系，要切实减税降费，提升企业生存和发展能力。税费应该控制在合理区间，总和不能超过企业的实际承受能力。八要处理好美国、多边和全面对外开放的关系，要加强美国问题研究，以追求实效态度有效应对。要捍卫多边体系，谋求合作共赢。努力实现经济高质量发展、可持续发展。

第二，明确当前推动经济高质量发展的主要入手点。受当前新冠疫情给经济造成的损失和之前国内信贷紧缩、国外贸易局势紧张等因素的影响，中国经济发展面临着大量现实问题和风险挑战。应该从抓减负、促生产，抓发展、促就业，抓金融、促实体，抓绿色、促线上，抓投资、促消费，抓双边、促多边等方面入手，着力稳定经济形势、推进经济工作不断向好。

第三，不断构建和完善符合中国实际的现代金融法律体系来支撑金融业高质量发展。金融服务的质量是由法律体系决定的，市场规则、行为准则、准入与退出，都应该由法律法规来规范。要适度减少政府对资本市场的直接"管控"，降低政策不确定性。加大系统性的市场开放，引进更多的机构投资者。要在明晰责任的前提下培育"容忍失败"的创新环境，为创新型企业提供更加丰富的金融工具、激励机制和制度安排。

当前形势下，要与时俱进，统一金融立法，改变过去分业立法、机构立法的模式。现行的一些法律如《商业银行法》《合格境内机构投资者境外证券投资外汇管理规定》《保险资金境外投资管理暂行办法》等内容已明显滞后，难以适应金融业的快速发展和金融改革的持续深化。要加快推动《刑法》修改，大幅提高欺诈发行、上市公司虚假信息披露和中介机构提供虚假证明文件等违法行为的违法成本。用好用足现有法律制度，坚持严格执法，提升监管威慑力。强化金融法制和相关法律法规执行，强化对金融债券的法治化保护效率。

第四，努力提升金融竞争力。向外资开放金融和保险等部分经济领域将推动竞争与创新，努力减少经济、科技对西方的依赖，加快推进与西方进行直接竞争的自主创新企业。支持金融业对外开放和经济高质量发展，要明确金融需要什么样的创新以及怎样创新。大力发展直接融资，完善多层次资本市场，落实从严监管理念，支持实体经济发展。构建适应金融创新的监管体制，平衡创新与稳定之间的关系。适应金融创新跨行业、跨区域、新技术的业务特征，加强监管协调、功能监管与监管科技。充分发挥科创板的试验田作用，坚守科创板定位，稳步实施注册制，优化审核与注册衔接机制。大力推动上市公司提高质量，切实把好入口和出口两道关，优化增量、调整存量；严把IPO审核质量关，充分发挥资本市场并购重组主渠道作用，畅通多元化退市渠道，促进上市公司优胜劣汰；优化重组上市、再融资等制度。补齐多层次资本市场体系的短板，推进创业板改革，加快新三板改革，选择若干区域性股权市场开展制度和业务创新试点。

二、促进海外经济可持续发展

要努力实现中国海外经济的良性、持续发展。既要为国内经济服务，又要立足世界经济格局，符合人类社会经济发展规律和趋势。不能总是靠国内输血，也不能是"新殖民主义"的掠夺方式。"一带一路"高质量发展，要秉持高标准、惠民生、可持续，坚持开放、绿色、廉洁的基本要求。

境外投资也需要及时调整投资模式。如在2018年中美关系因美国发生转向以后，并购的投资模式遭受巨大挑战，中国企业即时调整对外投资战略，通过直接建厂等方式进军海外市场。如蜂巢能源科技公司2022年在德国开始建造一座电池生产厂，该厂年产能将达到24千兆瓦时，建成后该厂将成为欧洲最大的电池生产厂之一。

三、促进国内经济和海外经济良性循环

要从两个大循环的高度来促进国内经济与海外经济的关系，实现国内经济与境外经济良性互动、可持续发展。不能一味地按照国内经济规律行事，更不能只顾海外经济需要。要努力促成以国内大循环为主体的国内国际"双循环"的经济格局。

在投资问题上，一是立足国际收支平衡，综合统筹外汇储备、利用外资、对外投资、对外援助等因素，合理安排境外投资的规模。二是立足关键变量及其引起的国际格局变化、对象国涉华立场及其伴随国际格局变化可能发生的动态等因素合理安排投资。三是优先考虑在地缘政治上对中国特别重要的国家和地区，如巴基斯坦的中巴经济走廊、缅甸的中缅油气管道建设等。四是充分研究对象国法治状况。利用外资、市场管理、外汇管理的法律法规是否完备，法律执行情况等都需给予关注。五是关注对象国的安全状态，关注恐怖主义、人员安全等因素。恐怖主义多发、人员安全没有保障的地区，要严格控制投资规模。投资规模较大的，一定要做好安全防范。六是行业对境内需求的满足程度。国内紧缺的鼓励投资，国内充足的要充分研究具体情况。七是对促进境内行业科技进步的影响。有利于国内科技进步的要

大力支持，无助于境内科技进步的要充分研究具体情况。八是促进能源供应安全及通道安全的影响。如石油供应、马六甲海峡航行安全等。九是因为对象国或地区在国际贸易格局中的地位，有利于创汇。

第三节　国际经贸规则与体系的公正及良好运行

在当前的国际社会中，以联合国为主体的国际组织体系发挥着不可替代的重要作用。国际经济金融机构体系代表着历史前进的方向。中国应尽全力促进国际经贸规则与体系的公正及良好运行。2013年9月，中国启动"一带一路"全球倡议。中国号召将世界所有最重要的运输线路连接成一体，同时消除商品在该体系内自由流通的经济和政治壁垒。

一、推动经济全球化

经济全球化是世界发展的必然趋势。应该推动世界市场与自由贸易，反对关税壁垒等保护主义；努力消除极端恐怖主义、海盗等影响经济运行的安全因素，营造良好的安全环境；尽快控制新冠疫情，有效控制影响经济运行的新型风险；维护全球经济产业链、供应链、价值链的平稳有序运行。

二、维护国际经济金融机构正常运转

世界贸易组织、世界银行、国际货币基金组织与海外投资密切相关。要在这些组织运行规则和现实能力的框架范围内努力实现中国海外投资的良性运转。这些国际金融机构已经运行数十年之久，既有一定的影响力，也有一定的专业水平，还有一定的资源支配能力。随着作为单独实体运行时间的不断变长，这些全球性国际经济金融组织已经开始有了自己的价值取向和行为规则，已经和美国的需求产生了一些差异，这也是美国从一些国际组织中退出的根本原因。因此，维护多边经济金融体系十分重要。

三、推动贸易自由化

如何使美国放弃单边主义、回归多边规则，成为当前世界贸易组织、甚至当前世界面临的最重要的挑战。中国可以考虑，在完成区域全面经济伙伴关系协定（RCEP）的基础上，努力推动中日韩及各双边自贸区谈判进展并提高标准，增强中国对高标准国际经贸规则的适应能力。对内要着力打造具备更高开放水平的自贸区、自贸港，探索中国版零关税、零壁垒、零补贴的解决方案，推动经济体制适应更高水平开放需要。

第四节　中国海外投资利益救济体系的良性运转

维护中国公民、企业在当地的正常生产、经营是一切海外利益保护工作的基础。

2014年11月29日，习近平总书记在中央外事工作会议上发表重要讲话，指出"要切实维护我国海外利益，不断提高保障能力和水平，加强保护力度"[①]。海外利益保护涉及的地域广、领域多、国家多、专业杂、问题多。在党中央、国务院领导下，在现实形势倒逼之下，中国逐步形成了"中央、地方、驻外使领馆、境外企业和公民个人"共同参与的海外利益保护体系。近年来，在面对境外重大突发事件发生的情况下，中国发挥社会主义制度集中力量办大事的优越性，有力维护了境外中国公民和企业的权益，特别是在撤侨等问题上表现更是十分突出。

但是，我们也要清醒地认识到，与海外利益拓展的规模和速度、需要保护的客观需求相比，中国海外利益保护的能力还是有很大差距的。特别是2022年年初乌克兰危机的启示，更显示出海外投资的体制机制有待健全、法律法规有待完善、经验和资源都有待于进一步丰富等问题。可以说，中国海外利益保护工作面临着巨大的现实压力和潜在压力，应该大力加强中国海外利益保护能力建设。

---

① 参见《习近平出席中央外事工作会议并发表重要讲话》。

一、建立预防、准备、反应、恢复的救助体系

必须及早做好预防、准备、反应、恢复的相关工作以及贯彻这四个阶段整个过程的风险评估工作。中国更加积极地参与了国际和地区热点问题,在埃博拉病毒防控、朝鲜、南海、东海、阿富汗、中东等问题上的参与更加主动积极,并提出了一些建设性方案。可以说既实现了危机管控,又实现了建设性参与,保障了中国海外利益的不断拓展。

二、以武装力量的有效布局作为有力支撑

恐怖主义等多种风险必须用武装力量才能有效应对。首先要与东道国政府、警察、军队加强联系,尽量使用本土武装力量。也要加强军队、国家安全、警察等武装力量的境外投放和使用能力。要丰富企业境外安保的措施,用好保安公司、丰富和完善安保形式,实现生产与安保的及时有序功能转换,确保关键海外利益的安全。

三、用好海外投资保险制度

要进一步利用好保险制度,包括双边投资协定(相关国家自愿签订双边或者多边投资协定,并在协定中承诺约束各个缔约方发生政府违约的可能性及其解决办法),多边投资协定和本国海外投资保险机制。各国依托于本国海外投资保险机制而由本国设定的特定保险人承包政府违约风险,在本国投资者海外投资遭遇投资东道国政府违约时进行救济。美国在防范政府违约风险时通过了一系列法案,其中在《对外援助法案》中美国首次创立海外投资保险制度,为各国建立国内的保险制度开创了先河。

海外投资保险,通常是指海外投资企业或者个人以投资东道国可能发生的政治风险作为保险标的,向投资母国海外投资保险机构投保并签订保险合同,如果在东道国投资过程中发生了保险合同中承保的政治风险,且被保险因此而蒙受了巨大损失时,可先由承保机构赔偿被保险人,承保机构赔偿后即可获得被保险人的代位求偿权,之后可以向投资东道国代为求偿。事件中也把海外投资保险制度称作海外投资保证制度。

海外投资保险制度是投资母国为了更好地鼓励和保护本国海外投资，通过特设的保险机构（在我国是中国进出口信用保险公司），对海外投资者在东道国投资时发生的国有化征收征用、汇兑限制、政府违约风险以及其他可能遇到的政治风险而提供的一种保险法律制度。

承保机构的设置目前主要有两种形式：一种是海外投资保险的审批机构与经营机构合一的模式，典型代表为美国的海外投资公司、日本的通产省。另一种是审批机构与经营机构相分离的模式，典型代表为德国。

根据美国、日本、德国的立法和实践，海外投资保险的范围一般包括外汇险、征收险和内乱险三种类型的政治风险。与前两个国家不同的是，德国在创建本国海外投资保险制度时首先确认了政府违约风险。德国的海外投资保险制度创立于1949年，是由德意志联邦共和国根据《联邦预算法》建立起来的，具体承保业务由国营的黑姆斯信用保险公司及德国信托与监察公司处理。由于大量来自发展中国家的投资，该法在1959年时进行过一次修改。虽然德国与美国等国家的承保险种大体相同，但首创性地将政府违约风险纳入本国海外投资保险制度，这使得我国在建立本国海外投资保险制度时也将政府违约风险写进《中信保投资指南》，成了中信保承保的第五种险别。我国之所以扩大了海外投资保险制度承保范围，主要是因为考虑到投资东道国政府换届后，不承认和履行上届政府签订的条约和协议，如2011年中缅水坝事件，缅方新政府上台执政后，拒绝履行上届政府与我国签订的水坝工程。因此适当地扩大险别，有利于保护本国投资者的利益。

建议从以下几个方面完善：

第一，完善承保范围。如根据我国国内海外投资保险承保的险别规定，我国中信保也规定了该机构承保的险别，即汇兑限制风险、征收风险、战争及政治暴乱风险、政府违约风险、经营中断险。但还可以根据客观需要不断完善。

第二，完善承保条件。要有合格的投资项目，投资是否合格关系到投资母国能否实现对外投资的战略目标，也涉及代位求偿权能否顺利有效地实现。合格的投资应当具备：投资必须是"新"投资——MIGA规定的"新"投资是在国内海外投资保险制度实施之后才开始进行的投资。我国应根据国内具体情况作出适当调整，即规定为在海外投资保险制度实施之前进行的投资也可投保。还可以包括其他收益及再投资。投资必须符合国内经济发展趋势，但也要有利于东道国经济发展。MIGA 有相关规定。完善国内海外投资保险制度要注重与国际投资保险机制相衔接。这有利于在发生政府违约风险时，投资母国方便行使投资企业的代位求偿权。要完善投保人的相关规定。我国对海外投资者的定义中既包括自然人也包括法人和其他经济组织。但在中信保承保的投保人中，规定了只包括法人和其他经济组织，而不包括自然人。

第三，不断完善合格东道国的规定。承保机构在承保投资风险时，都会对投资东道国进行审查，美国的海外投资保险公司在承保时，要求东道国不仅是发展中国家，同时必须是与美国签订过双边投资保护协定的国家，而日本的海外投资保险机构就没有这一要求。我国中信保在规定合格东道国时可以借鉴其他国家的经验，既可以选择与我国签订过双边投资保护协定的国家，也可以是经济发展良好、政治相对稳定，但是尚未与我国签订过双边投资保护协定的国家。

我们也要清楚地认识到中国海外利益保护工作中政府部门的特殊作用。"当前中国海外利益的保护机制主要呈现出政府主导和外交保护、领事保护的特点。这也和中国的国情密切相关，一是因为中国早期'走出去'企业往往是实力雄厚的国有企业，如中石油等，对于这类企业的保护自然由政府承担了较多的责任。二是中国对外直接投资主要集中在资源、能源领域，与国家发展战略息息相关，需要国家在全球范围内推动和部署。三是中国海外投资活动的地区分布，主要集中在法治环境相对不够健全的政治高风险、高冲突地区，当地政局不稳，政府管理效率低下，企业难以通过自身行为保护自己利益，以外交手段效果显著。"[①] 外交部、商务部、公安部、国家安全部和中国人民解放军应该密切合作，推进"一带一路"建设工作领导小组发挥总协调作用，高效合理分工协作，逐步形成中国海外利益保护的强大能力。在中国海外利益达到一定体量的国家和地区，在中国驻外使领馆内部，应该设

[①] 吕晓莉、徐青：《构建中国海外利益保护的社会机制探析》，《当代世界与社会主义》（双月刊）2015年第2期，第136页。

立专门的海外利益保护机构。

  关于救济手段，外交途径是主要载体和基本依托，人民军队是最后底线，警务合作用于有效解决治安问题，商务部门在海外财产利益日常维护和及时救助问题上发挥着平台性质的作用，而国家安全机关应承担起相应的情报搜集、风险评估、应急处突等责任。中国驻外使领馆是第一位的保护责任主体，其保护方式也多是利用自己在当地的影响力，推动当地有关部门或者势力来为中国的海外利益保驾护航。

第五章
中国海外投资利益所面临的风险分析

对外投资安全是指中国的对外投资总体上处于面临较少风险和风险基本可控的情况下，要实现对外投资安全，就必须有效化解对外投资面临的风险。因此，必须对中国海外投资所可能面临的风险内容作全面、客观、细致的分析，这是开展一切保护工作的依据和前提。

对外投资风险是指一定时期内，在东道国或目标地区的投资环境中，客观存在的但事先难以确定的可能导致对外投资经济损失的变化。在进行对外投资时，从逻辑上讲，投资者都十分关心投资的结果。投资结果无非成功与失败两种情况，当然投资者不会在预测注定失败的情况下盲目投入资金。但是有时尽管某项投资存在较大的风险，由于投资可能带来丰厚的利润和极大的效益，仍会促使投资者下决心进行投资。即使开始分析时，成功的可能性很大，但投资者却总是面对着一个变化的环境，如东道国市场的变化、东道国相关政策的变动等，有变动就会产生不同的结果，就会产生风险。因此，对外投资风险，即对外投资项目的"安全性"，是在我国对外投资中必须系统地进行研究和探讨的重要内容。

这些风险包括传统性安全风险和非传统性安全风险。传统性安全风险主要包括战乱风险、征收风险、汇兑征收风险等；而非传统风险主要包括恐怖主义、排外主义、环境保护、劳工权益保护等方面。这些风险涉及政治、经济、法律、安全、社会、自然等各个方面。本章从内容和可操作性的角度，将对外投资风险分为五类，具体内容如下。

第一节 经济风险

经济领域风险是中国海外利益需要面对的风险的重要内容。经济领域的风险是指经济活动和物价水平波动等重大经济波动可能导致的企业利润损失、进而可能难以偿还债务，风险可能由个别企业扩大到行业甚至对象国和周边地区，从而可能对包括中国海外经济利益在内的中国利益造成重大损失。(1) 从外部来看，影响一国国别风险的经济因素主要包括世界经济与贸易走势、地缘经济与地区一体化等，绝大多数国家处于世界经济大循环体系当中，经济全球化程度高的国家，受到的影响就要大一些。(2) 从内部来看，影响一国国别风险的经济因素主要包括经济金融体制、经济金融政策、各种经济指标比率结构的稳定性、经济金融资源的可持续性、产业前景和国际竞争力等。(3) 从企业的角度看，近年来，中国企业在海外并购投资和运行中经常遭遇非商业、非市场风险。由于人才缺乏、调研不充分、信息不对称等，中国有些单位对外投资损失严重。如中国平安并购富通集团、TCL并购汤姆逊、国家开发银行对英国巴克莱银行30亿美元的注资、中投公司对摩根士丹利和黑石集团的投资以及工商银行对南非标准银行的投资亏损都不小，中国银行原油宝事件的损失也很大。目前来看，影响中国海外利益的经济风险主要包括：

一、外贸与利用外资政策大变化

目前全球经济在复苏中曲折前行，发达经济体与新兴市场国家经济增长态势分化。国际贸易的萎缩，对外直接投资的减少，大宗商品价格的波动，能源短缺货币疲软等因素，将会直接影响"一带一路"沿线国家的经济增长及中国海外利益的进一步拓展。比如，美国调整对华贸易政策，导致中国在美国的经济利益发生格局性变化。

欧盟和美国的外资审查制度对中国投资已经产生了重要影响。2017年9月13日，欧盟建立了对进入欧盟的外国直接投资（FDI）的审查框架。美国方面，特朗普再出重招——中资超过25%或不能在美国收购科技公司，拟加强技术出口管制。2017年以来中国对美投资已出现断崖式下跌。而今拜登上台后，出台多项法案，不断强化双边、多边角度与中国的竞争，形势发生了重大变化。

还有一部分从法律角度体现出来的经济风险。投资企业普遍对对象国的法律环境生疏，从而不一定能够完全按照该国法律进行操作，而相对熟悉的本国法律又不能指导境外实践。同时，对象国的法律又因为领导人的变化、政府和政权的变化，经常发生较大的变化。比如，自2008年以来，虽然中俄战略关系进一步紧密，但是俄罗斯多次检查莫斯科华商市场，也给中国华商和国内企业造成了一定的损失。① 2022年5月1日，印度执法局对外宣布，扣留小米集团在印度当地银行的555.127亿印度卢比（折合人民币约48.06亿元，换算美元约为7.25亿美元）。印度方面公开的理由是，在调查中发现中国智能手机制造商小米集团交易中不符合1999年《外汇管理法》的相关规定，因此从小米集团在印度当地的银行账户扣留了这笔款项。

二、利率、汇率、债务等金融政策大变化

利率、汇率风险是指一定时期内由于利率、汇率的变化而导致的国际投资的资产价值发生变化。而在与多个国家进行贸易的时候肯定会收付多种货币，以外币计量其资产和负债，汇率的变化必然影响资产和负债的价值。大型工程建设期间，相关国家的经济形势一旦发生重大变化，如金融市场或房地产市场行情倘若出现暴跌，则必然会导致社会动荡。上述情况综合起来，必然给大型项目建设带来下列风险：融资风险、投资风险、商业利率波动风险、通货膨胀风险、债务风险、资金回收风险、外汇管制风险和税务风险，等等。如2022年2月24日，乌克兰危机发生后，美西方国家对俄罗斯进行了严厉金融制裁，俄罗斯为了稳定国内金融状况，直接将利息提升到20%，这对俄罗斯相关的国际贸易、在俄罗斯投资等方面一定会产生非常重大的影响。

当前货币政策和资金走向分化的背后是经济金融结构的差异，无论是发达经济体还是新兴经济体的经济结构都将进入一个深层次调整时期，这在一定程度上会给全球经济前景造成一些不确定性风险。尤其是在金融危机之后，无论是发达国家还是发展中国家，大多数经济体的经济结构已无法支持其经济像危机之前那样迅速发展，实际上面临着潜在增长率下降的风险。欧债危机爆发后，面对巨大的债务压力，希腊政府被迫接受"三驾马车"（指欧盟委员会、欧洲央行、国际货币基金组织）开出的以"财政紧缩"为核心的改革药方，陷入财政紧缩加经济衰退的恶性循环当中至难以自拔，加剧了社会对紧缩政策的不满情绪，一度引起大众对希腊退出欧盟的猜想。欧债

---

① 曾卓：《中国海外利益面临的主要风险及保护》，《江南社会学院学报》2013年第3期。

危机至今阴霾未除,希腊债务风波表明,欧盟、欧洲央行和国际货币基金组织过于强调财政紧缩政策并非最佳的选择,其需要的不是短暂的救助,而是从根本上调整其经济结构。希腊所在的欧元区经济虽然在欧洲央行的量化宽松的货币措施的刺激下有所改善,但经济复苏前景依然堪忧。包括美国在内的众多发达国家,都面临着在短期内如何平衡以财政支出总需求和长期保证财政可持续性的问题。发展中国家面临着实体经济部门弱势发展的循环,资本流入的逆转等问题,未来经济增长将进一步放缓或长期缓慢增长。未来全球各经济体需要及时调整其经济结构,发掘并发展新的经济增长点。全球已经到了需要经历一次集体性的结构调整的时期。

如非洲国家"缺乏相应的金融机制支撑。非洲国家货币大多不能自由兑换。非洲本土银行大约有600家。但是,由于缺乏相应的经济和金融扶持,由于缺乏相应的信息支撑,大部分区域一体化机制内部企业难以依据与内外市场行情变化确立和调整生产与经营战略,拓展经济规模,完善生产与经营结构。未来,我国在非洲推进'一带一路'涉非项目之际,很可能遇到同样情况"。[①] 2020年11月赞比亚出现债务危机;2022年斯里兰卡发生严重债务问题,其债务的生成主要是国际商业贷款,中国对斯里兰卡的贷款低于日本,但西方国家却把斯里兰卡债务问题的责任归咎于中国,炒作"一带一路"债务陷阱问题。

在海外工程承包、国际贸易业务当中,若合同中规定以所在国货币结算,则必须考察该国经济形势稳定与否,考虑到汇率变化与预期的通货膨胀率,立足以上考虑提出合理的报价。否则,一旦汇率有较大幅度的波动,或者发生严重的通货膨胀,中方企业就可能遭受重大损失。如在1997年亚洲金融危机当中,泰国政府放弃泰铢与美元的固定汇率制度,转为浮动汇率,导致泰铢大幅度贬值。许多以泰国本地货币结算的中方企业损失惨重。又如,委内瑞拉在石油遭遇价格暴跌后金融体系发生了巨大变化,对中国投资产生了重要影响。而津巴布韦甚至废除本国货币,长期使用各种外币。自2018年以来,受美国打压等影响,伊朗、土耳其、委内瑞拉、菲律宾等

---

① "一带一路"课题组编著:《建设"一带一路"的战略机遇与安全环境评估》,北京:中央文献出版社,2016年,第307页。

国的货币再次出现大幅度贬值。2021年年底土耳其货币再度大幅贬值。而2020年新冠疫情以来，美国大规模量化宽松导致1980年以来最为严重的通胀；2022年1月16日，美联储公布的12月25日、26日会议纪要显示，美联储决策者一致认同，随着通胀对经济的影响扩大且就业市场强劲，是时候收紧货币政策了，但任何决定都将取决于每次会议对数据的分析。不出意外，2022年美联储将大幅较快加息，这很可能会导致美元大幅升值，从而对跨国投资和国际贸易造成巨大影响。

三、能源政策大变化

能源领域是中国海外利益布局的重点内容，需要重点关注。能源是向自然界提供能量转化的物质（矿物质能源、核物理能源、大气环流能源、地理性能源）。能源是人类活动的物质基础，人类的发展离不开优质能源的出现和先进能源技术的使用。因此，一国的能源政策对于在这个国家的企业运行十分重要。例如，2022年2月下旬，美国、欧盟、俄罗斯的能源政策都发生了巨大变化。碳汇相关制度的建立必将对能源政策产生重大影响。

石油价格的巨大变化对整个国际经济秩序产生了深远的影响，一国的石油价格对该国内的企业影响也是十分巨大的。2008年国际金融危机以来，初级产品价格严重下跌。国际市场石油价格一度从顶峰时期每桶120美元降至50美元以下，导致委内瑞拉、尼日利亚、阿尔及利亚、南非等国家陷入经济增长失速状态，对俄罗斯经济也产生了重要影响。上述国际传递因素很可能影响相关国家参与"一带一路"项目建设的政治意愿和经济决断能力。

2021年9月，印度尼西亚政府对外表示将对镍出口实施限制，并停止铝土矿和铜矿出口，最终目标是在印度尼西亚本土生产包括锂电池在内的所有电动汽车部件。2022年1月，全球最大的镍出口国印度尼西亚对外称，正在研究对含镍生铁和镍铁合金的出口征收累进税，最快可能在2022年内实施。中国约有84%的进口镍铁合金来自印度尼西亚。此举将给中国钢铁和电动汽车等行业造成更大的成本压力。2022年乌克兰危机开始后，青山集团踩在了镍矿的火山口上，经历了巨大起伏。

刚果（金）拥有全球最丰富的钴矿资源。近10年来，中资企业已经在刚果（金）钴矿带竞争中花费数十亿美元，并且取得了优势地位。2022年3月初，刚果（金）一家法院暂停了中国洛钼集团对其收购的腾凯—丰古鲁梅矿6个月的管理权。刚果（金）国有的采石和矿业总公司指控洛钼集团试图通过低报储藏量来逃避数百万美元的特许权使用费。现在相关调查已经扩大到其他几家中国矿业公司。

四、市场政策大变化

市场风险是任何一种直接投资都会随时面临的风险。在"走出去"和"一带一路"建设中，中国企业面对的国家发展水平不同，一些国家政治、经济、社会状况不稳定，可能存在财政赤字和债务危机，所以市场风险也相对较大。如"市场后来者"风险，丝绸之路的涉非项目建设很多情况下都需要穿越开发难度较大、经济收益较低、风险较高、环境比较差的国家，因此很容易成为恶意势力攻击的焦点。与此同时，我国企业接触市场经济时间有限，尚待积累从事国际生产或项目建设的经验，尚待适应和运用国际游戏规则，尚待积累与国际竞争对手打交道的"门道"，更待提高环保规范的意识。碳交易市场的建立将对市场政策产生重大影响。

2017年，美日等国和欧洲部分国家不顾中国参加世界贸易组织时的承诺，先后不承认中国市场经济地位。2014年，22个国家和地区对中国出口产品发起贸易救济调查97起，其中最多的是反倾销调查，共61起，此外还包括反补贴和保障措施调查等。

"一带一路"建设有利于化解我国产能过剩问题、产业"走出去"问题，也有利于沿线国家产业提升、经济共同发展。"一带一路"建设应充分考虑我国的产业"走出去"的顺序，同时必须考虑沿线国家的产业结构、市场容量、产业升级趋势及未来市场变化。因此要注意到，片面投资可能导致"一带一路"沿线国家产业结构畸形的风险。经济发展离不开平衡的经济结构，这就要求农工商并举，特别是让当地的优势产业、传统产业焕发活力。"一带一路"沿线国家都有各自的传统优势产业。如中亚曾经有相当发达的工业，这一地区不仅制造业面临转型升级，农业和其他产业也有广阔空间。在中亚、中东、非洲、东南亚的广阔地区，战乱和动荡使得农业凋敝，人民困苦，国家动乱，造成恶性循环。在经济发展模式上，如果仅仅是开采当地资源，加工后返销中国或者在当地出售，经济总量虽然增长，当地大部分群众却没有获益，只有制造业工人收入增加。如果不能正确增加效益，而是仍然依靠低工资，当地群众就不能从经济发展中获益，从而导致所在国的经济缺乏自身活力，制造业发展也只能依靠中国不断投资。[①]这种局面也不利于中国海外项目、海外利益的可持续发展。

五、大型或敏感企业和项目关停并转引发社会问题

中国境外大型或者敏感企业及相关项目在当地解决了很大的就业问题，承担着重要的环境保护责任。这些相关项目一旦关停并转可能会引发就业、税收、环境等诸多问题，具体表现为大量人口失业、当地政府税收骤减、当地环境可能面临重大污染等情况。

尼日尔铀矿储量丰富，铀矿储量位列世界第五，占世界总量的7%。1957年，法国地质勘探局下大力气勘测后发现了尼日尔的铀矿。法国占据着主要矿井的多数股份。尼日尔阿泽里克铀矿工程是中国在海外投资开发的第一座铀矿。2006年10月完成可行性研究报告，并经过了中核集团公司组织专家评审和尼日尔能源部组织的专家委员会的评审，已经取得尼日尔政府颁发的采矿权。阿泽里克由名叫Somina的合资企业运营，中国集团核工业集团公司持股37%、尼日尔政府持股33%、另一家中国公司持股25%、一名韩国投资者持股5%。从2015年开始，该矿井一直没有产出铀，矿井已经停业，但中核现在每年不得不花巨资去维护。尼日尔也曾多次发生恐怖袭击。铀矿的特殊性使得我们不得不在没有收益的情况下做好相关事务。

比如，山东钢铁集团在塞拉利昂的铁矿：2011年8月，山东钢铁集团以15亿美元的高额代价取得了塞拉利昂铁矿25%的股权。2015年，山东钢铁集团全资控股塞拉利昂铁矿项目，成立了塞拉利昂矿业有限公司。该公司位于塞拉利昂东北部的苏拉山区，资源总量137亿吨，拥有包括矿山和港口在内的完整的生产运行体系，全流程涉及采矿、加工、铁路运输、码头管理及

---

① 王义桅：《"一带一路"机遇与挑战》，北京：人民出版社，2015年，第133-134页。

转运各个环节，具备年产2000万吨矿石的综合生产能力。2015年5月6日，山东钢铁集团唐克里里项目复产。2015年9月20日，数百名当地员工罢工。近年来，铁矿石的价格发生巨大变化，但是如果项目停工，不仅损失巨大，还会导致大量失业，也会对中塞关系产生重大影响。

此外，还可能出现税率大幅调整甚至征收和国有化等极端情况。对外投资的经济风险还涉及税收、投融资和经济结构等领域。中国对"一带一路"相关国家的投资不是简单地对外援助和撒钱，一定要风险分担，让经济风险当地化。不能什么都让国有企业来承担，要有更多的商业企业的市场化运作。"一带一路"要政府推动，企业主导，市场运作。

当然，中国自身也要努力克服一些结构性的问题，如"两头在外"的生产结构，流动性过剩的金融结构，差距过大的收入结构等。要注意到在世界产业链条中，原料供应、产品设计等上游产业以及产品销售市场、销售终端和商品定价权等下游产业都不在中国手中。而中国又偏偏是比例非常庞大的外向型出口导向的经济结构，同时还伴随着内需不足。

针对各类经济风险，主要措施包括：加强相关领域的调查研究，加强制度建设和应急资源储备，加强情报信息搜集研判，及时采取有效措施。各种相关措施主要由经济商务部门启动，外交部门予以配合。

第二节　政治风险

政治风险主要指的是对象国发生的政治事件或者该国与其他国家的政治关系发生的变化造成的不利影响，具体包括政权更迭、大国干预、重大政策变化等情形。"国家国别风险研究"（International Country Risk Guide）提出："政治风险包括政府稳定性、社会经济条件、投资概况、内部冲突、外部冲突、腐败、军队干预政治、宗教关系紧张程度、法律和秩序、种族关系紧张程度、民主问责制、行政机构等。"[1] 当然，也涉及外交关系的变化。在"一

---

[1] 资料来源：http://www.icrgonline.com，转引自胡俊超、王丹丹：《"一带一路"沿线国家国别风险研究》，《经济问题》2016年第5期，第2页。

带一路"沿线国家中,既有社会主义国家,也有实行西方式政党制度的资本主义国家,还有实行君主政体的阿拉伯国家等,不同政治制度的国家决策面临不同的国内制度运行成本,同一类型政治制度国家由于国内政治形势的差异和利益集团的博弈,也会对政府的具体政策形成有力影响。这些制度体制的巨大差异无疑增加了沿线国家政策的不确定性,特别是在东南亚、中亚、中东地区,一些沿线国家的国内政治形势复杂,政党斗争激烈,政局变动频繁,甚至内战冲突不断。中国对外投资的铁路公路、交通运输、电力能源等基础设施建设投资大、周期长、收益慢,有赖于有关合作方的政治稳定性、政策延续性和对华关系状况。

"对象国政局和外交政策是否稳定连续,是进行经济合作最起码的条件,这方面,中东国家的政治风险十分突出。过去相当长时期,中东国家政局基本都保持'超稳定结构'。但2011年中东剧变后,突尼斯、埃及、利比亚、也门等国政权相继垮台,随后启动的'民主转型'又使相关国家不同程度出现政府掌控能力下降、权力内耗加剧、安全形势恶化等一系列新问题。埃及3年两换总统,教俗和安全矛盾日趋突出;突尼斯转型艰难,2014年新选总统埃塞卜西已88岁高龄,任期恐难完成;利比亚面临'两个议会、两个政府',民兵组织拥兵自重,该国已成极端势力活动大本营;叙利亚内战犹酣,巴沙尔前途未卜;也门胡塞武装相继占领首都萨那和重要城市亚丁,最终引发沙特等国武力干预;伊拉克'一分为三'态势明显。即使那些躲过'政权更替潮'、政局暂时稳定的国家,国内形势也不乐观。一是政治继承危机日趋凸显。沙特老国王阿卜杜拉2015年1月以90岁高龄谢世,继任者萨赫曼已79岁,其上任又公然废掉副王储穆克林,任命其侄子、第三代亲王那伊夫担任副王储。历史经验表明,当王位继承从'兄终弟继'转向直系继承时,往往是最有可能发生动荡的时期。其他国家'老人当政'问题也十分严重:阿曼苏丹卡布斯希尔73岁,且无子嗣;阿尔及利亚总统布特弗利卡已经77岁;苏丹总统巴希尔70岁;伊朗最高领袖哈梅内伊75岁。这些国家新旧更替迫在眉睫,隐含极大政局和政策变动风险。"[①] 此外,在非洲等地区,

---

① "一带一路"课题组编著:《建设"一带一路"的战略机遇与安全环境评估》,北京:中央文献出版社,2016年,第261页。

各国经济与社会发展阶段和工业化水平参差不齐，一些国家政局动荡不安。也有某些政治势力还可能出于自身政治目的误解或歪曲"一带一路"建设，借机煽动新的危言，蓄意阻挠"一带一路"建设。近年来，中国在利比亚、伊拉克、乌克兰、叙利亚等国家遭遇的投资困境和风险损失值得高度重视。

一、领导人变更

"走出去"战略和"一带一路"倡议实施的政治风险研究除了包括制度层面的研究外，还包括非制度层面的政治状态和政治规则研究。在"一带一路"沿线国家中，存在很多政治不稳定国家，既定的政治制度不一定能成为约束政治家和政党的行为准则，经济政策、族群问题、宗教问题、公共福利政策都有可能成为政治斗争的牺牲品，国际经贸合作与投资也经常为国内政治斗争所绑架，成为政治动员和选举中的工具，如缅甸军政府与昂山素季的政权交接。

以中国在缅甸实施能源和基础设施合作为例。缅甸是陆地上连接东南亚与南亚、中东的必然通道，也是通往印度洋的重要通道，天然的地理位置优势使其具有了特别重要的战略意义。缅甸自从独立以来长期为军政府领导，军队在国家政治生活中具有较大的影响力。2015年，以昂山素季为代表的缅甸全国民主联盟在议会选举中获得执政地位。2020年缅甸军政府再次执政。长期困扰缅甸的民族矛盾和民族冲突却难以在短时间内化解，严重的政治秩序问题仍然影响着缅甸的对外经济发展和国家稳定。分离运动也是缅甸所面临的一个大问题，在缅甸北部地区争取民族自治的少数民族与政府之间长期处于武装冲突的状态，大量流亡在外的罗兴亚人长期被排斥在国家政治生活之外，无法享受到基本的政治权利和公民权利。这种由于族群矛盾、政党斗争和政治轮换带来的政治不稳定是长期困扰缅甸对外经济合作的主要原因。面对着丰富的自然资源和落后的基础设施，很多资源开发和基础设施建设项目被迫搁浅，甚至是在政权轮替之后处于瘫痪状态。分裂的地区利益和族群矛盾令新政府在参与区域经济一体化过程中步履蹒跚，政治矛盾和族群冲突正在损害着政府的公信力，昂山素季执政期间就面临着国家治理能力的质疑。而敏昂莱主要的军政府更是面对来自美西方为主的强大的外部压力。由于缅甸政局近年来发生的剧变，此前军政府签署的不少商业协议遭到冲击，令缅甸投资环境与政策的确定性遭到越来越多的质疑。2011年开始，先后叫停中缅合资密松水电站、莱比塘铜矿等重大项目。

2018年5月10日，在马来西亚93岁的马哈蒂尔带领"希望联盟"击败了纳吉布领导的"国阵"（以巫统为主），再次当选马来西亚总理。马哈蒂尔曾经在民族政策上，压制华人，扶持马来人。纳吉布2004年任副总理，2009年当选总理，曾称中国为"真正的朋友和战略伙伴"。曾因"一马公司（1MDB）"案涉及贪腐。由于涉嫌洗钱，"一马公司"还遭到了美国、新加坡、瑞士等6个国家的调查。2016年7月，美国司法部启动历史上最大规模资产没收行动，将非法挪用资金的"一马公司"资产充公。2015年11月24日，中国广核集团以23亿美元现金收购"一马公司"旗下所有能源资产，包括位于马来西亚、埃及和孟加拉国等5个国家的13座电站。2015年12月，中铁工程总公司与大马华人富豪林刚河联手，收购了"一马公司"位于吉隆坡中心地区的一处地产中60%的股份。2016年10月，纳吉布访华，时间长达7天，签署了"一带一路"相关协议。中马双方就投资黄金岛、马来西亚东海岸铁路项目（耗资140亿美元）以及马来西亚城等问题达成了一致。2017年1月，碧桂园和大马一家公司投资2621亿元人民币开发"森林城市"项目，遭到马哈蒂尔在博客上的攻击。截至目前，中方对马来西亚的投资已经超过300亿美元。2018年5月10日，马哈蒂尔宣誓就任马来西亚新一任总理。马来西亚领导人的更迭使得中国对马来西亚的投资充满变数。2018年7月4日，马来西亚政府下令暂停由中国企业承建的价值约220亿美元的3个大型项目，其中包括东海岸铁路（East Coast Rail Link，东铁）项目以及两条造价均超过10亿美元的管道。根据《金融时报》7月5日的报道，马来西亚财政部部长林冠英证实，在前一天宣布暂停3项中资承建的项目后，当天又暂停了一条造价为33亿元人民币连接马六甲与马来西亚国家石油公司的天然气与石油管道项目。管理东海岸铁路项目的政府公司马来西亚铁路衔接有限公司（Malaysia Rial Link），以及由马来西亚财政部主管、负责监督两条管道的苏里亚战略能源有限公司（Suria Strategic Energy Resources），7月4日分别致函这3个项目的承建商——中国交通建设股份有限公司和中国石油天然气管道局，发出暂停合约的指示，理由是成本过高。在马哈蒂尔访华期间，中马双方就上述问题达成谅解后，马哈蒂尔又对"森林城市"项目是否向外国人出售、"马中产业园"建设围墙发难。后来的结果是一些项目停止，另外一些能够推进的项目中方也付出了比较大的代价。2020年2月24日，马哈蒂尔辞去总理职务。2020年3月2日，马来西亚第8任总理毛希丁·亚辛正式上任，中马合作又将面临新的变化。

巴西现任总统波索纳罗属于右翼政治派别，被海外媒体称为"热带特朗普"。他在竞选总统期间，以意识形态划界。虽然当政后，政策趋于务实，表态欢迎中国资本参与巴西油气和基础设施领域，但是还是导致了中国对巴西投资的大幅降低。巴西近期还奉行亲美路线，且巴西尚未加入"一带一路"倡议，对华为参与5G建设问题态度不明确。

二、政党轮替及反对党作用

当今世界上，相当一部分国家实行两党制或者多党制。这就必然会出现执政党的执政行为面临反对党的监督与挑战，而且执政党将面对选举的考验、不一定能够连续执政。这会对中国的对外投资等造成现实困难与挑战。

2004年5月，加拿大诺兰达公司大股东布拉斯堪（Brascan）宣布出售诺兰达公司。中国五矿集团公司提出了收购诺兰达100%已发行普通股，报价为公司特定时间段内股票价格溢价5%~10%，采用现金为主要支付方式，不裁员，向股东配发诺兰达所持有的股票。这一方案使得9月底诺兰达宣布与五矿进入排他性谈判。但是10月，加拿大左翼反对党新民主党公开反对收购计划。虽然当时的加拿大总理保罗·马丁表示支持中国五矿的收购计划，但是该项收购最终还是遭遇失败。

在与斯里兰卡的经济合作项目的实施过程中，中国也曾经历由于对象国政党轮替而导致项目暂停和搁浅的情况。斯里兰卡地处印度洋交通要道，是海上丝绸之路经济战略中的重要结点国家。斯里兰卡港口局于2013年提出"展望2020年——丝路上的卓越物流"的总计划，把原来的目标进行了重新定位，将从集装箱中心调整为全球物流中心。在这种背景之下，中国加大了对斯里兰卡的投资。2015年1月，斯里兰卡举行新一届总统大选，原总统拉贾帕克萨意外落选，反对派联合候选人西里塞纳成为新总统。反对党候选人西里塞纳在竞选期间通过对拉贾帕克萨德贪污腐败和民族歧视的批评赢得了选民，在这种选举宣传策略下，中国不幸沦为该国国内党派竞争的工具，中国企业参与的众多项目因此而遭受到了猛烈的抨击。在这样的背景下，中国投资的港口项目被新政府以"缺乏透明度""重审环境评估"为由而叫停。

2014年11月4日，中国铁建率领的国际联合体中标了墨西哥城到克雷塔罗的210千米的高铁项目，但是在11月7日，由墨西哥总统宣布撤销投标结果。墨西哥国内反对党以"其他有竞标意向的公司没有充足准备时间为理由"指责政府，墨西哥政府为"避免有关合法性和透明度的任何争议"，撤销招标结果。

三、政变及政权更迭

"有些东盟国家，如缅甸、泰国等，国内局势不稳社会动乱时有发生。倘若中国的投资项目卷入其中，可能会遭受损失。可以说这方面的教训屡见不鲜，如在南苏丹、利比亚和委内瑞拉，中国的投资都遭到了重大损失。伊拉克境内'伊斯兰国'（ISIS）的突然崛起也让几年前刚刚进行了重大投资的中国石油企业面临巨大的风险。即便是在与能源无关的行业中，中国铁道建筑总公司最近在沙特阿拉伯的高铁建设项目中的亏损也高达40亿美元，最后几乎是作为一项政治任务才勉强完成的。"①2020年，缅甸军政府推翻昂山素季政府以来，中国在缅海外投资面临很大变数，重大项目和石油管道曾经遭受严重破坏。

中国海外利益保护通常是走上层路线，这本是比较有效率和正确的选择。但是由于相关国家政局不稳，所以经常出现已经建立了重要合作关系的重要岗位上的人员一旦被换掉，就会导致我们很被动的局面。所以必须高度关注政府换届可能引发的不稳定对于境外项目的建设影响。一方面，政权更替后能否保持政策的持续性遭到质疑，在某些地区，很可能由于政府的易权而造成既有政策的实施受到限制。另一方面，一个新的政府要经历一个较长

---

① "一带一路"课题组编著：《建设"一带一路"的战略机遇与安全环境评估》，北京：中央文献出版社，2016年，第191页。

的脆弱时期才能迎来长期稳定。这两者在马来西亚纳吉布和马哈蒂尔的交接前后均有明显体现。一定要尽量避免形成惯性思维下的路径依赖，不能仅关注和经营上层关系，还要关注正常的法律程序、必要的公共关系维护和注意与当地建立全面联系。

泰国英拉政府的下台，导致中国与英拉政府签订的大米换高铁计划遭遇重大挫折。2016年3月22日，中方在博鳌论坛上指出中泰铁路将在5月开工建设，然而在3月25日，经历大国博弈，特别是"泰国政坛地震"之后，泰国单方面宣布合作缩水，决定自筹资金投资中泰铁路项目，不向中方贷款且不修建北段的出境铁路线，使得这条铁路的经济价值大幅度降低。

非洲津巴布韦93岁老总统穆加贝被政变，也导致了一些利益格局的变化，使得该国的涉外政策充满不确定性。直到新任总统姆南加古瓦明确新政府"将把经济增长作为首要任务"后，当地的华人华侨联合总会和华商联合总会才对未来有所期待，但是毕竟造成了局面的被动、心理的不安全感，而且存在很大的不确定性。2021年，缅甸、几内亚相继出现政变，中国在两国都有大量投资和人员，在缅甸中资工厂一度遭到打砸抢烧。

四、大国干预与大国竞争

中国海外利益分布地区集中在美国、俄罗斯、日本、印度等世界主要大国。发生在地区、领域、任何国家的事情都有可能被大国干预或者成为大国竞争的对象。

旧的国际政治经济秩序具有一定的不平等性和强制性以及国际垄断资本的独占性和排他性。很多发达国家在这些地区有较为深厚的历史联系和成熟的投资等经济合作的基础，总之它们利用军事优势、全球金融优势和国际话语优势，在国际政治和经济活动中赚取超额利润和霸权利益。而中国的介入，它们从自身的利益出发，肯定是会找一些麻烦的。美国不断加强对中国有战略意义的海峡区域的军事力量，对中国构成潜在战略威胁；日本、印度等国则不断加强在太平洋、印度洋等地的军事力量，对中国的运输通道安全造成了一定的影响。美国、日本等西方国家企图对中国进行对冲和围堵，在国际上采取各种手段，对中国进行牵制和干扰。总之，力图实现以中国为核心的经济发展圈，这势必会触动美日俄印等国的传统利益，从而引发一定的反弹，这些都是大国干预与大国竞争的情况。

当前形势下，中美在一些领域和问题上的竞争因美国不自信的原因已经不可避免。2017年美国提出"印太地区"说法，2018年明确"印太战略"概念，2019年系统推进印太战略系统化。这对中国的"一带一路"造成了不小的挑战。一是从地理范围上讲，美国印太战略主要涵盖了从印度西海岸到美国西海岸，纵贯太平洋到印度洋的广大区域，这与"一带一路"发展重点区域，特别是与21世纪海上丝绸之路有较大重合。二是从手段上讲，美国印太战略将基础设施的投融资作为主要内容，这与"一带一路"所倡导的基础设施互联互通也是明显的同质。三是给所谓印太战略区域的国家提供了与"一带一路"相竞争的平台。其中印度因为印太战略赋予了其特别重要的地位，这使得印度参加"一带一路"的可能性很小，因此"一带一路"中的六大经济走廊之一的"孟中印缅经济走廊"难度增大很多。2018年，美国还出台"新非洲战略"旨在借非遏华，破坏中非共建"一带一路"。2019年6月，美国召开"美非商业峰会"，宣布启动"繁荣非洲倡议"，力图把中国在非洲的影响"推回去"。再如，2021年春天，中国收购乌克兰马达西奇（全世界顶尖的货机、直升机发动机制造商之一）曾遭遇挑战，由于美国方面高度关注，特朗普及拜登政府不断向乌克兰施加压力，乌克兰最终决定冻结交易，重新国有化该公司。

美国的"不自信"行为还对中国已经开展的国际业务造成了巨大影响。2019年5月，美国联邦通信委员会否决了中国移动进入美国市场运营的申请。2021年3月，美国联邦通信委员会以构成国家安全风险为由，启动了撤销3家中国电信运营商在美国运营许可的程序，涉及中国电信美洲公司、中国联通美洲公司以及太平洋网络公司及其全资子公司通信网络（美国）公司。中国电信美洲公司已经于2021年10月被撤销在美国的运营许可。2022年1月27日，美国联邦通信委员会发布一项命令，以构成国家安全风险为由撤销中国联通美洲公司在美境内提供洲际与国际电信服务的运营许可，并要求该公司在命令发布后60天内停止提供相关服务。美国联邦通信委员会认为中国联通美洲公司是中国国有企业的美国子公司，是中国政府能够利用、影响和控制的对象，很有可能在没有接受独立司法监督的充分法律程序的情况下，按照中国政府的要求开展业务。

2019年10月，以色列设立了一个委员会对敏感领域的外国投资进行审查，这是为了安抚美国对于中国在以色列军民两用初创企业和海法一座港口投资以及中国电信设备巨头华为和中兴在以色列扩张业务的关切。据英国《金融时报》网站2020年5月12日报道，3名以色列官员透露，受美国官员施压影响，以色列总理内塔尼亚胡将对是否允许一家港资企业参与价值15亿美元的海水淡化厂建设投标进行重新审查。中国投资以色列海法港，美国担心中国以此收集附近以色列海军设施和美军情报。在美国的影响和支持下，2020年4月，澳大利亚取消了维多利亚州与中国签署的"一带一路"合作协议，并威胁取消中企对达尔文港的租约。

中俄之间也需要就一些问题进行磨合。2015年11月，中国和蒙古发表联合声明，宣布中蒙将联合发展大型工业项目，其中包括多座水电站，中国进出口银行已经向蒙古方面提供10亿美元贷款，以开工建设埃金高尔水电项目。然而，2016年6月6日，俄罗斯与蒙古会晤期间，叫停中国"一带一路"援蒙水电站投资项目。俄罗斯指责该水电站建设破坏贝加尔湖生态环境，应立即冻结该项目，经世界遗产中心作出决议之前，不进行任何项目的实施。

中印、中日之间竞争现象也比较明显。印度对于南亚小国的掌控还是比较厉害的。马尔代夫是印度洋的一个小国家。印度一直试图控制马尔代夫来确保自己在整个南亚区域合作联盟中的领导权。但是马尔代夫有时候"不太听话"，马尔代夫是唯一在南盟成员国中不愿意抵制南盟首脑会晤在巴基斯坦召开的国家。2018年2月1日，马尔代夫最高法院下令将几名被羁押的政治家无罪释放。对于这项决定，马尔代夫现任总统亚明表示反对，政府拒绝执行最高法院的命令。首都马累发生了声势浩大的示威游行。2月5日，现任总统亚明宣布全国进入为期15天的紧急状态后，形势发生重大变化，马尔代夫武装部队官兵，强行进入最高法院大楼，逮捕了2名最高法院法官，还软禁了前总统加尧姆。印度在安达曼·尼科巴群岛海域进行16国军演，但是马尔代夫2018年缺席了。2018年2月27日，印度海军司令萨尼尔·兰巴向外界证实了马尔代夫拒绝参加"米兰"军演的消息。印度一直谋求用恰巴哈尔港抗衡巴基斯坦的瓜达尔港。自2014年莫迪上台以来，由于印巴关系紧张，巴基斯坦禁止印度使用巴陆路通道进入中亚国家。印度最近承诺提供5亿美元资金用于恰巴哈尔港开发和配套公路、铁路建设，还向乌兹别克斯坦提供4.5亿美元贷款，用于该国道路、排水系统和信息技术等领域。2020年，印度宣布向中亚五国提供10亿美元贷款，帮助发展这些国家的交通、能源、信息技术和医疗健康等项目。2022年1月27日，印度总理莫迪与中亚五国领导人举行视频峰会，与会各方决定就阿富汗人道主义危机、承认塔利班政权以及伊朗恰巴哈尔港开发等问题成立联合工作组。

印度和日本联手推出"亚非增长走廊"计划，加大对非洲的关注和投资力度。2016年11月，日印就构建"亚非增长走廊"达成共识。2017年5月，日印正式抛出"亚非增长走廊"远景文件，鼓吹非洲国家要注意"一带一路"的所谓"债务陷阱"。2018年10月，日印统一为实现"自由开放的印太"地区战略展开牢固合作。2019年8月，日本举办第七届东京非洲发展国家会议，会议提出将在顾及非洲国家偿债能力和财政可持续性的前提下，推进对非"高质量基础设施"投资。日本在会议期间多次强调非洲债务问题，影射中国与非洲国家在"一带一路"框架下的合作。

大国竞争给中国海外利益特别是海外并购行为带来了巨大挑战。中国企业海外并购等投资，频繁遭遇掺杂政治因素的"审查壁垒"。华为、中海油、鞍钢等多家国内知名大企业在海外投资的过程中，都遭遇了以"国家安全"为名的审查。黄怒波曾经想在冰岛买地建造度假胜地，西方舆论普遍认为这是中国未来要在国外建立军事的借口而已。英国一度希望与华为进行5G方面的合作，但是遭到了美国的干预；比利时也曾希望与华为进行5G方面的合作，同样遭到了来自美国和欧盟的阻力；中海油收购美国尤尼科，被否定的理由就是维护美国的经济安全；中远集团想要收购美国一个废弃的码头也被否定。美国外国投资委员会CFIUS等机构对中国的要求格外严格，2017年以来中国对美投资已经遭遇直线下跌。如中信股份收购澳大利亚铁矿，最早投资4.15亿美元，后来追加到17亿美元、38亿美元，但法院作出判决，要求中信再付给原来的卖家2亿美元，外加30年内每年2亿美元的许可费，中信这次的兼并收购因为澳方的无理要求几乎成了无底洞。

五、地缘格局变化

地缘利益是指对影响中国国家安全和发展的重要地理位置、战略资源来源地和交通要道的影响力和控制力。中国地缘利益的分布，从国家类型来看，主要集中于西方主要大国和发展中国家中的资源大国。这些中国海外利益的分布地区、特别是"一带一路"沿线国家地区地缘格局十分复杂，历来是大国博弈必争之地。如东盟地区原来具有明显的一元化特点，经济贸易和政治安全都高度依赖美国。但随着中国经济的快速崛起，东盟经济上逐渐转向经济贸易依赖中国，从而形成当前东盟地区格局中的二元困境，即政治安全依赖美国，而经济贸易依赖中国。这种二元困境在一定程度上会对共建21世纪海上丝绸之路南海区段造成困难。需要关注的重点地缘还包括冷战的重点地区、领土争端的重点地区、历史矛盾的集中地区（如克什米尔争端、克里米亚问题、耶路撒冷问题）等。地缘格局的状态和变化对地区、国家的发展与对外合作影响十分巨大。

2014年的乌克兰危机就不仅是乌克兰的国内政治危机，也是冷战后国际政治与安全秩序的一次严重危机。以美国为首的西方集团无视乌克兰作为一个新兴民族国家内部存在的族群认同矛盾以及在区域经济一体化过程中的两难选择，不负责任的政治干预直接导致了乌克兰国内政治危机的失控，将国家政策矛盾升级为族群冲突，迫使乌克兰社会在"东方"和"西方"之间作出选择，制造了国家动荡和领土分裂。俄罗斯在乌克兰危机的冒险反击政策也导致该国自身国家发展环境急剧恶化。在西方集团的制裁下，俄罗斯在外交方面被严重孤立，经济发展环境急转直下。由乌克兰危机导致北约与俄罗斯在安全上重启冷战对峙局面，俄罗斯与西方的经济制裁与反制裁也严重削弱了欧盟与俄罗斯经济复苏的势头，资本外逃和融资困难与全球金融危机相互叠加，让俄罗斯经济失去了复苏的动力。中国在这场危机中也遭受了一定的损失。而今在美国和北约的不断援助和支持下，乌克兰亲美立场不断强化，俄乌之间的摩擦越发激烈。从苏联独立的立陶宛同样选择了亲美路线，并于2021年在台湾问题上采取了一些对中国的挑衅行为，中国给予了有力回应。2022年1月5日前后，立陶宛外交部发布消息称，立陶宛已经准备好文件，来应对立陶宛企业因中国采取的行动而面临的问题。立陶宛政府已经对这方面的信息进行系统化整理并提交给欧盟委员会，欧盟委员会可根据这些材料诉诸世界贸易组织仲裁机构。与此相对应，中国可能因违反透明和非歧视原则而被起诉。立陶宛还一度联合周边国家对中国中欧班列路线施加影响。

近年来，中非合作不断深入推进，中国对非投资不断加大。但中方也应清醒认识到中国在非洲推进相关项目，时时触碰大国、大公司势力范围，处处面临大国同行的竞争。世界银行等国际开发机构和发达国家政府已经向许多非洲国家提供了大量项目援助。项目分散在不同的国家，执行不同的标准。未来中国涉非项目需要探索与之有效对接的途径；同样需要通过公开市场进行招标，但在特定大型项目招标领域，来自发达国家的咨询公司、监理公司掌握着相关行业的招标项目的筛选权与顾问权，拥有相关工程的招标代理资格，掌握相关项目的技术方案与商务报价的核心秘密，在与中国竞争中有着先发优势。

针对政治风险，主要采取的措施有加强各类情报信息搜集，及时做好风险预警工作，并加强国际关系经营能力，确保事后采取的措施坚强有力。相关事项主要由外交部门出面协调，国家安全机关及部队情报部门给予必要支持。

第三节　安全风险（暴力风险）

海外利益遭到暴力威胁和攻击是这个类别风险最大的特点。无论这种暴力是否为国家行为，斗争的主体之间是否进行了暴力斗争，或者只有一方对另一方使用了暴力。遭受暴力威胁和攻击的特点决定了对应采取的防范措施，因此有必要把暴力威胁引发的安全的风险单列。

一、战争

战争是最严重的暴力冲突。所谓战争，是指有国家或者武装集团参与的武力斗争。所谓武装集团，是有议程、理念、政治目的，并使用武力制造伤害的统一组织。战争的损害是巨大的，第一次世界大战和第二次世界大战给人类造成的损害是难以估量的。

发生在对象国的战争给中国国家利益造成的损害往往是全面的、毁灭性的。比如，在2011年的利比亚内战中，所有中资项目全部停工，在投资较为集中的基建、电信等领域损失更是重大，而且在利比亚的中方人员生命安全受到极大威胁。在这样的情况下，中国政府高度重视，胡锦涛总书记、温家宝总理作出重要指示和批示，要求有关方面迅速采取有效措施，全力保障中国驻利比亚人员和生命财产安全。中国国务院成立应急指挥部，负责组织协调中国驻利人员撤离及有关安全保障工作，张德江副总理担任总指挥，戴秉国国务委员协助，累计撤离中国公民35 000多人。这次撤离行动是中华人民共和国成立以来中国政府最大规模的有组织撤离海外中国公民的行动。除了采用包机撤侨外，中国空军出动4架伊尔-76运输机、海军出动舰艇1艘。中国的撤侨行动还得到了马耳他、土耳其、约旦、希腊等国的配合与帮助。中国的撤侨行动非常成功，但是从撤侨的巨大数量已经不难看出中国经济损失之巨大。"由于政局动荡，中石油长城钻探工程分公司在利比亚等中东、北非地区的6个海外项目合同终止，影响公司全年营业收入约12亿元。"[①]中国有75家企业在利比亚投资受到严重影响，涉及金额约188亿美元。[②] 2015年也门内战爆发[③]。2022年2月乌克兰危机爆发，对中国在俄罗斯，特别是乌克兰的海外投资形成巨大挑战。

二、动乱

动乱带来的安全风险是非常大的。动乱是指一些事件引发的骚动、变

[①] 殷仁胜:《中国海外能源投资风险与国际法保障》，《三峡大学学报》(人文社会科学版) 2012年第4期。

[②] 吴志成:《从利比亚撤侨看中国海外国家利益的保护》，《欧洲研究》2011年第3期。

[③] 安全形势急局恶化，中国派出海军护卫舰接中国公民回国，但经济上承受了不小损失。

乱、动荡及混乱状态，是持续较长时间的安全风险，而且容易造成多起安全事件同时发生。

20世纪90年代，在亚洲金融危机的背景下，印度尼西亚出现了排华运动，大批华人在骚乱中丧生，不少妇女受到凌辱。2000年6月，所罗门群岛因内战升级、国内陷入无政府状态。该国首都霍尼亚拉发生骚乱，许多华裔商店遭到打砸抢烧，100多名华人在我国外交机构的帮助下紧急撤离。2005年11月，法国巴黎郊区因2名少年意外触电身亡而引发骚乱的过程中，13间华人仓库被焚毁，损失超过300万欧元。2006年4月18日，所罗门群岛因为选举不公再次发生动乱，紧邻议会的唐人街中大部分华人华侨的商店被打砸抢烧，中国政府再次紧急撤侨300多人。2006年11月16日，汤加首都努库阿洛法因为反对派不满政府改革而发生动乱，部分政府设施被冲击，多家华人商铺被抢被烧。2007年9月，巴布亚新几内亚发生排华骚乱，全国第三大城市芒特哈根多家华人商铺和仓库被烧，许多店铺遭到抢劫和破坏。2012年5月，南海争端激烈时期，越南当局放纵对中资企业的打砸抢行为不仅造成了人员伤亡，也导致了大量的财产损失。2017年4月27日，几内亚一个铝土矿开采区发生骚乱，一些中国公司牵涉其中。当然，这起骚乱事件与中国企业在当地的生产经营活动没有直接联系。但是几内亚国内社会动荡不安，铝矿开采业频繁罢工却是不争的事实。

三、武装冲突

武装冲突对安全的影响非常大。所谓武装冲突，是指在特定时间和地点，有组织地武装集团或人员所进行的暴力互动。所谓的暴力互动，即事件中有武力的使用，武力包括可以伤害对方的各种冷、热兵器。

武装冲突对"一带一路"倡议的安全造成最直接和严重的冲击。"据统计，2014年全球共发生局部战争和武装冲突58场，涉及44个国家，其中56场发生在'一带一路'沿线和延伸地区，涉及41个'一带一路'沿线和延伸国家。特别是'一带一路'要穿行北非、中东、东南亚、南亚、西亚、东欧等地区,而这些地区恰恰位于'冲突集中地带'。"①

武装冲突给中国海外利益造成的损害也比较大。如2005年11月,在约旦发生连环爆炸案,国防大学代表团成员3死1伤;2007年12月,阿尔及利亚发生两次爆炸,中国工人1死7伤。

四、海盗

海盗对境外人员生命财产安全造成了较大威胁。海盗是指专门在海上抢劫其他船只的犯罪者。海盗通常以犯罪团体的方式行动,而且有武装。海盗也属于安全风险的范围之内。

西非沿岸、索马里半岛、红海、亚丁湾、孟加拉湾及马六甲海峡等附近水域海盗活动比较频繁,对各国的对外贸易、能源运输、海上作业等构成了现实威胁,中国的过往船只和人员安全受到了威胁。

2003年3月,在斯里兰卡海域,海盗船炮击导致了"福远渔225号"沉没,17名船员失踪或死亡,其中中国船员15名。2007年4月,在索马里海域,海盗劫持中国台湾渔船"庆丰168号",劫持3名中国船员,1人被枪杀。

我国针对索马里海盗问题,采取了亚丁湾护航模式,现在已经常态化。从总体来看,情况有所好转,但风险仍然存在。

五、恐怖主义等暴力袭击

"暴力袭击,是指一个有组织的实体(包括政府、反政府武装、恐怖组织)发起的针对非武装目标(包括平民、企业或除军队和警察之外的政府机构)的暴力行动。这一类型有两个特征:一是使用暴力手段,既包括武器的使用,也包括针对目标的伤害行为(绑架、谋杀、虐待等);二是针对非军事目标。"② 如果武装袭击的目标是军队或者警察则属于武装冲突的范围。

暴力袭击对中国海外利益的损害和威胁是非常严重的,其中,恐怖主义

---

① "一带一路"课题组编著:《建设"一带一路"的战略机遇与安全环境评估》,北京:中央文献出版社,2016年,第34页。

② 周亦奇、封帅:《安全风险分析的方法创新与实践——以"一带一路"政治安全风险数据库建设为例》,《国际展望》2017年第5期,第156页。

危害最大,恐怖主义几乎成为中国海外利益面对的最大的危险。中东、中亚等地区的国际恐怖主义、宗教极端主义、民族分裂主义势力和跨国有组织犯罪活动猖獗,地区局势长期动荡不安。其中,尼日利亚、苏丹、阿富汗、伊拉克、南苏丹、利比亚等国是重灾区。中巴经济走廊建设对中国能源安全至关重要,恐怖主义已经是这个重大项目面临的最大现实威胁。

恐怖活动对"一带一路"倡议的安全形成最严重的袭扰。"据不完全统计,2014年世界各地共发生1 000多次造成伤亡的恐怖袭击事件,涉及80多个国家,其中约85%的恐怖袭击事件发生在'一带一路'沿线和延伸地区,涉及60多个'一带一路'沿线和延伸国家。"[①]目前来看,中亚、非洲、东南亚地区的"中东化"危险加剧,恐怖主义风险上升,其中,中亚和中东地区狂热的宗教组织较多,东南亚和非洲地区世俗化的极端组织较多。极其狂热的宗教极端组织,其成员从上到下都相信宗教极端思想,这导致他们较少考虑现实中的政治利害关系,往往规模比较小,但战斗力和战斗意志较强。世俗化的极端组织虽然也打着宗教旗号,但上层领导人实际上只是利用极端主义思想来扩大影响,因此这类组织在政策上也较为灵活,庞大而松散,组织发动袭击的能力下降,其成员的狂热程度和战斗力较差。从军事素质上说,极端势力具备一定程度的作战能力,因而对我国"一带一路"建设造成威胁。中亚、中东等地的不少极端组织成员作战经验比较丰富。东南亚的武装组织长期与各国政府军作战,特别善于利用当地的地形和气候,也能在袭击之后迅速隐蔽。而非洲许多武装组织虽然缺乏训练,但人数众多,机动性强,善于利用当地的政治和社会条件保存自己。

2001年6月,在菲律宾,武装分子劫持中国公司项目人员,4人遭劫持,2人被枪杀。2004年4月,在伊拉克,武装分子劫持中国公民,7名务工人员被劫持。2004年5月3日在巴基斯坦瓜达尔港口,6月10日在阿富汗,10月9日在巴基斯坦西北边境分别发生了以中国人为杀人目标的恐怖袭击事件。2006年2月,在巴基斯坦,中国某设计院工程人员遇袭,3人死亡。2007年1月,在尼日利亚,发生中国工人遇袭事件2起,14名工人被绑架。2007年

---

① "一带一路"课题组编著:《建设"一带一路"的战略机遇与安全环境评估》,北京:中央文献出版社,2016年,第34页。

4月，在埃塞俄比亚，武装分子袭击中国公司项目组营地，中方9人死亡，7人被绑架。2007年7月，在巴基斯坦，中国公民遇袭，3人死亡、1人重伤。2008年10月18日，中国石油天然气集团公司的9名工人在苏丹西部地区遭武装分子绑架，其中5人遇害。2015年11月在马里，中国铁建国际集团的3名中方高级管理人员在恐怖袭击中身亡。2018年3月8日凌晨，中国水电十五局位于马里中部距首都巴马科700千米处的项目工地现场及营地遭遇25～30名不明身份武装人员袭击；吊车、发电机等施工设备及物资被毁，中方人员财产被抢、没有发生人员伤亡。2018年8月20日，一群南非中国留学生遭持枪劫匪抢劫，其中1人中弹身亡，年仅19岁。2021年11月19日，中国一家民营企业3名中国公民在尼日利亚科吉州（Kogi）雅格巴东区（Yagba East）遭武装绑匪绑架，现场还有1名武装护卫警察受伤。2021年12月4日，中国电力建设股份有限公司下属河南第二建设集团1名员工在尼日利亚伊莫州（Imo）遭武装人员绑架。2021年12月12日，埃塞俄比亚反政府武装"提格雷人民解放阵线"（TPLF）袭击了该国阿姆哈拉州孔博查德工业园，中资硬纸板工厂ETWOOD PLC、纺织工厂HVAXV遭受洗劫，损失惨重。

可以说，日常的安全风险防范主要是应对恐怖主义和海盗袭击等，重点在于关键时刻有效应对战争、动乱和武装冲突等。

针对安全风险能够采取的措施主要包括：加强安保公司等民间安保能力建设；在对象国国内，寻求当事国警察保护，特殊事件需要通过加强警务合作来解决，在经过必要国际法程序，中国警察予以补位；在对象国国内，寻求当事国军队保护，在经过必要国际法程序，必要时中国军队予以补位、直接采取保护行动。在国际公共区域，中国军队采取直接保护措施。

第四节　社会风险

社会已经作为重要领域存在于世界舞台。社会在西方发达国家已经成为重要的治理内容，在世界范围内也处于快速成长的阶段。党的十九大提出的"五位一体"建设中包括社会建设。与社会等领域的崛起相对应，政治、军事、外交之外的非传统安全威胁不断上升，对中国海外投资、境外企业运作、中国海外利益拓展造成一系列隐患，需要给予足够重视。

一、第三部门崛起

第三部门是当今社会新兴力量。第三部门是指区别于政府（第一部门）与市场（第二部门）的组织，它具有组织性、民间性、自治性、非营利性和志愿性（公益性）等特点。中国国内称为社会组织，在联合国等领域，也称为非政府组织。

"走出去"特别是"一带一路"倡议实施的国家中大多数处于社会急剧变化的时期，第三部门也正处于从无到有、从弱到强的时期，处于发挥作用的上升期。作为第三部门的 NGO 在这个问题上发挥着越来越重要的作用。这些 NGO 关注环境、关注劳工权益、关注宗教信仰自由、关注扶贫，而这些内容通常与经济发展等密切联系在一起。中国很多境外项目的运作过程中，都面临着不断上升的第三部门价值追求带来的现实压力。

中国在开展"一带一路"建设过程中还有可能会面临以西方为主的非政府组织发动群众、进行抗议的风险。"一带一路"倡议提出之前，中国的海外建设项目已经遭遇了抗议攻势。这类抗议的群众基础，一般是以非政府组织为主体，在当地招募积极分子，发动群众运动。非政府组织的宣传策略十分高明，以学生、青年等为目标群体，以道义、人权为切入口，对其宣传西方理念，利用当地群众思想的不成熟之处，从而达到自己的目的。"一带一路"建设一方面要建设很多资源企业，另一方面要发展交通运输业和轻重工业，就很可能被非政府组织指责为掠夺所在国资源，破坏生态环境，它们便可以以此为由，发动群众，进行抵制。在实际的操作过程中，由于非政府组织难以提出解决问题的方案，因此其善于将矛盾引向政府。在"一带一路"的建设过程中，中国的善举很有可能被西方各类非政府组织曲解为"中国威胁论"下的地区主导权建构。这样一来，西方世界一方面将其对中国的阻挠伪装成当地群众与中国的矛盾；另一方面将问题上升到所谓"生态""人权"的高度，向当地灌输西方"普世价值"思想，将问题政治化、国际化，从而达到影响中国发展的目的。

就中国境外项目本身来说，抗议的影响主要表现在两个方面。首先，抗议将导致项目停工。"一带一路"以设施联通为先导，非政府组织可能煽动群众到交通干道上静坐，使其不能通车。早在苏联解体以前，要求脱离苏联的立陶宛等国民族主义者就是这样做的。其次，这一类的活动还可能被极端势力利用。极端势力可能抓住机会积极参与抗议，并以抗议者作为掩护，使抗议暴乱化。如果极端势力对密集的抗议人群发动袭击，造成大量伤亡，影响将更加恶劣。

二、环境和气候问题标准大变化

"一带一路"的相关国家中有一部分经济发展较为落后、经济发展方式比较粗放、资源消费水平较高、生态环境相对脆弱。这些问题成为这些地区可持续发展的瓶颈，也成为中国国家投资的障碍。特别是因为更换领导人或者政党轮替等，经常出现前后执行不同环境标准的情况，对中国海外利益造成了重大风险。有的国家甚至已经到了"绿色壁垒"的程度，绿色壁垒是指一国为了保护生态环境和公众健康以及本国产品、市场而设置的各种强有力的环境保护措施、法规标准等。

实践中很难做到发展经济的同时，也能够保持生态环境良好，特别是"一带一路"许多沿线国家生态环境脆弱，缺乏治理的经验和技术，一旦发生环境破坏，破坏性强，影响范围广。例如，草原荒漠化一旦发生就会自行扩展，必须投入大量人力物力治理；公路铁路建设需深入人迹罕至的地区，一方面可能阻碍野生动物迁徙，另一方面公路上司机和乘客丢弃的垃圾，日积月累，也会造成污染。这就需要沿线国家加强协调，制定"一带一路"建设过程中的环境标准，并严格执行。除此之外，"一带一路"建设的其他工农业建设项目也有环境风险：粗放型的开矿可能会破坏土地，造成粉尘、废水、废渣污染；其他的工业项目也存在风险，如电解铝污染空气，纺织印刷污染河流等；农业生产中，过度放牧，盲目开垦森林，盲目建造大型农业项目等，都可能破坏当地的生态环境。

应该认识到，环境问题和政治、社会问题总是相伴而生，自然风险可能导致政治风险，经常牵扯到征地和移民、自然文化遗产保护、中国海外投资给当地带来的环境和社会矛盾,以及环境和社会责任承担与管控等问题。"环境保护意识有待增强。非洲大陆城市化和现代化不断推进,非洲各国人口急剧膨胀,对非洲大陆环境资源不断形成新的压力。从气候方面看,非洲国家大多位于热带草原和热带沙漠,由于缺乏有效的灌溉和蓄水体系,大量雨水或是地表水尚未来得及被作物吸收便已流失掉,或是因来不及排泄而引发水土流失。非洲许多国家流行的传统刀耕火种生产方式和薪炭林砍伐为主的生活方式,已导致大陆范围的森林退化,加快了沙漠化趋势,加剧了大陆气候环境恶化趋势。"① 中亚、东南亚一些流经多国的河流遭遇污染,可能造成跨国问题。中亚一些地区过度用水、捕捞,加重了中亚地区已经十分严重的水资源问题。以上行为,不仅破坏环境,而且损害"一带一路"沿线国家内部的团结。

气候风险是指极端天气、自然灾害、全球变暖等气候因素及社会向可持续发展转型对经济金融活动带来的不确定性。气候风险包括物理风险和转型风险。物理风险表现为洪涝、干旱、飓风等气候风险事件的严重程度的上升,以及海平面上升等产生的经济损失。转型风险是指社会向可持续发展转型过程中,气候政策、技术革新和市场情绪变化等导致企业损失的风险,包括高碳资产重新定价、政策变化、财务和声誉损失等。这两类风险相互交织,形成了气候变化的整体影响。另外衍生出来资产搁浅风险和融资风险。资产搁浅风险指由于法律政策、创新和环境变化,导致资产过早地被减记、贬值或转化为负债的风险。融资风险指由于融资政策的变化,企业融资成本上升所带来的风险。研究气候风险和做好气候风险信息披露,首先要深刻理解上述几个基本概念。②

"环保社团或势力可能会质疑'一带一路'的环境保护、气候变化等问题,生态社团或势力可能会导致'一带一路'的生态失衡、资源消耗等问题,民生社团或势力可能会质疑'一带一路'的劳动保护、生产保障等问题,这些问题都是社会常态问题,也是'一带一路'沿线国家、延伸国家、

---

① "一带一路"课题组编著:《建设"一带一路"的战略机遇与安全环境评估》,北京:中央文献出版社,2016年,第306-307页。

② 刘瑞霞:《气候风险信息披露的全球实践》,《中国金融》2022年第1期,第86页。

辐射国家的社会团体和民间势力所关注的实际问题，若是这些问题得不到合理和可信的解读，势必会引起社会民众对'一带一路'的不信服、不认同，而社会民众的异议势将影响到'一带一路'发展进程，这也是'一带一路'建设安全的一个不容忽视的方面。"① 比如，缅甸发生的中国重大海外利益受损几乎都是以环保为由头：2011年9月，缅甸政府以环保为由突然叫停中国投资30多亿美元建设的中缅合资密松水电站；2012年1月，缅甸政府再次以环保为由，叫停了泰国意泰公司计划在土瓦修建的一座大型火电站；2012年11月，缅甸发生针对中国公司在实皆省蒙育瓦投资的莱比塘铜矿的大规模抗议，抗议者以环境污染、补偿不公为由要求关闭该矿；2021年缅甸克钦的个别组织竟然也发起了要求中国停建密松电站的行动。

另外，"一些国家担心中国在拉美的投资可能引发环境和社会问题。开发自然资源极有可能对自然环境造成破坏。例如，在秘鲁，中国铝业在特罗莫克特大铜矿投资的项目曾造成了环境污染并引发了紧急公共环境事件。2014年8月，墨西哥联邦环境监管保护局对坎昆龙城项目开出罚单，该项目是中墨企业共同投资兴建的中国商品集散中心。目前，该项目因触犯环保法规及长期欠缴罚款而遭全面停工"。② 巴西政府对投资项目的环保要求非常严格，一般环保取证需要20个月左右，包括动植物和牧场保护、各种生物观察、社区听证会、发展报告、规划设计等非常复杂的流程。如中国水电建设集团国际工程有限公司总承包的巴丹图鲁水电站是印度尼西亚国家战略项目之一，但是从2017年起，有印度尼西亚非政府组织"印度尼西亚环境论坛"以电站建设威胁珍稀动物打巴奴里红毛猩猩、破坏生态环境为由，发起多种形式抗议，要求暂停电站建设。

可见，环境问题已经成为企业发展不能回避的重要领域。特别是在当前气候变化问题越发突显，碳达峰与碳中和已经成为大势所趋，这将是环境和气候问题必须面对的重要内容。

---

① "一带一路"课题组编著：《建设"一带一路"的战略机遇与安全环境评估》，北京：中央文献出版社，2016年，第37页。

② "一带一路"课题组编著：《建设"一带一路"的战略机遇与安全环境评估》，北京：中央文献出版社，2016年，第346页。

三、劳工标准大变化

劳工权益是一个不断发展的进程。而工资待遇、劳动标准等也都是一个随着经济社会发展渐进的过程。但是很多项目都是按照项目审批时的劳工标准来计算和设计的，而后来的标准发生了变化，通常都是标准大幅提高，从而经常使得项目成本发生巨大提升，把项目盈利全部挤压掉甚至导致巨额亏损。

中国相关机构对劳工问题重视不够，对西方国家甚至一些发展中国家的工会的强大力量认识不够。除了美国和欧洲之外，巴西等发展中国家的劳工法也相对严格，工会很强大，注重对劳工的保护，尤其是巴西对社区的听证意见非常重视。"当前，在跨国并购中，国际劳工问题越来越成为影响成败的关键因素。国有资产监督管理委员会也连续加强了有关规定，但鉴于国内长期形成的企业体制和工会现状，走上层路线仍然是国内企业的传统和常用做法，在自觉与不自觉中就将国内经验照搬到国外。为此，走出去的国企既缺乏赢得工会信任的意识，也缺乏与工会等对话的成功经验。"①

"中国首钢于2010年收购了秘鲁Hierro铁矿，但鉴于首钢忽视与本地工人的沟通，不遵循当地的劳动法规和安全生产要求，解雇罢工工人等一系列不符合当地劳动法、工会法的做法损害了首钢在当地的声誉，并导致当地工人罢工不断，首钢为此付出了高昂的学费。"②中钢在澳大利亚铁矿投资亏损的主要原因在于环保管制和劳工保障大幅投入。缅甸莱比塘铜矿被叫停，也涉及劳工问题。具体表现为征地补偿不足，没有满足当地群众就业问题等。2022年年初，南非劳工部起诉华为南非公司，指控其违反雇佣当地人比例不足的法律规定，要求华为支付罚款并责令改正。南非《公平就业法》规定，雇主必须雇用60%的当地人，而外国雇员的比例不得超过40%。

四、风俗习惯影响

中国海外利益分布地区，特别是"一带一路"沿线地区更是多语言、多

---

① 李志永：《"走出去"与中国海外利益保护机制研究》，北京：世界知识出版社，2015年，第154页。

② 李志永：《"走出去"与中国海外利益保护机制研究》，北京：世界知识出版社，2015年，第172页。

民族交融的区域，文化和信仰导致的冲突是长期影响这些国家发展以及对外合作的重要内容。这些地区存在多元文化交汇、多种文明碰撞。

风俗习惯和宗教信仰等理念问题也很可能会发酵成为引发社会问题的重要风险。这在对华关系比较敏感或者宗教问题比较突出的国家和地区是需要特别引起注意的。

比如，很多到津巴布韦参与工程建设和矿藏开发的中国工人购买蛇、牛蛙、狗、乌龟等动物食用，但是这些行为在当地是违法的。2012年，4名中国工人因为吃了40只乌龟被捕判刑，并被驱逐出境，所以应该引以为戒。

五、宗教信仰发酵

宗教信仰是指信奉某种特定宗教的人群对其所信仰的神圣对象（包括特定的教理教义等），由崇拜认同而产生的坚定不移的信念及全身心的依归。这种思想信念和全身心的依归表现和贯穿在特定的宗教仪式和宗教活动中，并用来指导和规范自己在世俗社会中的行为，是一种特殊的社会意识形态和文化现象。

中国海外利益分布地区聚集了世界主要文明以及三大宗教，所面临的宗教问题十分复杂。大部分相关国家民族众多，基督教、佛教、伊斯兰教、印度教等多元宗教信仰并存，一些宗教内部还存在不同的教派分支、有的分歧还十分严重，各种民族宗教之间的历史纷争复杂，增加了中国与相关国家及这些国家之间合作的难度。"宗教本身不是风险，但在一定条件下可能会与政治、经济、社会等因素相互交织，成为各种矛盾冲突的爆发点。"中国社科院世界宗教研究所副所长郑筱筠研究员2016年11月19日在复旦大学参加"一带一路背景下的宗教与中国周边外交"学术研讨会期间表示，"因此，我们应该正视'一带一路'建设进程中可能面临的宗教风险及其引发的'蝴蝶效应'"。

比如，2009年2月，中国铁建在沙特利雅得签署了一份17.7亿美元的沙特麦加轻轨项目的承包协议。麦加轻轨项目起于加马拉站，至终点阿拉法特站。可是项目进行过程中，中国铁建不得不在明知巨额亏损的情况下完成该项目。亏损的主要原因在于项目签约时只有概念设计，而在项目实施过程中，实际工程数量与签约时预计工程数量相比大幅度增加，还在于劳工问题和业主不合理的变更设计。不同于以往从中国国内招聘工人，中国工人吃苦耐劳、成本相对较低。而该项目事关圣城麦加，2/3的地段属于非穆斯林禁入区，中国铁建不得不在沙特招聘穆斯林工人来建设这些项目，要使用当地的工程机械价格相当高昂，而沙特方面还进行了多项调整。

针对各类社会风险的主要应对措施包括：注意加强对象国民生等社会基本情况调研，关注社会建设进步动态，加强相关情报信息搜集，及时采取有效措施。驻外使馆与社会职能有关的部门应该承担起社会领域日常事务，在国家安全机关等情报单位的支持下及时采取相关行动。

第五节　突发事件

突发事件主要针对社会风险，即对象国产生社会冲突并危及社会稳定和社会秩序的可能性，主要包括财富分配的均衡性、人权、失业、教育程度、贫困、民族结构、宗教信仰及社会和谐等因素出现重大变化，短时间内引发社会影响较大的事件。中国对外投资的部分国家社会环境复杂，社会力量多元，价值观差异较大，法律环境与我国差异较大，特别是在一些不发达国家，经常出现抵押、质押物相关法律不健全等情况。本部分主要研究的是动用暴力之外的由自然与社会矛盾引发的突发事件。

一、地震、海啸、台风等重大自然灾害

当前，应对气候变化已经成为国际共识，"一带一路"相关国家地理环境、气候环境十分复杂，而且不少国家发展滞后、基础建设等配套设施欠缺。地震、海啸、台风等极端自然事件一旦发生，必然会导致重大损失。2010年，海地的地震对中国在海地的人员和财产安全造成了重大损失。2015年4月25日，尼泊尔遭遇80年来最强地震，全国进入了避难状态。2018年5月，由拉丁美洲和加勒比地区中国联合融资基金（China Co-financing Fund for Latin America and the Caribbean Region）提供部分融资造价

40亿美元的哥伦比亚伊图安戈大坝，由于对之前的环评不够重视，2022年暴雨引发山体滑坡，导致2.6万人被迫撤离，同时溃坝的风险也不能排除。2018年7月5日，泰国普吉岛2艘观光船因为暴风雨而翻沉，导致超过45人的重大伤亡；7月9日，泰国观光与体育部紧急召开会议，批准普吉船难赔偿预算共计6390万铢（约合人民币1277万元），遇难者每人赔偿100万铢（约合人民币20万元）。

"一带一路"建设首先是与大自然作斗争。"一带一路"建设，横亘广袤的欧亚大陆，自然条件多样，多样性的地貌特征也带来了多样性的自然风险，并且大多数灾害同气候条件等密切相关，如泥石流、滑坡等，具有不可预测性与突发性。一旦自然灾害发生，一方面会影响"一带一路"工程进度、工程质量和建设者的安全，另一方面影响竣工后的运行和维护。如果"一带一路"项目运营不善，还可能破坏环境。这些问题不仅会造成财富流失，而且将损害"一带一路"建设的声誉。自然风险同地理因素密切相关，多为不可抗因素所引起的安全风险，对于此类风险，应该加强监测，强化预警机制。[①]

二、重大疫情等公共卫生事件

重大公共卫生事件对于海外利益的影响也是十分巨大的。如SARS、埃博拉病毒等。非洲等地区一直属于重大疫情多发区和重灾区，中国驻地人员面临多重现实威胁，这对海外利益来说也是经常要处理的相关问题。

2020年春节前后开始的这场新冠疫情对中国的国际贸易产生了很大的影响。疫情发生的初期，多个国家和地区对中国货物贸易采取管制措施，一些国家限制从中国进口活体动物、动物制品，限制对中国出口口罩、防护服、消毒液等疫情防控物资。从短期看，新冠疫情全球大流行势必对中国企业对外投资产生负面冲击，特别是对贸易型、高价值链关联度与工程承包类对外投资的影响较大，对欧美地区投资的负面冲击要大于对发展中国家的负面冲击。印度、巴基斯坦、意大利、伊朗和美国等国家疫情也都比较严重，

[①] 王义桅：《"一带一路"机遇与挑战》，北京：人民出版社，2015年，第111页。

我国境外投资项目的运行以及货物、能源的运输都会受到很大影响。疫情之后多数国家加强了保护主义的力度。奥密克戎毒株被发现以来，呈现出前所未有的传播速度，在两个半月内感染人数就已经超过2020年总和。但在巨大的经济社会压力之下，全球多个国家放松防控、"带疫"解封。

从中长期看，新冠疫情后各国面临巨大的资本缺口和就业压力，招商引资力度应该会有所加大，这为中国企业"走出去"提供了巨大商机。应该充分利用东道国的"政策红利"。

也要注意到，有些国家在病毒溯源问题上对中国进行"污名化"，欧美不少民众对中国产生了误解甚至不满情绪，这也对中国的投资和中资企业在当地的运转造成了不少负面影响。

三、大规模游行示威罢工活动

大规模游行示威罢工活动对于中国企业及人员生命财产安全的影响也是十分巨大的。

2005年3月24日，吉尔吉斯斯坦反对派支持者在首都比什凯克游行示威，要求总统阿卡耶夫辞职，后游行演变为骚乱，导致国英商贸城和麦蒂娜大巴扎的10多名华商受伤，200多家商户被抢，经济损失巨大。

比如越南在南海争端激烈时的排华行动：2014年5月，中越南海（981）钻井平台争端引发越南排华事件，数千名越南不法分子打砸抢烧中资企业，多家中国企业在越南遭遇风险，仅中冶集团就有130人伤亡，其中重伤23人，死亡4人。

2018年5月7日，中资企业承建的乌干达卡鲁玛水电站遭遇300多名工人罢工，抗议工会领导阶层滥用职权、虐待工人以及行贿行为。同时，也要求中国公司解雇公会领导人。

2019年12月5日，法国遭遇了"黑色星期四"，在各大工会的组织下，发生了法国近25年来规模最大的罢工运动。全国有超过200场以上的示威游行，全国九成以上的高铁停运，交通几乎全面瘫痪。法国、德国、英国、意大利等国家的工会力量十分强大，是当地中资企业必须高度重视的重要内容。

四、互联网安全问题

习近平总书记指出:"随着世界多极化、经济全球化、文化多样化、社会信息化深入发展,互联网对人类文明进步将发挥更大促进作用。同时,互联网领域发展不平衡、规则不健全、秩序不合理等问题日益凸显。不同国家和地区信息鸿沟不断拉大,现有网络空间治理规则难以反映大多数国家意愿和利益;世界范围内侵害个人隐私、侵犯知识产权、网络犯罪等时有发生,网络监听、网络攻击、网络恐怖主义活动等成为全球公害。面对这些问题和挑战,国际社会应该在相互尊重、相互信任的基础上,加强对话合作,推动互联网全球治理体系变革,共同构建和平、安全、开放、合作的网络空间,建立多边、民主、透明的全球互联网治理体系。"① "从实践看,面对互联网技术和应用飞速发展,现行管理体制存在明显弊端,主要是多头管理、职能交叉、权责不一、效率不高。同时,随着互联网媒体属性越来越强,网上媒体管理和产业管理远远跟不上形势发展变化。特别是面对传播快、影响大、覆盖广、社会动员能力强的微博、微信等社交网络和即时通信工具用户的快速增长,如何加强网络法制建设和舆论引导,确保网络信息传播秩序和国家安全、社会稳定,已经成为摆在我们面前的现实突出问题。"②

近年来,在互联网安全问题日益突出的情况下,存在我驻外官方机构、境外企业等遭受网络攻击等突发事件的情况。"国家重大网络突发事件表现为多种形式:有组织的网络袭击、肆意的漏洞利用(如病毒或蠕虫程序)、对网络有重大影响的自然灾害,或对关键基础设施或主要资产造成大范围损坏的其他突发事件。大规模网络突发事件,毁坏因特网,使关键的基础信息系统超负荷运行,破坏政府和私营机构的资源。这一量级破坏的综合结果,可能威胁生命、财产、经济和国家安全。快速识别、信息交换、调查、协调一致的应急反应和补救经常可减轻这一恶意的虚拟空间破坏造成的损害。"③

---

① 习近平:《在第二届世界互联网大会开幕式上的讲话》(2015年12月16日),《人民日报》,2015年12月17日。

② 习近平:《关于〈中共中央关于全面深化改革若干重大问题的决定〉的说明》(2013年11月9日),《十八大以来重要文献选编》(上),中央文献出版社2014年版,第506页。

③ 苗崇刚等编译:《美国国家应急反应框架》,北京:地震出版社,2011年,第236页。

由于海底光缆承担着全球95%数据的传输工作，成为日常生活、经济活动乃至军事通信领域的关键基础设施。2021年10月，为防止吉赛尔太平洋公司（主要控制着巴布亚新几内亚、瓦努阿图、萨摩亚以及瑙鲁等的主要移动电信网络），澳大利亚电信公司出资16亿美元（其中澳大利亚政府出资13亿美元）高调收购该公司。

五、重大舆情与信息安全问题

习近平总书记指出："要切实保障国家数据安全。要加强关键信息基础设施安全保护，强化国家关键数据资源保护能力，增强数据安全预警和溯源能力。要加强政策、监管、法律的统筹协调，加快法规制度建设。要制定数据资源确权、开放、流通、交易相关制度建设。要制定数据资源确权、开放、流通、交易相关制度，完善数据产权保护制度。要加大对技术专利、数字版权、数字内容产品及个人隐私等的保护力度，维护广大人民群众利益、社会稳定、国家安全。要加强国际数据治理政策储备和治理规则研究，提出中国方案。"①

重大舆情和信息安全问题对于海外利益造成的风险和威胁越来越大。2009年5月8日，巴布亚新几内亚瑞木镍钴（中冶）有限公司分公司1名当地工人受伤后，被公司送往医院。但有人散布谣言称这名工人已经死去，导致10多名当地工人及村民情绪失控，到中冶公司工地维权但最终暴发冲突，事件导致30多人受伤，财物损失严重。后续舆情掌控和引导失控，5月13日，在巴布亚新几内亚首都莫尔兹比港，数百名暴徒袭击华人和华人商业区。5月14日，事件蔓延到巴布亚新几内亚第二大城市莱城，数千人涌入华人商业区，众多商店被洗劫一空。

此外，近年来，大型海难事故与渔业纠纷明显增多，对我国海外利益构成了现实威胁，需要给予充分重视。

大的风险类型包括安全风险、政治风险、经济风险、社会风险和突发事件等内容。其中，安全风险包括战争、动乱、武装冲突、海盗、恐怖主义等

---

① 习近平:《在十九届中央政治局第二次集体学习时的讲话》（2017年12月8日），《人民日报》，2017年12月10日。

暴力袭击；政治风险包括领导人变更、政党轮替及反对党作用、政变及政权更迭、大国干预和大国竞争、地缘政治格局变化；社会风险包括第三部门崛起、环境标准大变化、劳工标准大变化、风俗习惯影响和宗教信仰问题发酵；经济风险包括外贸政策大变化、利率和汇率等金融政策大变化、能源等市场政策大变化、大型或敏感企业和项目关停并转引发社会问题；突发事件包括地震、海啸、台风等重大自然灾害，重大疫情等公共卫生事件，大规模游行示威罢工活动，互联网安全问题，重大舆情与信息安全问题等。详见表5。

表5 中国海外投资利益面对的主要风险梳理

一级分类	二级分类
经济风险	外贸政策发生重大变化
	汇率、利率、债务等金融政策发生重大变化
	能源政策发生重大变化
	市场政策发生重大变化
	大型或敏感企业和项目关停并转引发社会问题
政治风险	领导人变更
	政党轮替
	政变及政权更迭
	大国干预
	地缘政治格局变化
安全风险	战争
	动乱
	武装冲突
	海盗
	恐怖主义等暴力袭击

续表

一级分类	二级分类
社会风险	第三部门崛起
	环境和气候标准发生变化
	劳工标准发生变化
	风俗习惯影响
	宗教信仰问题发酵
突发事件	地震、海啸、台风等重大自然灾害
	重大疫情等公共卫生事件
	大规模游行示威罢工活动
	互联网安全问题
	重大舆情与信息安全问题

总之，我们要清楚地认识到，不同的风险需要不同的对策，海外投资利益保护要针对各种可能面临的风险有预防、评估与应对之策。比如暴力风险需要动用对象国的国家强力机关来予以支持，在对象国能力不足而国际法于法有据的情况下，可以动用中国的强力机关来予以补位。经济风险、政治风险和社会风险，如果调查研究充分、情报信息及时、风险评估到位，是可以进行有效预防、打有准备之仗的。而突发事件则介于二者之间，应尽量借助对象国的公力救济能力解决，在对象国能力不足的情况下，可以通过外交途径协调，由中国的国家公力救济手段予以补位。

第六章
中国海外投资利益风险防范的思路框架

中国海外经济利益不仅是中国海外利益的重要组成部分，同时也是中国经济的重要组成部分，事关中国经济安全、国家安全。必须立足项目特点、项目地实际情况，全面客观梳理项目所面临的风险情况，制定和采取有效的防范措施。

第一节　促进高质量发展，提升经济金融影响力

高质量发展是2017年中国共产党第十九次全国代表大会首次提出的新表述，表明中国经济由高速增长阶段转向高质量发展阶段。2017年12月，中央经济工作会议进一步明确："高质量发展，就是能够满足人民日益增长的美好生活需要的发展，是体现新发展理念的发展，是创新成为第一动力、协调成为内生特点、绿色成为普遍形态、开放成为必由之路、共享成为根本目的的发展。"高质量发展，就是从"有没有"走向"好不好"。2018年3月5日，提请十三届全国人大一次会议审议的政府工作报告提出的深度推进供给侧结构性改革等九方面的部署，都围绕着高质量发展展开。2018年，国务院政府工作报告指出："按照高质量发展的要求，统筹推进'五位一体'总体布局和协调推进'四个全面'战略布局，坚持以供给侧结构性改革为主线，统筹推进稳增长、促改革、调结构、惠民生、防风险各项工作。"

一、高质量发展的深刻内涵

党的十八大以来，我国对经济发展阶段特征的认识不断深化。2013年，党中央作出判断，我国经济发展正处在增长速度换挡期、结构调整阵痛期和前期政策消化期"三期叠加"阶段。2014年，提出我国经济发展进入新常态。新常态是一个客观状态，是我国经济发展到一定阶段必然会出现的一种状态，适应新常态、把握新常态、引领新常态是我国经济发展的大逻辑。在新常态下，我国经济结构调整要从增量扩能为主转向调整存量、做优增量并

举，发展动力要从主要依靠资源和低成本劳动力等要素投入转向创新驱动。党的十九大明确，我国经济已由高速增长阶段转向高质量发展阶段。中国经济由高增长阶段转向高质量发展阶段，经济发展的战略目标就是在质量变革、效率变革、动力变革的基础上，建设现代化经济体系，提高全要素生产率，不断增强经济创新力和竞争力。

第一，商品和服务质量持续普遍提高的发展。经济发展不仅表现为数量的增加，更应该表现为质量的提高。适应新时代满足人民日益增长的美好生活需要，高质量发展应当不断提供更新、更好的商品和服务，满足人民群众多样化、个性化、不断变化和升级的需求，开辟新的消费领域和消费方式，改善、丰富人民生活，从而引领供给体系和结构优化升级，最终催生新的需求。如此循环往复、相互促进，才能推动社会生产力进步和人民生活水平不断提升。

第二，投入产出效率和经济效益不断提高的发展。价值规律是市场经济的基本规律，它的本质要求就是以最小的生产要素投入（费用）取得最大的产出（效益）。高质量发展的重要标志是不断提高劳动、资本、土地、资源、环境等要素的投入产出效率和微观主体的经济效益，并表现为企业利润、职工收入、国家税收的持续增加和劳动就业不断扩大。

第三，创新成为第一动力的发展。创新之所以成为发展的第一动力，是因为当今世界经济社会发展越来越依赖于理论、制度、科技、文化等领域的创新，国际竞争力越来越体现在创新能力上。科技创新与经济发展的关系尤为密切。科学技术是第一生产力，是作为"乘数"作用到劳动力、资本、技术、管理等生产要素上去的。科技创新的"乘数效应"越大，对经济发展的贡献率就越大，发展质量也就越高。

第四，绿色成为普遍形态的发展。碳达峰、碳中和已经成为大势所趋。绿色发展成为当今世界潮流，既是新时代中国人民对美好生活的迫切需要，也是经济社会可持续发展的内在要求。绿色和零碳发展因而成为高质量发展的重要标志。

第五，经济关系协调、循环顺畅的发展。经济出现周期性衰退、危机，是资本主义市场经济的规律，源于重大经济关系严重失调、经济循环阻塞。

许多国家受严重经济衰退和金融危机冲击，经济发展长期徘徊不前。过去的几十年中国经济也存在周期性波动，社会主义制度的优势化解了这些波动。务必发挥体制优势，坚决避免经济发展大起大落和防范系统性金融风险。因此，高质量发展必须保持国民经济重大比例关系协调和空间布局比较合理，生产、流通、分配、消费各环节循环顺畅。

第六，坚持深化改革开放的发展。在高质量发展阶段，改革开放依然是发展的必由之路和强大动力。从发展不平衡不充分来看，虽然主要原因是生产力发展水平不够高，但有些领域的发展不平衡不充分则与导致资源错配的体制机制弊端密切相关。具体表现为三大失衡的结构性矛盾，其根源就在于生产要素配置扭曲，必须靠深化要素市场化改革才能从根本上解决问题。完善产权制度，实现产权有效激励，才能进一步激发全社会创造力和发展活力，推动质量变革、效率变革、动力变革，提高全要素生产率。对外开放也是改革，开放倒逼改革、促进改革，高水平的开放是高质量发展不可或缺的动力。

第七，共享成为根本目的的发展。共享是中国特色社会主义的本质要求，是坚持以人民为中心的发展思想的重要体现，也是逐步实现共同富裕的必然要求。改革开放以来，我国先后使7亿人摆脱贫困，取得全面建成小康社会的伟大成就。但是，城乡、区域发展差距和居民收入分配差距仍然较大。实现全体人民更加公平地共享发展成果，既是高质量发展的根本目的，也是充分调动绝大多数人积极性、主动性、创造性，形成推动高质量发展强大动力的必要条件。

二、高质量发展的必然性

中国经济发展进入了新时代，推动高质量发展，既是保持经济持续健康发展的必然要求，也是适应我国社会主要矛盾变化和全面建成小康社会、全面建设社会主义现代化国家的必然要求。

第一，明确高质量发展是适应经济发展新常态的主动选择。我国经济发展进入了新常态。在需求收缩、供给冲击、预期转弱的大背景下，我们要抓住根本，看清长期趋势、遵循经济规律，引领经济发展新常态。坚定不移地实施创新驱动发展战略，推动我国经济在实现高质量发展上不断取得新进展。

第二，明确高质量发展是贯彻新发展理念的直接体现。党的十八大以来，党中央提出创新、协调、绿色、开放、共享的新发展理念，推动高质量发展。高质量发展是体现新发展理念的发展，是创新成为第一动力、协调成为内生特点、绿色成为普遍形态、开放成为必由之路、共享成为根本目的的发展。

第三，明确高质量发展是适应我国社会主要矛盾变化的必然要求。中国特色社会主义进入新时代，我国社会主要矛盾已经转化为人民日益增长的美好生活需要和不平衡不充分的发展之间的矛盾。这是发展质量不高的直接表现。为更好满足人民日益增长的美好生活需要，必须推动高质量发展。要解决质的问题，要在质的大幅度提升中实现量的有效增长。

第四，明确高质量发展是建设现代化经济体系的必由之路。建设现代化经济体系是中国发展的战略目标和跨越关口的迫切要求。实现这一战略目标，必须坚持质量第一、效益优先，推动经济发展质量、效率、动力变革，提高全要素生产率，不断增强中国经济创新力和竞争力。推动高质量发展是当前和今后一个时期确定发展思路、制定经济政策、实施宏观调控的根本要求。

三、高质量发展的实现路径

第一，建设现代化经济体系。这是党中央作出的重大战略决策部署。推动高质量发展，建设现代化经济体系是重要抓手。建设现代化经济体系，主要包括建设创新引领、协同发展的产业体系，统一开放、竞争有序的市场体系，体现效率、促进公平的收入分配体系，彰显优势、协调联动的城乡区域发展体系，资源节约、环境友好的绿色发展体系，多元平衡、安全高效的全面开放体系，充分发挥市场作用、更好发挥政府作用的经济体制。

要大力发展实体经济，加快发展先进制造业，坚定不移地建设制造强国，全面提高金融为实体经济服务的效率和水平。要加快实施创新驱动发展战略，加快关键核心技术自主创新，把创新主动权、发展主动权牢牢掌握在自己手中，为经济社会发展打造新引擎。要积极推动城乡协调发展，大力实施乡村振兴战略，建立健全城乡融合发展体制机制和政策体系，加快推进农村现代化。要着力发展开放型经济。要适应新形势、把握新特点，推动由商品要素流动型开放向规则等制度型开放转变。要深化经济体制改革。要加快完善社会主义市场经济体制，坚决破除各方面体制机制弊端，有效激发全社会创新创业活力。

第二，以推进供给侧结构性改革为主线，努力实现供给和消费的良好平衡。推进供给侧结构性改革，是在全面分析国内经济阶段性特征的基础上，调整经济结构、转变经济发展方式、培育增长新动力、实现创新引领的必然要求。要把推进供给侧结构性改革作为当前和今后一个时期经济发展和经济工作的主线。供给侧改革的重点是解放和发展生产力，供给侧结构性改革的根本是使我国供给能力更好满足广大人民日益增长、不断升级和个性化的物质文化和生态环境需要，从而实现社会主义生产目的。深化供给侧结构性改革，推动经济高质量发展，要巩固"三去一降一补"成果，增强微观主体活力，提升产业链水平，畅通国民经济循环，形成国内市场和生产主体、经济增长和就业扩大、金融和实体经济良性循环。

第三，使市场在资源配置中起决定性作用，更好发挥政府作用。必须着力解决市场体系不完善、政府干预过多和监管不到位问题。积极稳妥从广度和深度上推进市场化改革，大幅减少政府对资源的直接配置，让市场在能发挥作用的领域充分发挥，推动资源配置实现效益最大化和效率最优化，让企业和个人有更多活力和更大空间去发挥经济、创造财富。要坚持发挥社会主义制度的优越性、发挥党和政府的积极作用。政府的职责主要是保持宏观经济稳定，加强和优化公共服务，保障公平竞争，加强市场监管，维护市场秩序，推动可持续发展，促进共同富裕，弥补市场失灵。

第四，着力推进制造业高质量发展。要推动中国制造业向高端发展。2010年，中国制造业增加值超过美国成为第一制造业大国。2018年，中国制造业增加值为30.5万亿元，占GDP比重为29.4%，占全世界的份额超过28%，相当于美日德三国制造业增加值的总和。中国还是全世界唯一拥有联合国产业分裂中全部工业门类的国家，在世界500多种主要工业产品当中，

220多种工业产品的产量占据全球第一。但是中国制造业整体上不够高端，需要大力提高科技含量。要努力提升中国在全球价值链中的地位；要切实维护中国产业链和供应链安全，尽快形成安全稳固、分工有序、循环顺畅的高新技术产业链和供应链；要加快形成并不断完善高新技术产业的内部循环，以内部循环参与全球产业链的外部循环；要避免中低端技术型制造企业外移带来的"空心化"风险。

第五，正确处理涉外关系。排斥西方主导建立的国际金融规则是不明智的，追求提升中国国际规则设定及创新的能力和份额更为重要。一是要认识到欧美金融体系是当前国际金融体系的最重要组成部分，排斥这些国际金融规则将使中国金融体系在融入国际金融体系的过程中遇到更多阻力。学习、接受和执行这些规则是中国融入国际金融体系的重要前提和基础。二是一定不能不加区别地全盘接受。必须立足中国国情来研究欧美金融体系所设计的金融规则。要追求国际金融规则的本土化，立足中国国情对现有国际金融规则进行改良和创新，并向国际社会提出"中国方案"，并努力促其实现运行，这才是中国面对国际金融规则的正确方式。三是慎重采取建立或者替代传统国际金融体系的提法或者行动，相关内容务必深思熟虑、认真研究和推演。面对成熟和拥有巨大影响的西方国际金融体系，比较理性的应对模式是学习和应用现行国际金融规则，并将其进行本地化应用；在合适的时机，向国际社会表达诉求，传播"中国方案"，培育中国国际话语权的国际议程设置能力。

四、高质量发展需要把握的矛盾关系

经济发展是一个螺旋式上升的过程，要用好辩证思维来处理推动高质量发展中遇到的各种矛盾关系。

第一，把握好整体推进和重点突破的关系。推动高质量发展是一项系统工程，必须坚持稳中求进的工作总基调。要运用系统论的方法，推动高质量发展举措相互促进、协同发力。做到全局和局部相配套、治本和治标相结合、渐进和突破相衔接，实现整体推进和重点突破相统一，不断增强我国经济创新力和核心竞争力。

第二，把握好总体谋划和久久为功的关系。当前既要打好防范化解重大风险、精准脱贫、污染防治三大攻坚战，又要大力转变经济发展方式、优化经济结构、转换增长动力，特别是要净化市场环境、提高人力资本素质、全面提高国家治理能力，正确把握实现长远目标和做好当前工作的关系。

第三，把握好破除旧动能和培育新动能的关系。发展动力决定发展速度、效能、可持续性。要积极稳妥腾退、化解旧动能，推动形成市场决定要素配置的机制，为新动能发展创造条件、留出空间。要积极推动经济发展质量变革、效率变革、动力变革，加快建设实体经济、科技创新、现代金融、人力资源协同发展的产业体系，加速推动中国制造向中国创造转变、中国速度向中国质量转变。

第四，把握好生态、气候和经济发展的关系。绿色发展是建设现代化经济体系的必然要求，要坚持在发展中保护、在保护中发展。碳达峰、碳中和是绿色发展必须考虑的重要因素，应在战略偏好上确立绿色低碳的战略和政策，将气候风险纳入全面风险管理体系，建立气候风险数据库，参考国际经验构建气候风险压力测试体系，将气候因素纳入内部评级体系，不断完善气候风险信息披露体系等。要加大力度推进生态文明建设，正确处理好绿水青山和金山银山的关系，构建绿色产业体系和空间格局，引导形成绿色生产方式和生活方式。

第五，要把握好维护公平与讲求效率的关系。实现高质量发展就是要把做大蛋糕和分好蛋糕有机统一，处理好公平和效率的关系。推动高质量发展必须着力解决收入分配差距较大的问题，调整国民收入分配格局，使发展成果更多更公平惠及全体人民。

五、高质量发展需要注意把握和处理的问题

打好防范化解重大风险、精准脱贫、污染防治三大攻坚战，是推动高质量发展的底线性、本质性要求。

第一，打好防范化解重大风险攻坚战。金融风险的根源是宏观杠杆率上升过快。要把控制企业杠杆率和地方政府隐性债务作为防范化解金融风险的重点，以市场化法治化方式推动国有企业去杠杆，依法依规对"僵尸企业"实施破产清算，切实有效降低企业债务水平。加强地方政府债务的法治化管

理，推进债务信息公开和债务风险的动态监管。加强对"影子银行"、互联网金融等薄弱环节的监管，坚决打击非法集资等违法违规金融活动。2021年"两会"上，中国银保监会主席郭树清对房地产等金融风险做了重要论述，2021年后期恒大暴雷、2022年奥密克戎病毒导致疫情防控形势更加严峻，防范系统性金融风险的问题更是必须给予高度关注。

第二，打好污染防治攻坚战。强化大气、水、土壤等污染防治，使主要污染物排放总量逐年减少，生态环境质量总体改善。重点打赢蓝天保卫战，明显改善大气环境质量。调整产业结构、能源结构和运输结构，从源头上解决问题。

第三，关注破解我国社会主要矛盾。进入新时代，我国社会主要矛盾已经转化为人民日益增长的美好生活需要和不平衡不充分的发展之间的矛盾。不平衡不充分的发展就是发展质量不高的表现，要破解社会主要矛盾，满足人民日益增长的美好生活需要，必须推动高质量发展。

第四，提升中国整体竞争力。目前中国经济总体规模位居世界第二，但突出特点是"大而不强"，在科技创新能力、产业和产品竞争力等方面仍有较大的差距。在步入工业化中后期、经济规模很大的基础上，进一步提升实力和竞争力，必须坚持质量第一、效益优先，由高速增长转向高质量发展。

第五，跨越中等收入陷阱。中等收入陷阱是指当一个国家的人均收入达到中等收入水平后，由于不能顺利实现经济发展方式的转变，导致经济增长动力不足，社会矛盾增多，最终出现经济停滞的一种状态。推动高质量发展，意味着要着力破解"有增长但无发展"的悖论，加快推动产业转型升级，转换增长动力，进而促进社会矛盾增多、收入差距拉大等问题的解决。

第二节　加强法制建设，促进中国海外投资项目可持续发展

依法治国是党领导人民治理国家的基本方式。依法治国在治国理论中居于基础性、战略性地位。促进特定领域的法治化运行是推动经济社会可持续发展的重要路径。

一、把推进海外投资项目高质量发展作为立法的重要价值取向

2018年，中国经济持续下滑压力较大，短期稳增长的政策作用有限。面对"三期叠加"时代背景以及当前国内外形势，高质量发展已经成为中国经济的发展方向。深入推进高质量发展是当前法制建设的基本出发点和根本价值取向，海外经济也不例外。

第一，要与中国经济状况有效衔接、共同发展。不能损害中国投放软实力和输出国内过剩产能及其标准的目标。要促进中国持有海外资产的多样化，拓展国外市场和贸易关系。要借助推进"一带一路"建设的机会，促进中国制造业实现由大到强的转变。

第二，要对基础设施项目进行专门立法。基础设施投资非常复杂，要注意到项目建成后的经营不善是基础设施项目经常达不到时间框架、预算和服务交付目标的主要原因。应当规定要求大型建设项目和其他监管信息的透明度；应当建立通知、咨询和协商当地的利益攸关方的相关制度，防止大型基础设施项目遭遇暂停、甚至取消，主要包括发电厂、化工厂、公路和垃圾处理设施。应当促进旨在协调国际、地区和具体国家标准和最佳做法的良好基础设施管理标准，帮助"一带一路"东道国建立发展和实施这些标准的本地能力。

第三，要促进当地发展，有效解决"债务陷阱"疑虑。应该适度收紧项目设计要求、资本控制以及对海外金融和投资的监管，促进中国海外贷款和投资的良性循环。大多数在中国境外投资的中国公司是中型或大型公司，许多是国有企业或附属于国有企业，容易得到中国政府支持。这些企业在境外重点关注采矿、制造、农业和服务业的重大投资，方便中国对外出口和各国对中国的出口。这有利于促进项目地实现跨越式发展，但也要注意到当地债务等方面的承受能力。

第四，要坚持绿色发展。中国承诺绿色和可持续发展，但却经常被指责为污染投资。中国于2017年5月公布了绿色"一带一路"政策和行动计划。如亚洲基础设施投资银行是一个"有效、清洁和绿色"的机构，并推出了《环境和社会保障框架》来帮助不同国家履行《巴黎气候协定》中规定的承诺，因此亚洲基础设施投资银行批准的项目中没有煤电厂的建设项目。不

能输出国内曾经存在过的"环境透支、劳动力透支、资源透支"等问题的项目。

第五，要造福当地民众。要求公众参与重大项目决策和环境事务。促进当地民众从中国项目运作过程中受益。

二、加强对主要国家的经济金融法律体制的研究

通过研究，既掌握主要对象国的海外利益保护机制，也要吸收借鉴相关经验。不少"一带一路"国家法制状况比较差，而美国等发达国家相关规定却非常完备。

美国通过国内立法和国际机制来影响世界。中美关系本质上是互利共赢的，但是美国却悍然发动贸易战。中国在经过一段时间、遭受一定损失之后，采用结算和核算分开的方法才算稳定下来，也通过首届进口博览会显示了中方增加进口、扩大开放的积极意愿。美国的两党体制、法治运行能减少决策犯错误的概率，但也能为中国提供一定的战略缓冲力度。美国两党相互制衡、相互掣肘，既能制约执政党又能让美国在内部平衡上消耗更大精力，从而减少对包括中国在内的外界的压力和冲击。因此，应该加大对美国等主要国家经济金融法律体制的研究，准确及时掌握美国重大涉华决策的内因，及时采取有针对性的措施来影响美国相关决策，而不是等问题来了只想着如何应对。

第一，要将对美国的研究努力做到极致。美国是中国经济发展的最大外部因素，必须密切关注美国动态。基于金融权力的不对称性，要着力加强对美国相关法律规则的研究。"实力和规则的不对等性，直接导致了中美两国金融权力的不对称性。美国的金融权力要远超中国，这也因此使得中美两国在金融外交中呈现出鲜明的强势与弱势的差异。总体而言，美国在绝大多数双边金融外交中具有攻击性，处于强势一方；而中国则处于以防守为主，是弱势一方。作为强势一方的美国，在多个金融议题上处于主动地位，能够对华提出利益诉求，并试图塑造中国的国际金融政策以及对美金融政策，以便实现金融外交的目标。"[①]

[①] 宋国有：《中美金融关系研究》，北京：时事出版社，2013年，第259页。

美国总统有审查和阻止可能威胁国家安全的交易案的能力。美国总统可以通过行政行为制定政策。

从机构的角度来说，需要重点关注美国外国投资委员会、美联储和财政部。美国外国投资委员会（CFIUS）在这个领域的作用非常突出，这个联邦跨部门委员会成立于20世纪70年代，目的是防止美国的对手获得敏感技术、关键基础设施或军事设施。2020年年初，CFIUS获权审查涉及关键技术和基础设施或敏感个人数据的投资案，即便这些投资案没有涉及出售目标公司的控股权。CFIUS对中国抖音视频平台展开国家安全调查，并要求北京昆仑万维科技出售"格林德"同性交友软件的股份。

美联储的功能主要包括：（1）制定货币政策；（2）保持金融市场的稳定性和流动性；（3）监督管理银行和其他金融机构；（4）保护消费者和团体利益；（5）财政部的银行；（6）向银行和存款机构提供服务的银行。[①] 美国财政部进行财政融资时，也成为金融市场的参与者，其参与金融市场的身份是金融产品的供应者，即发行国债。在美国国债市场上，作为金融市场的参与者，美国财政部是作为"供给方"的立场参与金融市场的。

美国财政部的作用以2019年8月6日将中国列为"汇率操纵国"为例。美国政府对汇率操纵国的认定依据是1988年的《综合贸易和竞争法案》（第3004条）、2015年的《贸易便利和贸易执行法案》。1988年的定义比较宽泛，只需对象国有较大的经常项目顺差、对美国存在显著的双边贸易顺差，即可酌情认定为汇率操纵国。2015年的定义包括3个量化标准：一是对象国对美国双边贸易顺差大于200亿美元；二是对象国的经常项目顺差占GDP的2%以上；三是对象国持续地、单边地干预汇率市场，持续时间为过去1年中的6个月，干预程度为购买外汇的额度占GDP的2%以上。对于第三个标准，美国政府认为不一定要严格满足，即便干预的时间短、程度轻，也可被视作操纵汇率。美国财政部承担着这项美国的长臂管辖职能。通过以上内容可以看出2019年8月美国财政部将中国列为"汇率操纵国"，这一标签不符合美国财政部自己制定的所谓"汇率操纵国"的量化标准，是任性的单边主义和保护主义行为。美国财政部在2019年4月公布的汇率评估报告中，对中国的

---

① 李早航、岳留昌：《解读美国经济指标》，北京：中国经济出版社，2003年，第218-219页。

评估使用的是1988年的宽泛标准，而非2015年制定的量化标准。这就意味着，美国对中国汇率操纵的判断基本上是主观判断，在技术上有较大争议，其解释也很难令人信服。因为根据美国法律，美国政府将中国列为"汇率操纵国"，整改期1年，如果仍不符合规定，美国总统可以采取以下单项或多项行动：一是禁止中国任何项目获取美国海外私人投资公司融资；二是将中国排除在美国政府采购供应地之外；三是要求IMF加强对中方的监督；四是指示美国贸易代表评估是否与中方签订贸易协定。这些措施可以引发中国在全球的商业遭到阻击，资产可能被冻结。但是在中美第一阶段经贸协议中美国又将中国"汇率操纵国"的帽子摘掉了。这一扣一摘对中国的影响很大。

美国的政体有很大的特殊性。在政府部门之外，美国国会在中美金融关系中的角色也要充分重视。美国国会有着自己的价值选择和行为模式，拥有法律权力来实质性影响对话金融政策，在中国对美国主权财富基金投资、人民币汇率等问题上，美国国会都有着很大的发言权。如美国众议院外交政策委员会在外交问题上作用非常大。表面上总统是该国外交领域的主导者，但实际上国会议员却经常阻挠总统关键的外交决定。国会议员支配着国家预算资金，如果国会议员不同意相应经费支出，美国总统基本上不能有大的作为。在这个意义上，美国众议院外交委员会主席埃奥特·恩格尔和参议员詹姆斯·里氏才是美国外交政策事实上的设计师。

在当前全球经济增长放缓和美国经济明显降温的情况下，虽然美国总统选举成为2020年美国政界的主要大事，但必须要高度关注和客观评估经贸摩擦给中美两国造成的损害，以及制造业和贸易受到冲击的实际情况，并抓紧机会调整稳定巩固提升，为下一步的斗争做好准备。

美国虽然与中国签署了第一阶段经贸协议，但是美国对中国商品征收大部分关税以及限制中国获得美国技术的决心是不会动摇的，美国已经形成民主、共和两党政策趋同，一致对中国强硬，只是方式方法上不同的局面。要尽量防止中美"脱钩"。美国的所谓"脱钩"是美国为了阻止中国在高科技领域占据优势，谋求主动降低美国经济的对华依存程度。这一行动不仅局限于以5G和人工智能为代表的高科技领域，可能将是苏联解体以来影响最大的地缘政治变化。在东南亚、非洲、东欧、拉美，各国可能都面临选边站队的问题，美国也将会在香港、南海、台湾等涉及中国核心利益的问题上对中国出手。2019年11月27日，特朗普签署了《香港人权与民主法案》，致使该法案正式成为美国的国内法。2019年12月20日，特朗普签署了《2020财年国防授权法案》，该法案包括涉台、涉港、抹黑中国军力发展、打压中国企业等涉华消极条款。

要明确美国长臂管辖对我国海外利益构成的主要挑战。在海外利益保护格局中，美国既是运动员，又是规则制定者，还是裁判者。特别是2018年4月中美贸易摩擦发生以来，美国先后对中兴、晋华和华为公司出手，给我国海外利益带来巨大挑战。具体表现在：

（1）我国海外经济利益遭受巨大损失。2016年春节后，世界第四大通信设备制造商中兴通讯收到来自美国的通知，因涉嫌违反美国对伊朗的所谓"出口管制"政策，遭到美国商务部处罚，美国商务部下令限制中兴通讯在美国的供应商向中兴（中国）提供出口产品。2012年美国商务部就认为，中兴公司与伊朗最大的电信运营商签署了总价值数百万美元的电脑软件和硬件产品合同，这些产品来自一些美国知名科技公司，而中兴这一举措违反了美国对伊朗的高科技产品出口禁令。最终中兴遭到了巨额经济处罚，还接受了美国派遣监督人员的苛刻条件。目前，晋华和华为的事件也都在处理过程中。这使我国海外经济利益遭到巨大损失，对我国境外企业的经营安全构成严重威胁。

（2）高端企业人员安全面临巨大挑战。2008年12月5日，深圳驰创公司董事长吴振洲应邀出席美国耶鲁CEO峰会，在芝加哥被美国联邦调查局（FBI）以"违反出口管制"等罪名拘捕。2011年1月26日，吴振洲在美国被美国法院以非法对华出口美国国防物资的罪名，判处8年监禁，同时驰创被禁止从事出口交易。2018年12月5日，香港前民政局局长何志平被纽约法院裁定7项罪名成立，最高可能面临65年监禁和165万美元罚款。纽约南部地区法官于2019年3月14日宣判，何志平被指控违反美国的《海外反腐败法》。美国法院进行管辖的依据是何志平的行为发生在纽约联合国开会期间。2018年12月1日，华为公司财务总监孟晚舟在加拿大转机时被捕。美国对孟晚舟管辖的所谓依据是华为公司涉嫌将包含有美国公司部件（如芯片）的产品卖给了伊朗。这些事件先后发生，使我国境外企业的经营安全和人员安全受到极大威胁，对我国海外利益保护产生了严重不利影响。

（3）对我国"走出去"战略和"一带一路"倡议构成严重挑战。美国除了不断行使长臂管辖权，还对我国在美投资进行苛刻限制，不仅自己采取针对我国的措施，还强迫其盟国和相关国家为其助阵。英国、加拿大、澳大利亚、新西兰、韩国和日本就在其要挟下，先后表态不采购中国华为电信产品。美国的这些举措给我国"走出去"和"一带一路"建设带来巨大挑战。

当前阶段，要特别加强对于美国长臂管辖相关法律制度的研究。美国法院的长臂管辖权，是指不管是谁、不管在哪里、不管该行为主体属于哪个国家、行为是否符合当地或本国法律，只要美国法院认为当事人行为对美国产生了影响，美国法院都可以对其进行管辖。美国法院开展长臂管辖的条件包括：企业在美国有市场或有分支机构；或者即便当事人仍在本国境内，但使用了美国的一些高科技产品，如芯片、银行支付系统和通信设备等；或者都没有，但是美国法院认为当事人侵犯了人权或者进行贿赂，美国法院都可以将手臂伸过来管辖。美国使用长臂管辖手段，先后对我国中兴、晋华、华为公司或这些公司的重要员工动手，对我国海外利益构成巨大威胁，我国应该采取有效措施予以应对。

对于日本、欧洲等发达国家和地区要给予足够的重视。应该积极深化与欧洲、日本、印度等主要非美经济体的双边合作，加速区域一体化进程，使中国经济更加全面深入地融入全球产业链条。

2020年1月31日，英国最终成功脱欧，将致力于与欧盟建立起新的贸易关系。中国也应该抓住机会，深化与英国的经济合作。

2019年12月15日，中美签署第一阶段经贸协议前后，美国贸易代表莱特希泽13日会见了日本经济产业大臣尾山弘志、16日与负责贸易的欧盟委员菲尔·霍根举行双边会谈。因此，加强中欧、中日合作的意义非常重大。区域全面经济伙伴关系协定和中欧投资协定的达成意义非常重大。

第二，要高度重视俄罗斯。与西方的相互制裁使得俄罗斯扩大和深化对华经济合作的兴趣变得更加浓厚。中俄关系不仅被视为"向东转"的重要方向，也是俄罗斯与西方国家经济关系的代替选择。中俄在政治上的亲近必然带来经济更多更好的合作。俄罗斯对华经济合作取得较大进展。2018年中俄双边贸易额达到1070亿美元。俄罗斯丰富的自然资源和中国的强大工业实现了良好的互补和结合。俄罗斯连续3年成为对中国输出石油最多的国家，2018年出口7150万吨，覆盖了中国15.5%的进口需求。机电产品是中国主要的出口项目。在双边贸易额按计划增长的背景下，2018年俄中积极筹备向双边本币结算转变。在过去20年的俄中贸易结构中，俄罗斯向中国供应的机械设备数量持续减少，取而代之的是最原始的原料商品，而中国变成了高附加值复杂产品的供应商。但是，一定要注意到，加强与俄罗斯的合作不是结盟，不能因为加强和俄罗斯的合作而失去与世界上大多数国家的合作。

第三，对印度也要给予必要重视。中国是印度最大的贸易伙伴。2018年中国对印度初创企业的投资超过了对美国和日本初创企业的投资，由2017年的30亿美元增加到56亿美元。印度4/5的顶级智能手机一度由中国公司制造，每年从中国进口价值超过100亿美元的电信设备。2018年印度从中国进口了约760亿美元的商品——主要用于电子产品和服装行业，同时出口了188亿美元的商品，主要是原材料。印度比较关注对华贸易逆差。

三、加强海外利益保护立法

第一，要促进制定海外利益保护的专门法规。制定并不断完善国家经济安全法和海外利益保护法已经刻不容缓，关系着国家主权、前途和安危。要通过制定国家经济安全法和海外利益保护法，对维护国家经济安全包括安全运行的标准，政府对国家经济风险的控制和手段，国内经济和国际经济的互利、互惠、互补的范围和标准等作出规范；对制止恶意并购作出严格的法律规定；建立国家经济安全预警机制等，使外资在我国的经济活动有法可依，并严格在法律规定的范围内活动。既保障国家的经济安全，又有利于各种外来经贸活动和"走出去"。

第二，要加强投资保护措施建设。一国政府通常使用的基本工具是通过投资条约和法律规定来为投资提供明确的保护。因此保障投资安全，研究对象国的法律制度和法治水平非常重要。法律保护的质量取决于该国的执行机制。"一带一路"国家很多都缺少有效的制度和法院系统，所以执法方面的挑战给投资者带来额外的风险。应该立足于对象国的投资法和国际投资协定，分析目标通过这些法律工具提供投资保护的现状。

第三，要突出大型项目。要努力将较大项目的投资纳入投资保护协定的范围。要在法律和协定中全面加强有关透明度的条款。对于法治状况不足的国家，要努力促使其投资保护框架进行升级、完善；加强相关执法机构能力，促进较好地实际运行；切实采取措施解决执法不力问题，促进使用有效的争议解决机制和加入相关的国际条约。建立信息共享平台，缩小信息不对称，给予投资者更大的清晰度和可预测性。

第四，要充分考虑项目地实际情况。我国的中央政府机构一直在发布一系列规定和政策，旨在更好地管理国有企业和民营企业在海外工程承包和投资活动中的行为，包括"一带一路"倡议下的系列行为。根据这些新的指令，海外行为者应当关注金融、环境、社会、诚信和其他风险因素；使用中国和东道国的专业顾问；不仅遵守东道国的法律规定，而且遵守中国的法律、国际条约和管理以及行业最佳做法。

四、加强相关清单建设

第一，对外投资合作重点行业清单，解决重点项目是什么的问题。

第二，对外投资合作禁止行业清单，解决禁止行业的问题。

第三，对外投资合作禁止机构和人员清单，解决禁止合作机构和人员的问题。

第四，对外投资合作重点国家和地区清单，解决重点国家和地区的问题。

五、建立和加强海外投资环保和劳工法律体系

尝试建立一个统一的海外投资的环保和劳工法律体系，不仅可以树立中国绿色投资的形象，也有利于海外企业社会责任的履行。特别是对于环保标准比较严格的国家（如巴西），公民的参与度很高，完善相关法律的意义十分重大。

第三节　加强情报信息搜集，促进海外投资事项形成正确判断和采取得力措施

海外利益保护工作中最珍贵、最稀缺的资源就是相关的情报信息。信息搜集和传递得是否足够及时、准确和全面往往决定着保护工作的成败。在占据充分信息的基础上，决策者才能较大概率作出正确决策。很多危机本身以及不成功的救助工作，都是因为决策者掌握的信息不够全面造成的。

各相关单位一定要努力及时掌握中国重要海外利益所面临的各种风险的情报，并及时开展风险评估，为驻地企业、经济商务部门、外交机构和安保机构及时采取有效措施做好准备。要围绕重点国家和地区，构建多层次、多功能的情报来源渠道，逐步消灭空白点，最终实现有效覆盖。不断完善安全信息搜集和报送制度，并努力基于及时准确的情报信息来确保中国海外利益的风险研判和危机预警。

一、研究和借鉴其他国家的海外利益情报搜集经验

中国海外利益保护体量巨大，且非常迫切。作为后发国家，迫切需要研究和借鉴其他国家的海外利益方面进行情报搜集的经验。这些经验中比较有代表性的是美国、日本、西欧的发达国家等，它们的海外利益保护工作开展得比较早，值得借鉴。

美国十分重视情报支撑，谋划实现全球布局。美国高度重视情报先行，全面、系统、及时地掌握海外风险，实时反应，及时决策。依托使领馆完善当地情报网络。美国中央情报局在驻外使领馆普遍设立情报站。美国国家安全局在驻外使领馆架设技术设备，强化网络情报搜集。

美国重视情报能力整合。美国情报触角遍及全球、互联网监听全球覆盖，情报分析和预测能力都比较强，因此对海外利益保护有特别突出的优势。美国还针对各类海外利益保护任务，设置跨部门整合平台，明确主责部门，提高情报利用效率。

此外，苏联及现在的俄罗斯、印度等国家进行情报搜集的经验也应该是重点研究的内容。这当中专业情报搜集部门搜集的情报信息对危机管理有着

至关重要的作用。

二、建立和完善海外利益情报搜集网络

应该努力建立海外利益保护的情报搜集网络。要努力实现海外利益拓展到哪里，情报搜集网络就预设或者跟进到哪里。这个网络不针对任何外国和国际组织等国际机构，应该包括人力和技术等手段。这张网络既要覆盖中国海外利益主要存在的地区和领域，也要覆盖中国海外利益面临的主要风险源头，这样才能确保中国海外利益保护的有效、完整、及时。

应逐步构建"政府主导、社会参与、专群结合"的海外安全情报信息搜集网络。建立海外利益情报搜集据点。努力建立海外利益情报搜集的平台、据点和根据地。这是在境外开展海外利益保护情报搜集工作的重要平台和依托。要求专业情报部门加大秘密渠道情报信息搜集力度，特别要加强对重点国家和地区全局性、战略性、内幕性、预警性、行动性的情报信息搜集，为中央运筹决策以及安全风险评估、监测预警、应急处置等有关工作提供及时有效的情报支持。切实发挥境外机构和人员的情报信息基础作用。加强驻外使领馆、中资机构、非政府组织、海外中国公民等公开渠道的情报信息获取。

三、构建情报信息判研机制

构建中央层面情报信息定期研判和紧急会商制度。定期通报情报需求，整合不同渠道情报信息，及时就重大情报线索进行综合分析研判，增强情报信息搜集工作指向性和准确性。

构建重要涉密情报信息"点对点"实时通报渠道。近期重点推进中央和国家各相关单位、各省（区、市）、驻外使领馆、主要国有企业之间的涉密信息联通建设，提高情报信息传递时效性。

决策者必须擅长利用专家队伍来作为"外脑"，吸收相关行业专家学者的意见。这些专家包括具有专门知识的专家学者，特别是在海外经济利益的保护工作过程中，要特别注意听取国际问题专家、经济金融专家、地理气象专家和危机管理专家等人员群体的意见。向危机管理专家学习规范化的危机

管理知识；向国别专家学习对象国的基本特点、基本规律；向领域专家学习与危机有关的专业知识，如金融危机相关的经济金融商务专家和生态危机相关的环境学家等。

四、建立稳定可靠的海外利益信息源

加强预警性情报信息搜集，突出预警、预判、预报的时效性和精准性。一定要努力建立稳定可靠的海外利益情报信息源头，这是获取情报信息、开展风险评估和有效保护行动的起点和源头，是一切海外利益保护工作的出发点。只要能够占据充分有效的情报信息，海外利益保护中的管理者和参与者通常就能够作出正确的决定，从而把整个危机管理的过程推向最佳效果。

加强涉及海外利益保护的情报信息交流合作。与海外利益相对集中的国家情报单位应加强常态化情报交流，为风险评估、危机预警等工作提供及时高效的情报配合。推动与有关国家情报安全部门建立健全突发事件应急处置合作机制。深化相关专用技术合作，强化海外利益安全保障工作情报技术支撑。

积极参与反恐等非传统安全领域国际合作。加强双边、多边反恐交流磋商和务实合作，最大限度地防范、化解我国海外利益涉及的恐怖主义风险。推动亚丁湾、几内亚湾等海域反海盗联合演练和行动机制化、常态化，通过国际合作更好地保障中国海上通道安全。开展国际灾难救援和突发传染性疾病防治合作，加强与外方对我国海外灾区、疫区人员应急实施救援的协同能力。

五、建立海外利益情报搜集专门人才队伍

人才是第一生产力，建立海外利益保护情报搜集专门人才队伍建设十分重要。专业的情报搜集、风险评估人员，相关技术人员，相关行动人员，既要有宏观的世界格局，能够正确了解和认识中国海外利益所面临的客观情况，又要有深入的风险意识，能够做到时时刻刻关注中国海外利益所面临风险的能力。

要努力立足上述举措，逐步建立起海外利益特别是经济利益的危机预测

信息管理制度，形成信息搜集、报告、研判、通报、发布、反馈等制度。

第四节　加强共同利益和机制构建，促进人类命运共同体建设

理论创新和实践工作都十分重要。2016年，习近平主席在推进"一带一路"建设工作座谈会上发表了重要讲话，就"一带一路"建设提出了八项要求，其中第六项要求就是切实推进文明交流互鉴，民心相通；第七项要求是加强"一带一路"建设学术研究、理论支撑和话语体系建设。如何建设"一带一路"的理论和话语支撑体系成为重要的时代命题。

世界上有200多个国家和地区，众多民族和宗教。但"二战"以后，西方国家一直主导着国际社会，控制着联合国、北大西洋公约组织、世界银行等机构。虽然中国走和平发展的道路，不对别国的发展构成威胁，但是各种言论仍然甚嚣尘上、层出不穷。解决完"挨打"的问题，又面临"挨骂"的问题。当然也"难以回避新兴经济体与守成经济体之间的博弈"。"二战"后形成的全球治理体系，包括联合国和布雷顿森林体系（如世界银行、国际货币基金组织和世界贸易组织），是由美国等西方发达国家为主导构建的国际秩序、国际制度、国际规则和国际规范，存在许多不平等、不公正和不合理的成分，已不能反映多极化、全球化快速发展的现实。从这种意义上说，'一带一路'的出现，是对美国和西方发达国家主导的现有国际经济秩序的冲击。以中国为代表的新兴经济体与以美国为代表的守成经济体之间的博弈不可回避"。[①] 全球治理体制变革正处在历史转折点上，很多问题不再局限于一国内部，很多挑战也不再是一国之力所能应对的。传统零和博弈的模式已经在很多情况下丧失存在的具体条件，世界已经进入合作共赢的新时代。在坚持以新开放应对新挑战的同时，必须认识到裂变期世界经济的各种重要内容发生了根本性变化，这决定了以前的战略路径走不通了，必须重构新开放发

---

① "一带一路"课题组编著：《建设"一带一路"的战略机遇与安全环境评估》，北京：中央文献出版社，2016年，第166页。

展的实施路径。

当前国际形势继续发生深刻复杂变化,经济全球化、世界多极化深入发展,文化多样化、社会信息化不断推进,国际格局和国际秩序加速调整演变。只有把握世界大势,跟上时代潮流,共同营造对亚洲、对世界都更为有利的地区秩序,通过搭建利益共同体,才能迈向亚洲命运共同体,推动建设人类命运共同体,不断拓展中国海外利益。2013年,习近平主席总揽世界大势,着眼构建中国全方位对外开放新格局,推动构建人类命运共同体,提出了共建"一带一路"这一重大国际合作倡议。"共赢"是"一带一路"追求的最终目标,习近平总书记在2014年的中央外事工作会议上指出:"我国要坚持合作共赢,推动建立以合作共赢为核心的新型国际关系。坚持互利共赢的开放战略,把合作共赢理念体现到政治、经济、安全、文化等对外合作的方方面面。"①

"一带一路"的最高目标是建设人类命运共同体,而历史上由美国主导的"马歇尔计划"和印太联盟等则是从现实主义出发的零和游戏。"一带一路"倡议与互联互通紧密相关,与中国海外利益拓展相互促进。"一带一路"是中国和亚洲腾飞的翅膀,互联互通就是翅膀的血脉和经络,中国海外利益就是雄鹰的身躯。"一带一路"致力于亚欧非大陆及附近海洋的互联互通,建立和加强沿线各国互联互通伙伴关系,构建全方位、多层次、复合型的互联互通网络,实现沿线各国多元、自主、平衡、可持续地发展。"互联互通"的方法论寻求在不同国家、不同文化、不同制度之间建立一种联通关系,"在方形水管与圆形水管之间安上转换装置",而不是要求一方完全变为另外一方。换言之,它强调各方寻求发展战略的契合点,将各国发展思路和发展需求"对接"起来,而不是用一种强制性的、硬约束的统一安排去要求其他参与方。②

"一带一路"的本质就是互联互通,人类命运共同体的重要特征是"五通",即政策沟通、设施联通、贸易畅通、资金融通和民心相通。"一带一路"

---

① 《习近平出席中央外事工作会议并发表重要讲话》,http://news.xinhuanet.com/politics/2014-11/29/c_1113457723.htm。

② 苏长和:《关系理论的学术议程》,《世界经济与政治》2016年第10期,第29-38页。

的互联互通既是基础设施上的互联互通，更是体制机制上的互联互通。"一带一路"在内部互联互通的同时，也要全力推进对外的互联互通。在"一带一路"倡议框架下，也是资金流、技术流、人才流、信息流的互联互通。"我们要坚定不移发展开放型世界经济，在开放中分享机会和利益、实现互利共赢。不能一遇到风浪就退回到港湾中去，那是永远不能到达彼岸的。我们要下大力气发展全球互联互通，让世界各国实现联动增长，走向共同繁荣。"①互联互通是双赢多赢，也是中国海外利益拓展的根本路径。

秉持合作开放的理念，实事求是地阐述共同开发、共担风险的市场化行为，强调合作的可能，也提出共担风险的要求，让市场说话，充分发挥各种民间组织的作用，共同利益会驱动各国越来越重视与中方的配合与合作。"产能合作要注重把握节奏、以我为主，注重规避贸易壁垒，把我国企业的技术、资金、管理和所在国或者整个区域的市场需求、劳动力、资源等要素结合起来。我们不仅要着眼于项目，更要依托成体系的项目群、产业链、经济区，在贸易、投资、技术、标准等制度建设上推进我国同沿线各国形成利益共享、风险共担、理念相通的共同体。"②

一、明确维护国际公平正义的战略目标

第一，要认识到当前阶段处于百年未有之大变局，世界正发生深刻复杂变化。一大批新兴市场国家和发展中国家走上发展的快车道，十几亿、几十亿人口正在加速走向现代化，多个发展中心在世界各地区逐渐形成，国际力量对比继续朝着有利于世界和平与发展的方向发展。各国相互联系、相互依存的程度空前加深，这已经成为当今世界的一个重要特征。甚至威斯特伐利亚条约所确定的主权国家体系因为这个"你中有我，我中有你"的全球体系而发生了实质性的变化。在特定地区，国家界限已经不是特别清晰，甚至出现了共享边界的地区共同体。人类生活在同一个地球村里，生活在历史和现实交汇的同一个时空里，越来越成为你中有我、我中有你的命运共同体。这是中国海外利益保护面临的全新时代环境。其中，中国崛起、东升西降成为

---

① 习近平：《共担时代责任，共促全球发展》(2017年1月17日)，《人民日报》，2017年1月18日。
② 习近平：《在推进"一带一路"建设工作座谈会上的讲话》(2016年8月17日)。

世界发生深刻复杂变化的关键变量。中国在一段时间之内将长期处于美国想象和谋划的"竞争"之中，美国会调集各种资源来防止中国超越美国。

第二，要瞄准战略目标，努力搭建中国走向世界的平台。面对世界多极化、经济全球化深入发展和文化多样化、社会信息化持续推进，今天的人类虽然面临很多新问题，但比以往任何时候都更有条件朝着和平与发展的目标迈进，为了人类更好地发展更应努力构建合作共赢的新型国际关系。这个世界的游戏规则变了，迎着这种大趋势，中国在努力搭建一个走向世界的平台，上演一台经济全球化或者国际化的大戏——以人民币国际化为一条主线，以"一带一路"倡议实施为重要内容，以自贸区建设为制度安排；以亚洲基础设施投资银行、私募基金等投融资平台为支撑的这样一个走向世界的平台。这个平台立足当今世界的深刻变化，是推动建立合作共赢新秩序的重要抓手，是中国海外利益成长的国内战略支撑，也是中国海外利益保护的国内基础所在。

第三，要着力推进"一带一路"高质量发展。"一带一路"倡议是中国维护国际公平正义的重大举措，是习近平主席提出的国际经济合作倡议，核心是以基础设施建设为主线，加强全方位互联互通，为世界经济增长挖掘新动力，为国际经济合作打造新平台。"一带一路"并非另起炉灶、挑战现行国际秩序，而是在补现行国际秩序的短板：一是补殖民主义、帝国主义、霸权主义遗留的短板，这在非洲地区比较明显。中国提出"三网一化"（在非洲建设高速铁路、高速公路和区域航空"三大网络"及基础设施工业化），为此在非洲受到广泛欢迎。二是补世界经济短板。全球金融危机爆发后，世界经济低迷状态持续至今，尤其是贸易增长率一直低于世界经济增长率，"一带一路"补了消费不足、实体经济与虚拟经济差距的短板。三是补全球化短板。联而不通，通而不畅，是传统全球化遗留难题。"一带一路"以"五通"将欧亚非互联互通起来，形成规模、系统效应，并且倡导开发第三方市场，努力实现双赢和多赢。

二、明确建立合作共赢新秩序的战略方向，不是搞"新殖民主义"

当今世界霸权主义和强权政治依然存在，但推动国际秩序朝着更加公正合理方向发展已经成为大势所趋，中国应该努力推动建立合作共赢新秩序。围绕建立国际经济新秩序的两种理念将继续存在甚至对抗。建立国际经济新秩序过程中，中国的理念与以美国为代表的西方发达国家的理念有明显不同。中国的"一带一路"倡议进一步明确了中国作为负责任的大国，在推动建立公正、合理的国际经济新秩序过程中，准备承担的责任和担当。当今世界，国际关系民主化已经成为不可阻挡的时代潮流，安全稳定是人心所向，合作共赢是大势所趋，不同文明交流互鉴是各国人民的共同愿望。2015年4月亚非峰会期间，习近平总书记强调，中国在援助发展中国家时，不会向对方国家提出附加的政治条件，这是与大多附加"改善民主和人权"等条件的欧美国家援助的不同之处。中国愿同有关各国一道推进"一带一路"建设，中国将继续推动亚非合作、南南合作及南北合作，共同维护地区和世界和平稳定，促进共同发展繁荣。[①]

中国推进"一带一路"倡议，是要将自身的发展融入世界发展命运共同体中。截至2022年1月，已经有147个国家和32个国际组织同中方签署了200多份"一带一路"合作文件。中国始终坚持正确义利观，秉承义利兼顾，倡导包容、合作、共赢、可持续和平安全发展观。实施"一带一路"建设，既要为中国的经济社会平衡发展打开新的突破口，又要给沿线国家和地区带来实实在在的利益。

第一，共同推动国际关系民主化。世界的命运必须应该由各国人民共同掌握，世界上的事情应该由各国政府和人民共同商量来办，而不是任由个别大国为所欲为。垄断国际事务的想法是落后于时代的，垄断国际事务的行动也肯定是不能成功的。"今天的人类比以往任何时候都更有条件朝和平与发展目标迈进，更应该努力构建以合作共赢为核心的新型国际关系。'合则强，孤则弱。'合作共赢应该成为各国处理国际事务的基本政策取向。我们应该把本国利益同各国共同利益结合起来，努力扩大各方共同利益汇合点，树立双赢、多赢、共赢新理念，坚持同舟共济、权责共担，携手应对气候变化、能源资源安全、网络安全、重大自然灾害等日益增多的全球性问题，共同呵

---

① "一带一路"课题组编著：《建设"一带一路"的战略机遇与安全环境评估》，北京：中央文献出版社，2016年，第167-168页。

护人类赖以生存的地球家园。"①中国以《上海合作组织宪章》《上海合作组织成员国长期睦邻友好合作条约》为基本遵循，构建起不结盟、不对抗、不针对第三方的建设性伙伴关系。这是国际关系理论和实践的重大创新，开创了区域合作新模式，为地区和平与发展作出了新贡献。

第二，共同推动国际关系和平化。中国走和平发展的道路，中国的发展不以损害外国的发展为代价。习近平总书记在2013年9月和10月分别提出了"丝绸之路经济带"和"21世纪海上丝绸之路"。中国的倡议，是建立在开放、包容、平等、互相尊重、互惠互利、合作共赢基础上的，是能给相关国家带来足够利益的一个大国战略。"中国道路是中国发展崛起的道路和模式，国际秩序是各国在发展过程中战略互动而形成的秩序。习近平主席在峰会演讲中称：'我们欢迎各国结合自身国情，积极发展开放型经济，参与全球治理和公共产品供给，携手构建广泛的利益共同体。''一带一路'建设联动中国道路与国际秩序良性发展。党的十八大以来，中国统筹内外两个大局有新的进展：既全面深化改革，提高国内治理能力；又积极实施中国特色大国外交，引领全球治理改革。'一带一路'倡议所涉领域广、时间跨度大、问题复杂、复合型风险高，需要综合应对国内外经济、安全、社会、人口、宗教、文化、生态、地理等诸多因素，直接或间接影响国际秩序塑造，这是'一带一路'建设更深刻的时代本质。"②

第三，共同推动国际关系法治化。"推动各方在国际关系中遵守国际法和公认的国际关系基本原则，用统一适用的规则来明是非、促和平、谋发展。'法者天下之准绳也。'在国际社会中，法律应该是共同的准绳，没有只适用他人、不适用自己的法律，也没有只适用自己、不适用他人的法律。适用法律不能有双重标准。我们应该共同维护国际法和国际秩序的权威性和严肃性，各国都应该依法行使权力，反对歪曲国际法，反对以'法治'之名行

---

① 习近平：《铭记历史，开创未来》(2015年5月7日)，《人民日报》，2015年5月8日。
② 翟崑、王继民主编：《"一带一路"沿线国家五通指数报告》，北京：商务印书馆，2018年，第9页。

侵害他国正当权益、破坏和平稳定之实。"①

第四，推动全球化向更加包容性方向发展。传统全球化从沿海地区开始，海洋国家先发展起来，陆上国家、内地则较落后，形成巨大的贫富差距。传统全球化由欧洲率先开辟，由美国发扬光大，形成西方主导的国际秩序，导致东方从属于西方、农村从属于城市、陆地从属于海洋等一系列负面效应。而"一带一路"正在推动全球再平衡。"一带一路"鼓励向西开放，带动西部开发以及中亚、蒙古等内陆国家的开发，在国际社会推行全球化的包容性发展理念；同时，"一带一路"是中国主动向西推广中国优质产能和比较优势产业，将使沿线国家首先获益，也改变了历史上中亚等丝绸之路沿途地带只是作为东西方贸易、文化交流的过道而成为发展"洼地"的面貌。推动建立持久和平、普遍安全、共同繁荣的和谐世界超越了欧洲人所开创的全球化造成的贫富差距、地区发展不平衡。中国应该与世界各个国家建立新型大国关系，加强双边以及多边的贸易往来和区域经济合作，共同抵制贸易保护主义和投资保护主义，与多国建立稳定的贸易伙伴关系，努力构建一个平等、互利、和谐、稳定的对外贸易环境。

第五，与美国等国家对中国的"污名化"做坚决斗争。比如美国在推进印太战略过程中，不断说明其开放性、透明性、可持续性，突出美国投资的私人性质与商业属性，强调尊重地区内国家主权与法制等原则立场。与此相对应，美国不遗余力地将中国的经济"走出去"政策与行为视为对发展中国家的不利行为。面对这些抹黑中国"一带一路"形象、降低中国地区影响力的负面言论和行为必须进行坚决、精准的防范。

总之，中国应该坚持奉行创新、协调、绿色、开放、共享的发展观，践行共同、综合、合作、可持续的安全观，秉持开放、融通、互利、共赢的合作观，树立平等、互鉴、对话、包容的文明观，坚持共商、共建、共享的全球治理观，破解时代难题，化解风险挑战，构建双赢、多赢的国际关系，努力推动建立合作共赢的新秩序。

---

① 习近平：《弘扬和平共处五项原则，建设合作共赢美好世界》（2014年6月28日），人民出版社单行本，第11页。

三、采取推动建立新秩序的有效措施

习近平总书记在2015年中央政治局第二十七次集体学习时指出,分析全球治理体制变革大趋势,明确"公正""合理"大方向。世界主要大国必然会提出自己治理全球的战略并加以推进,这种推进就形成了当今世界发展模式的竞争,也是世界政治、经济秩序重组的过程。传统的、旧式的全球化,其实是海洋型全球化,是部分全球化,地球71%的表面积被海洋覆盖,90%的对外贸易通过海洋进行。根据世界银行统计,全球产出的80%来自沿海100千米地带。这种由欧美主导的全球化,造成了强者更强、弱者更弱的结果,是一种非常不均衡的全球化,对亚非拉国家是不公平的。在这种背景下,中国因应世界发展需要,提出"一带一路"倡议,并提出建设人类命运共同体。努力实现中国从"融入全球化"(globalization in China)到"塑造全球化"(China in globalization)的转变。时间上,超越先发优势导致的国际政治不合理。空间上,超越半全球化导致的国际秩序不公平。国家属性上,超越近代以大欺小逻辑所导致的国际体系不公正。①

"国际社会普遍认为,全球治理体制变革正处在历史转折点上。国际力量对比发生深刻变化,新兴市场国家和一大批发展中国家快速发展,国际影响力不断增强,是近代以来国际力量对比中最具革命性的变化。数百年来列强通过战争、殖民、划分势力范围等方式争夺利益和霸权逐步向各国以制度规则协调关系和利益的方式演进。现在,世界上的事情越来越需要各国共同商量着办,建立国际机制、遵守国际规则、追求国际正义成为多数国家的共识。经济全球化深入发展,把世界各国利益和命运更加紧密地联系在一起,形成了你中有我、我中有你的利益共同体。很多问题不再局限于一国内部,很多挑战也不再是一国之力所能应对,全球性挑战需要各国通力合作来应对。"②

要实现真正的合作共赢,第一,要遵守联合国宪章和规则。解决当今世界存在的突出问题,各国首先都应该遵守联合国宪章宗旨和规则,应该维护

---

① 王义桅:《"一带一路":中国崛起的天下担当》,北京:人民出版社,2017年,第127页。
② 习近平:《在十八届中央政治局第二十七次集体学习时的讲话》(2015年10月12日),《人民日报》,2013年10月14日。

联合国的权威和发挥联合国更大的作用。中国既坚持不干涉内政，同时也为相关国家提供力所能及的帮助。2015年9月28日，习近平主席在纽约联合国总部出席第70届联合国大会一般性辩论并发表重要讲话，提出训练8000人的联合国维和部队，就是要提升联合国维护世界秩序的能力。改革开放以来，中国走上独立自主的和平发展道路，积极融入国际社会，坚持和平与发展的世界主题，坚持"睦邻、安邻、富邻"的周边外交方针，贯彻"亲、诚、惠、容"的外交理念，以"和平共处五项原则"作为外交原则，通过自己的发展来促进世界的发展，通过自己的发展对世界作出了重大贡献。中国认为，世界各国和各国人民应该共同享受尊严、共同享受发展成果、共同享受安全保障。要坚持国家不分大小、强弱、贫富，一律平等，尊重各国人民自主选择发展道路的权利，反对干涉别国内政，维护国际公平正义。每个国家在谋求自身发展的同时，要积极促进其他各国共同发展，不能把世界长期发展建立在一些国家越来越富裕而另一些国家却长期贫穷落后的基础之上。各国应该同心协力，妥善应对各种问题和挑战，共同变压力为动力、化危机为生机，谋求合作安全、集体安全、共同安全。这是中国海外利益拓展和维护的外交遵循。

　　第二，要努力使全球治理体制更加平衡地反映大多数国家意愿和利益。任何国家都不应该绕过联合国，践踏他国主权甚至侵略他国，干涉他国内政；不应该依据本国的好恶定义所谓"邪恶轴心"国家；不应该将自己国家凌驾于其他国家之上，协助其他国家孤立、围堵甚至制裁群殴不合己意的国家等。美国在TPP中排除中国，换了领导人后竟然自己退出，后又传出弱化WTO争端解决机制，甚至可能退出WTO，谋求实现G7国家自由贸易，公开不承认中国市场经济国家地位，肆意妄为。作为发展中国家代表的中国，应该更多地反映大多数国家的意愿和利益，使得全球治理体制更加公平合理。面对世界发生的深刻复杂变化，中国努力搭建走向世界的平台，努力维护国际公平正义，推动全球治理变革全球治理体制中的不公正不合理安排。

　　第三，要推动变革全球治理体制中不公正不合理的安排。在世界银行和国际货币基金组织享有唯一否决权，就是具体的不公平、不合理安排。要推动国际货币基金组织、世界银行等国际经济金融组织切实反映国际格局变化，特别是要增加新兴市场国家和发展中国家的代表性和发言权，推动各国在国际经济合作中权力平等、机会平等、规则平等，推进全球治理规则民主化、法治化，努力使全球治理体制更加平衡地反映大多数国家意愿和利益。要推动建设国际经济金融领域、新兴领域、周边区域合作机制，加强周边区域合作，加强国际社会应对资源能源安全、粮食安全、网络信息安全和应对气候变化、打击恐怖主义、防范重大传染性疾病等全球性挑战的能力。推动国际领域的公平公正是去除不公正不合理安排的重要着力点。

四、推动建立人类命运共同体

从国家发展目标来看，国内战略就是要实现"两个一百年"的奋斗目标，国际战略就是要构建新型国际关系与构建人类命运共同体。"命运共同体"这一概念最早是在2011年的《中国的和平发展》白皮书中提出的，这是中国政府反复强调的关于人类社会的新理念，意在以"命运共同体"的新视角寻求人类共同利益和共同价值的新内涵。2018年3月11日，中国十三届全国人大一次会议通过了宪法修正案，"坚持和平发展道路，坚持互利共赢开放战略""推动构建人类命运共同体"等写入宪法。将构建人类命运共同体确立为全党、全国人民的集体意志和奋斗目标，"构建人类命运共同体"入宪，时代意义和全球意义非常重大。

截至2022年1月14日，中国已经与147个国家和地区、32个国际组织签署了200多份共建"一带一路"合作文件。这些文件标志着"一带一路"已经得到国际社会多数国家的支持，为人类命运共同体建设提供了有力支撑。除了双边文件外，"一带一路"倡议及其合作理念也已经写入联合国、二十国集团、亚太经合组织、上海合作组织等重要国际机制的成果文件，为"一带一路"合作体系建设提供了重要制度保障。推动人类命运共同体建设：

第一，要明确"人类命运共同体"是中国对如何阐释文明走向的中国判断。人类命运共同体思想是对中国优秀传统文化的创造性转化和创造性发展，是对新中国成立以来中国外交经验的科学总结和理论提升，蕴含着深厚的中国智慧。人类命运共同体思想为全球的生态和谐、国际和平事业、变革全球治理体系、构建全球公平正义的新秩序贡献了中国智慧和中国方案，为

"一带一路"倡议提供了强大的理论支撑。"国家之间要构建对话不对抗、结伴不结盟的伙伴关系。大国要尊重彼此核心利益和重大关切,管控矛盾分歧,努力构建不冲突不对抗、相互尊重、合作共赢的新型关系。只要坚持沟通、真诚相待,'修昔底德陷阱'就可以避免。大国对小国要平等相待,不搞唯我独尊、强买强卖的霸道。任何国家都不能随意发动战争,不能破坏国际法治,不能打开潘多拉的盒子。核武器是悬在人类头上的'达摩克利斯之剑',应该全面禁止并最终彻底销毁,实现无核世界。要秉持和平、主权、普惠、共治原则,把深海、极地、外空、互联网等领域打造成各方合作的新疆域,而不是相互博弈的竞技场。"①

刘莲莲则从学术的角度对人类命运共同体的现实条件做了论述。"国家海外利益保护的需求体现了国际社会在社会发展和治理滞后之间的矛盾以及全球化的不均衡性所导致的国家间的治权分配矛盾。在传统的威斯特伐利亚体系下,国家的属地治权和属人治权边界重合,国家治理呈现出自主、自助、自足的特征。全球化和国民跨境迁移改变了这一局面。首先,国民迁出弱化了国家国民的共同体纽带,国家的保护责任也因此需要重新界定,相应地则产生了在何种情况下应当保护境外国民权益的问题。其次,国民迁出意味着国籍国属地权利和属人权利的分离,使得国家掌握的传统安保资源在用于保护境外国民时效用下降,国家治理的自足性被打破,必须更大程度地依赖国家间合作。最后,国民跨境迁移意味着国籍国的属人权利和东道国的属地权利竞合,国家间的治权出现范围重叠,国家治理的自主性被打破,彼此之间需要进行治权再分配。国家的海外利益保护也因此面临着国籍国的传统保护模式不足以保护海外利益的效用困境,国籍国保护目的受东道国合作意愿和能力制约的合作困境以及国籍国保护手段受到国际法规则和国家间法律文化差异制约的法理困境。"②

第二,要牢固树立和弘扬人类命运共同体意识。2015年9月3日,纪念中国人民抗日战争暨世界反法西斯战争胜利70周年大会在北京天安门广场隆重举行。中华人民共和国主席习近平在大会上发表重要讲话:"为了和平,

---

① 习近平:《共同构建人类命运共同体》(2017年1月18日),《人民日报》,2017年1月20日。
② 刘莲莲:《国家海外利益保护机制论析》,《世界经济与政治》2017年第10期,第153页。

我们要牢固树立人类命运共同体意识。偏见和歧视、仇恨和战争，只会带来灾难和痛苦。相互尊重、平等相处、和平发展、共同繁荣，才是人间正道。世界各国应该共同维护以联合国宪章宗旨和原则为核心的国际秩序和国际体系，积极构建以合作共赢为核心的新型国际关系，共同推进世界和平与发展的崇高事业。"①2015年9月28日，中华人民共和国主席习近平在纽约联合国总部出席第70届联合国大会一般性辩论，并发表题为《携手构建合作共赢新伙伴 同心打造人类命运共同体》的重要讲话："和平、发展、公平、正义、民主、自由，是全人类的共同价值，也是联合国的崇高目标。当今世界，各国相互依存、休戚与共，我们要继承和弘扬联合国宪章宗旨和原则，构建以合作共赢为核心的新型国际关系，打造人类命运共同体。站在新的历史起点上，联合国需要深入思考如何在21世纪更好回答世界和平与发展这一重大课题。当今世界，各国相互依存、休戚与共。我们要继承和弘扬联合国宪章的宗旨和原则，构建以合作共赢为核心的新型国际关系，打造人类命运共同体。"②2017年年初，习近平主席先后在瑞士达沃斯和日内瓦发表了两场主旨演讲，以中国理念之光，为人类发展前程指出了"人类命运共同体"的路径。2018年1月23日—26日，世界经济论坛第48届年会期间，中国在全球经济治理中的地位与作用再度成为各方关注的热点，尤其是一年前习近平主席在达沃斯和日内瓦的两场演讲，使"人类命运共同体"的思想在全球范围形成强大感召力。而2018年达沃斯论坛的主题"在分化的世界中打造共同命运"，则堪称习近平主席2017年演讲主题的延伸和传承。当前新冠疫情还在流行，人类命运共同体的理念无论是从道义价值还是从现实价值上都更加凸显。

第三，要努力提供中国方案。构建人类命运共同体已成为全球共识，获得相当广泛的全球认同，持续为变革中的全球治理模式、构建中的全球公平正义的新秩序提供了中国方案与中国智慧。人类命运共同体理念是中国智慧的结晶，使中国海外利益的拓展成为使命和担当，承载着中国对建设美好世

---

① 习近平：《在纪念中国人民抗日战争暨世界反法西斯战争胜利70周年大会上的讲话》。

② 2015年9月28日，习近平在第70届联合国大会一般性辩论上发表题为《携手构建合作共赢新伙伴 同心打造人类命运共同体》的重要讲话。

界的崇高理想和不懈追求。

当前，世界经济领域的保护主义、单边主义抬头，经济全球化遭遇波折。在这种时代背景下，2018年11月在上海举行的中国首届进口博览会表明了中国全方位对外开放的态度，旗帜鲜明地反对贸易保护主义，坚定维护经济全球化。中国将进一步降低关税，提升通关便利化水平。中国亮出新名片，打造世界经贸融通新平台。中国将加快出台外商投资法规，完善公开、透明的涉外法律体系。预计未来15年，中国进口商品和服务将分别超过30万亿美元和10万亿美元。中国还可以适度开放汽车、半导体和金融市场，在WTO现行体制框架下对现行多边体制进行适度调整。中澳已经签订协议实现了几乎零关税贸易。

第四，用好"一带一路"抓手。要积极开展第三方合作，促进中国与俄罗斯、欧盟等关系的均衡发展，加强中国与发展中国家的团结合作，拓展国际空间，保持战略主动性。第一届"一带一路"国际合作高峰论坛启动后至第二届论坛前，在各方共同推动下，共建"一带一路"倡议的队伍越来越大，147个国家和地区、32个国际组织与中国签署了200多份合作协议，倡议及其核心理念多次被载入联合国等国际组织的重要文件，在国际上形成了广泛共识，合作理念深入人心。在规则对接上，中国发布《标准联通共建"一带一路"行动计划》，与49个国家和地区签署了85份标准化合作框架文件，推动出台了《"一带一路"融资指导原则》，推动成立了国际商事法庭和"一站式"国际商事纠纷多元化解决机制，在数字、经济、农业、税收、能源、知识产权等专业领域开展了规则对接。

第五，要着力加强基础设施互联互通。中国的"一带一路"倡议旨在为欧亚大陆、中东和非洲80多个国家的基建项目提供资金并承建。基础设施是互联互通的基石，更是中国的长项和品牌。中国要同各方共同努力，加快建设高质量、可持续、抗风险、价格合理的基础设施，重视共建"一带一路"在经济、社会、财政、金融和环境方面的可持续性，打造经得起时间检验和人民评说的合作项目。要构建以经济走廊为引导，以大通道和信息高速路为骨架，以铁路、港口、管网等为依托的互联互通网络，更好地实现联动发展。

五、推动合作对接和共同话语体系构建

中国应该直面"一带一路"促进国家形象建构的时代任务,要进一步拓宽建构国家形象的空间,进一步提升与国家形象建构的匹配度,进一步优化建构国家形象的环境。①

第一,要做好国际层面的对接。如与联合国发展议程的对接。2015年9月,联合国可持续发展峰会通过了《2030年可持续发展议程》,虽然是全球性议程,但该议程具有发展导向,非洲等欠发达地区是其重点关注对象,这与"一带一路"倡议切合。2019年第二届"一带一路"国际合作高峰论坛圆桌会议指出,要把支持联合国《2030年可持续发展议程》融入共建"一带一路",让各国都从中受益,实现共同发展。中非共建"一带一路"与联合国《2030年可持续发展议程》的对接,是推进全球可持续发展进程的重要组成部分,将为中非合作把握宏观方向、彰显世界意义。

第二,要做好地区层面的对接。如中国与非盟的合作。2015年非盟启动了"2063年议程",该议程重视"非洲人的愿景",以及与中国等新兴发展中国家的合作。两届中非合作论坛峰会的成果文件都强调支持"2063议程"设定的建设非洲的愿景和规划。特别是2018年中非合作论坛北京峰会宣言正式明确了"一带一路"倡议与非盟"2063年议程"的对接关系。2015年中国与非盟签署了谅解备忘录,在"2063年议程"框架下与非洲开展"三网一化"合作,促进非洲一体化进程。2018年中国与非盟签署共建"一带一路"政府间谅解备忘录,双方在地区层面的合作进一步加强。

第三,要做好国家层面的对接。以亚吉铁路建设为例。中国与埃塞俄比亚两国政府共同协商,根据埃塞俄比亚经济发展短板、方向和诉求,创造了亚吉铁路模式。其核心是以铁路建设与运营为牵引,在铁路沿线建设以工业区、物流中心为主要形式的经济走廊,以此拉动埃塞俄比亚经济增长、推动其工业化进程。

第四,要塑造共同话语体系。

要努力讲对方能够听取的话,要从沟通的实际效果出发,而不是单纯地

---

① 秦龙、赵永帅:《"一带一路"让世界重新认识中国》,《前线》2019年6月刊,第14-15页。

表达自身的感受。

要注意化解外方的误会与不满。要充分考虑对方的实际处境，弄明白误会、不满产生的原因。要给予必要的耐心，做好海外投资和海外利益保护过程中的沟通与说服工作。要努力通过交流，尽最大可能减少中西方文化差异而导致的误解。

要适度在当地用工。如中铁七局在非洲、南美、中亚等地区的17个国家设立了境外分支机构。企业在海外项目中，推行员工属地化管理模式，大量使用所在国劳动力资源参与工程建设，取得较好效果。而民营企业复兴国际的员工属地化措施也取得了较好效果。

要充分尊重当地生活习惯。少数境外企业和境外从业人员对当地情况没有进行充分调研，作出了一些触碰当地习俗的恶劣行为，必须努力避免这类情况发生。

第五，要充分发挥民间组织作用。中国推动对外合作的传统模式有利于大项目的推进和落实，但是在中小项目方面西方国家利用非政府组织和基金会为基础开展合作的民间效果较好。"一带一路"倡议实施以来，中国民间机构加快了"走出去"的步伐并取得了较好效果，但其国际化进程仍然面临政策法规缺失、社会认知水平低以及自身经验、能力和意识不足的内外制约。

民间组织参与全球治理和国际民生合作，是"一带一路"民心相通的重要载体。相对于政府行为，民间组织手段更加灵活，其活动更容易为所在国民众感知和理解。2019年第二届"一带一路"国际合作高峰论坛提出，"未来5年，中国将邀请共建'一带一路'国家的政党、智库、民间组织等1万名代表来华交流。我们将鼓励和支持沿线国家社会组织广泛开展民生合作"。

境外企业要承担必要的社会责任。中国的发展得益于国际社会，也必将回馈国际大家庭。中国一直是国际合作的倡导者和国际多边主义的积极参与者，将坚定不移地奉行互利共赢的开放战略。随着中国实力上升，中国将逐步承担更多力所能及的责任，努力为促进世界经济增长和完善全球治理贡献中国智慧、中国力量。中国企业海外履行企业的社会责任起步较晚，还存在着认识上和行动上的一些误区，但是已经到了不得不全面重视的程度。无论是当地的劳工标准,还是环境标准都要给予充分的尊重。而东道国严格的环境要求和强大的工会组织,既增加了企业履行社会责任的难度,更凸显了履行社会责任的重要性。如对于巴西、阿根廷工会力量比较强大、设备和原材料本地化要求高、当地劳工比例要求严格、环保标准严格等问题,中资企业应该做好尽职调查和应急预案,提高合规经营意识,注重经营行为规范性,严格按照当地法律法规行事,避免给当地政府官员寻租和索贿提供把柄。中资企业在项目投资和开发时,需要认真做好项目前期的环境和社会影响评估,加强与当地居民以及非政府组织的交流和沟通,也应该与当地社会组织建立联系和机制,并对相关非政府组织给予一定支持,积极开展项目合作。中资企业要注意防范社会治安风险,做好员工生命财产安全的保障工作。比如2019年国家电网有限公司(巴西)首次在巴西发布了社会责任报告,并取得了较好的社会效果。

第七章
中国海外投资利益主要内容的风险防范

随着全球化的不断深入推进，国际投资与各国之间的经济交流与合作也越来越密切。国际投资在最大限度上对资本、技术、资源进行优化配置，这不仅有利于各国家和地区的可持续发展，同时也有利于国家和地区之间交流，共同促进经济和社会的繁荣发展。而且中国的对外投资体量不断变大，种类不断丰富，中国的海外投资安全已经成为中国经济安全不可缺少的重要组成部分。

根据联合国贸易与发展会议（UNCTAD），发布的《2002年世界投资报告》(*World Investment Report* 2002)，将国际直接投资定义为：一国（地区）投资者在其本国（地区）以外的另一国的企业（直接投资企业、分支机构和国外分支机构）中建立长期关系，享有持有利益，并对之进行控制的投资。依据2012年《中国对外直接投资统计公报》中的解释，对外直接投资（Outward Foreign Direct Investment，OFDI 或 ODI）是指我国企业、团体等在国外及港澳台地区以现金、实物、无形资产等方式投资，并以控制国（境外）企业的经营管理权为核心的经济活动。从内容角度看，中国的国际直接投资包括绿地投资和跨境并购。具体内容和风险防范如下。

第一节 绿地投资的风险和防范

绿地投资又称创建投资，是指跨国公司等投资主体在东道国境内依照东道国的法律设置的部分或全部资产所有权归外国投资者所有的企业。

一、绿地投资安全

创建投资会直接导致东道国生产能力、产出和就业的增长。绿地投资作为国际直接投资中获得实物资产的重要方式是源远流长的。早期跨国公司的海外拓展业务基本上都是采用这种方式。绿地投资有两种形式：一是建立国际独资企业，其形式有国外分公司、国外子公司和国外避税地公司；二是建立国际合资企业，其形式有股权式合资企业和契约式合资企业。

（一）绿地投资的条件

一是拥有最先进的技术和其他垄断性资源。采取绿地投资策略可以使跨国公司最大限度地保持垄断优势，充分占领目标市场；二是东道国经济欠发达，工业化程度较低。创建新企业意味着生产力的增加和就业人员的增多，而且能为东道国带来先进的技术和管理经验，并为经济发展带来新的增长点；而并购东道国现有企业只是实现资产产权的转移，并不增加东道国的资产总量。因而，发展中国家一般都会采取各种有利的政策措施，吸引跨国公司在本国创建新企业，这些有利的政策有助于跨国公司降低成本，提高盈利水平。

（二）绿地投资方式的优点

一是有利于选择符合跨国公司全球战略目标的生产规模和投资区位。海尔选择在美国的南卡罗来纳州的汉姆顿建立生产基地是因为其众多的地理位置优势；汉姆顿生产基地是海尔独资企业，电冰箱厂设计能力为年产20万台，之后逐渐扩大到年产40万~50万台。二是投资者能在较大程度上把握风险。掌握项目策划各个方面的主动性，例如在利润分配、营销策略上，母公司可以根据自己的需要进行内部调整，这些都使新建企业在很大程度上掌握着主动权。三是创建新的企业不易受东道国法律和政策上的限制。因为新建企业可以为当地带来很多就业机会，并且增加税收。

（三）中国的绿地投资

中国吸引的直接投资中，外资一直以"绿地投资"为主，跨国并购相对较少。"绿地投资"这种形式可以继续采用，但是应注意到外方独资和外方控股所占的比例越来越大。而中国在进行海外经营时也主要采取"绿地投资"（新建）的方式进入，绿地投资一度占到对外投资的半壁江山。对外投资的行业多为劳动密集型或自然资源密集型行业，所投资的技术多为适应性技术或已经标准化的技术，对技术进行严格保密的要求也比较低。

"一带一路"在中东欧17国实现了全覆盖。这些国家希望借助自身在欧亚大陆的地缘优势来发挥丝路枢纽的作用，从而在基建、能源、物流、投资等领域通过与中国开展务实合作获取收益。匈牙利、塞尔维亚、克罗地亚、波黑等国家乐于与中国开展深度合作。南欧国家欢迎来自中国的投资，希腊、葡萄牙和意大利是其中的典型代表，中国大型项目投资在南欧落地的趋势不断得到加强。2021年2月举行的中国—中东欧国家合作（"17+1"）取得了88项合作成果。

在境外并购遇到重大挑战的现实环境下，对绿地投资的功能更需要给予足够重视。商务部数据显示，2021年中国全行业对外直接投资1451.9亿美元，同比增长9.2%，与2019年的1369.1亿美元相比，超过新冠疫情前水平；其中，中国境内投资者共对全球166个国家和地区的6349家境外企业进行了非金融类对外直接投资1136.4亿美元，同比增长3.2%。

二、绿地投资风险

第一，绿地投资方式需要大量的筹建工作，因而建设周期长、速度慢，缺乏灵活性，对跨国公司的资金实力、经营经验等有较高要求，不利于跨国企业的快速发展。

第二，创建企业过程中，由跨国企业完全承担风险，不确定性较大。

第三，新企业创建后，跨国公司需要自己在东道国开拓目标市场，且常常面临管理方式与东道国惯例不相适应、管理人员和技术人员匮乏等问题。这也是绿地投资的风险点所在。

第四，在"绿地投资"的策略上，不同的企业会因为自身条件和基础的差别而千差万别。很可能产生内部企业间的信息不畅造成资源浪费，资本和资产的流动性差，增加了运营成本，以致资源的不可移植和不可再生导致企业持续盈利能力下降等矛盾。

如法国、德国坚持对"一带一路"重要投资项目加强审查。在产能（光伏、钢铁）、基建、能源等领域，欧洲多个利益集团是欧盟不断对中国发起反倾销和开展调查的重要推动力量。这对中国在法、德的绿地投资产生了不小的影响。

境外合作园区建设有利于化解绿地投资风险，需要给予足够重视。印度尼西亚青山产业园区、中国—白俄罗斯工业园、中国—埃及苏伊士经贸合作区、越南前江省龙江工作园、泰中罗勇工业园、苏伊士经济区等重点境外合作园区的经验需要充分分析和总结。

三、绿地投资的风险防范

投资之前要进行认真调研。如从欧洲角度来看，社会制度和意识形态差异是限制中国投资欧盟的最大障碍。无论国有企业还是民营企业，特别是对于欧洲国家比较敏感的投资，欧洲国家都采取了更加严格的限制政策。因此，从国家和中国企业整体的长远利益出发，在海外投资的过程中应该尽量保持格外谨慎和低调的态度。

（一）防范措施

第一，要对"走出去"有更加清晰的战略定位和规划。除战略需要导致特殊支点和线路的投资之外，应该做到：一是对投资项目的价值取向有明确的指引。技术、能源资源等应该成为重点。二是突出投入产出比核算。不能全部做长线投资，对短期内能够回本的投资应该适度倾斜。三是要对目标国的特点和主要风险情况，提前做好研究和风险评估工作，要事先准备好危机状态下的应对方案。

第二，要加强国际投资规律研究，促进多元融资。中国国际投资的流量和存量不断增多，已经成为无论对于中国还是对于世界来说都是十分重要的内容。加强国际投资的规律研究，对于中国国际投资来说十分重要。如中国商务部对对外投资工作应该有扎实工作和认真思考。一方面，商务部和有关部门将根据《对外投资备案（核准）报告暂行办法》的要求抓紧制定配套措施；另一方面，商务部也应认真做好对外投资备案（核准）报告信息的统一归集、监测报告和分析预警，为对外投资宏观管理、有效干预等提供支持。而且，有些工作也应该着力推进：一是修订《境外投资管理办法》，重点是围绕落实近两年来党中央、国务院关于对外投资决策部署开展修订工作。二是会同有关部门继续推进境外投资条例制定工作，为对外投资健康规范有序发展提供法律保障。三是强化对外投资事中、事后监管。比如2018年在全国范围内推动开展对外投资"双随机、一公开"抽查工作；完善联络服务平台建设；发挥行业商协会和境外中资企业商会自律作用；研究制定对外投资"黑名单"制度。这些做法可以长期坚持。四是提高服务保障水平。加快与有关国家商签投资协定，继续做好国别产业指导、风险防控和权益保障工作。积极培育对外投资中介服务机构，提高社会化服务水平。指导企业重视境外利益融合，积极履行社会责任。五是推进多元化的融资体系建设。高质量建设"一带一路"首先要确保其建设资金的可持续，因此有必要推进参与主体多元化、融资模式和融资来源多元化。

第三，要建立和完善一套有效的机制，促进两者良性互动。可以采取"直营模式"，直接在目标市场设立分支机构；"合营模式"，寻找当地合作伙伴，各取所需，以新设合资公司的方式一起打造业务；"财务投资＋能力输出"模式，将国内的先进技术和理念输出到其他地区，投资当地优秀的金融科技企业和团队。

第四，必须对境外投资进行分类引导和管理。目前中国政府为中国公司规定了鼓励开展、限制开展、禁止开展的境外投资。鼓励开展的境外投资包括：重点推进有利于"一带一路"建设和周边互联互通的基础设施境外投资；稳步开展带动优势产能、优质装备和技术标准输出的境外投资；加强与境外高新技术和先进制造业企业的投资合作；在审慎评估经济效益的基础上稳妥参与境外能源资源勘探和开发；着力扩大农业对外合作；有序推进服务领域境外投资。限制开展的境外投资包括：去未建交、发生战乱或敏感国家和地区开展境外投资；房地产、酒店、影城、娱乐业、体育俱乐部等境外投资；在境外设立无具体实业项目的股权投资基金或投资平台；使用不符合投资目的国技术标准要求的落后生产设备开展境外投资；不符合投资目的国环保、能耗、安全标准的境外投资。禁止开展的境外投资包括：涉及未经国家批准的军事工业核心技术和产品输出的境外投资；运用中国禁止出口的技术、工艺、产品的境外投资；赌博业、色情业等境外投资；中国缔结或者参加的国际条约规定禁止的境外投资；其他危害或可能危害国家利益和国家安全的境外投资。

第五，要立足亚太地区做好文章。亚洲和太平洋地区是中国重要的贸易伙伴、投资目的地和投资来源地，APEC是中国参与区域经济合作的重要平台。在美国不能持续提供区域经济治理公共产品的背景下，中国应当继续加强与APEC各领域的合作，推动贸易自由化、投资自由化和区域一体化进程，赢取更多同盟和共同战线的支持者，为亚太和全球经济注入新的活力。而且"一带一路"与APEC框架加强基础设施和互联互通的目标高度契合，道路、航路等硬件基础设施的建设为亚太地区经贸合作与发展提供了新的合作契机与动力，带动对外投资，增强地区经济动力，促进可持续的包容性增长。

第六，要充分注意美国因素。要注意到美国不仅能在本土直接采取措施，而且能在盟国体系下利用合作条约等手段执行本国法律和施加影响，还能对一些国家利用货币、安保等体系施加影响。如巴西问题上的涉美因素。鉴于美国对于巴西的巨大影响力，中资企业在巴西开展投融资业务时，要注意美国因素的影响，提前做好应对预案，对于基础设施、电信等一些较为敏感的行业和领域的投资，要全面评估和谨慎行动，尽量减少美国因素对于中巴经贸关系的干扰和阻碍。在基础设施等问题上，更要注意触动美国神经的连锁反应。

（二）成功经验

部分中国企业的成功经验说明，企业"走出去"进行绿地投资的重要前提就是做好自己，练好经营管理的内功。这些内功包括：

第一，做好对手调研。各个国家和地区对投资需求的规模和层次有相对差异，企业的优势也正是相对不同市场、不同竞争者而言的。因此，拟"走出去"进行绿地投资的企业应该首先开展全面深入的调研活动，确认自己是否具有胜过当地企业的特别优势，如核心资产优势、规模经济优势、内部化优势、组织管理优势等，然后才能进行跨国经营活动。当这些优势有一定基础后，通过跨国经营与当地区位优势结合，企业就会快速积累和发展这些优势，形成强大的竞争优势，从而进入良性循环的发展之路。

第二，加快企业管理国际化。成功的企业对企业的管理水平、经营素质都比较看重，因为只有良好的企业管理才能够保证资金得到最恰当的运用，把产品和技术的优势最大限度地发挥出来。企业跨国经营中,在与国际化接轨过程中无论从管理方法还是思维方式上都必须与国际接轨,特别是要加大海外公司的人事分配制度改革。同时,由于干部轮换制度既不利于鼓励有经营才能的人发挥他们的专长,也不利于培育和开发长期形成的人脉关系的价值,因此,必须通过加快推动智力资源资本化,建立起长期激励与约束相统一的机制。对于国有企业的境外投资,可鼓励经营者和员工将资产(房产、存款和股票等)作为抵押,以自然人身份个人持股,并且允许私人持股比例超过50%,以充分调动经营者的积极性。在外派人员的收入分配机制方面,要把经营业绩与收入紧密结合起来,大胆采用经营者年薪制、与所在国(地区)分配方式相衔接、带资风险承包以及期股、期权奖励等多种方式,提高员工的积极性。对外派到高风险地区的人员,要制订高标准的地区津贴,激励员工到艰苦的地方开拓市场。

第三,立足实际求实创新。中国从事海外绿地投资活动的企业普遍缺乏技术优势,创新能力不强,这在很大程度上制约了我国国际竞争力的提高。但是,应该看到从某种程度上讲,企业某些成熟技术对发达国家某些行业及某些企业来说,也具有相对优势。因此企业除了加大科技投入、努力创造高新技术外,在跨国经营中应进行技术知识当地化,把已有的成熟技术与当地的市场需要相结合,研发出新的适用技术,使其生产出来的产品满足不同消费层次的需要。

第四,组织结构灵活务实。由于全球信息高速公路的兴起和国际互联网的建立,跨国公司的组织结构又出现了一些新变化和新特征,其主要表现是企业的网络化趋势逐步加强,母公司与子公司之间以及分处不同国家和地区的各子公司之间联系日益紧密,形成了条块结合、纵横交错的矩阵型公司架构。同时,为了保持和扩大市场份额,增强国际竞争力,各跨国公司间还结成牢固的战略联盟,实现优势互补、风险共担。企业在从事海外绿地投资活动过程中应该学习和借鉴各跨国公司在组织管理模式方面的成熟经验,不断进行体制创新,争取以更加灵活多样的方式进入国际市场。

第二节 跨境并购的风险和防范

境外并购是指境外的企业或个人收购境内公司的股权，或境内公司收购境外企业的股权。并购当事人包括收购方和被收购方。并购参与人包括参与本次并购活动的会计师事务所、律师事务所、银行。并购活动主要由商务部门审批。

一、跨境并购安全

中国企业的海外并购活动在2016年达到高峰。2021年中国完成"走出去"跨境并购交易950笔，总交易规模达876亿美元，与2020年相比增长111%。[①]

（一）境外并购方式

并购是企业进行资源整合和实现快速扩张的重要途径之一，并购有利于产业结构的调整，能够有效降低企业的交易费用，同时产生规模经济和协同效应，从而增强企业的核心竞争力。在跨国并购中，从资产的转移方式角度，通常采用的并购方式主要有股权并购和资产并购。股权并购是指投资者通过购买目标公司股东的股权或认购目标公司的增资，从而获得目标公司股权的并购行为。资产并购是指投资者通过购买目标公司有价值的资产（如不动产、无形资产、机器设备等）并运营该资产，从而获得目标公司的利润创造能力，实现与股权并购类似的效果的并购行为。两者的区别：一是在操作方式上，资产并购通常需要对每一项资产做尽职调查，就每项资产进行所有权转移，程序相对复杂，需要耗费的时间较长。股权并购的程序相对简单，不涉及资产的评估，不需要办理资产过户手续等，因而耗费的时间相对较短。二是在调查程序上，股权并购需要对企业从企业主体资格到企业各项资产、负债、用工、税务、保险、资质等各个环节进行详尽的调查，最大限度地防范并购风险。资产并购一般仅涉及交易资产的产权调查，无须对企业进行详尽的调查，从这个方面来看资产并购的风险相对较低。三是从交易性

[①] 张明生：《中国跨境并购市场快速恢复增长》，《中国金融》2022年第3期，第62页。

质来看，股权并购的交易性质实质为股权转让或增资，并购方通过并购行为成为目标公司的股东，获得目标公司的股权。资产并购的交易性质为一般的资产买卖，一般仅涉及买卖双方的合同权利和义务。四是从交易风险角度分析，在股权并购中，作为目标企业的股东，股权并购需要承接目标企业在并购前存在的各种法律风险，如负债、法律纠纷、相关税务争议、财务风险等。尽管在并购前并购企业会对目标企业进行详细的财务尽职调查与法律尽职调查等，但在实践中并购方仍很有可能无法完全了解目标企业的所有潜在风险。在资产并购中，债权债务由出售资产的企业承担，并购方对目标企业自身的债权债务无须承担任何责任，从这个角度讲，资产并购可以有效规避目标企业所涉及的各种问题和风险。在资产并购中，并购方仅需要调查资产本身的潜在风险，而资产本身的风险通常可以通过监管部门等有关政府部门查询，可控性较强。

关于税务分析。税收支出是企业成本的重要组成部分，采用股权并购还是资产并购的一个重要考虑就是税收负担。就境内并购而言，股权并购通常只涉及所得税和印花税，而资产并购除这两种税外，往往还涉及营业税、增值税、土地增值税、契税、城市维护建设税和教育费附加等多项其他税费。尽管很多时候股权并购的税负的确要小于资产并购，但某些情况下，尤其是在房地产领域，股权并购的税负很多时候要高于资产并购的税负。

就境外并购而言，情况更为复杂，需要综合考虑目标公司所在国、投资东道国和相关第三国的税法体系以及相关的国际税收协定。企业跨境并购按照时间顺序一般分为事前、事中、事后三个阶段。在并购之前，企业首先要了解和熟悉投资目的国国家或地区的投资环境，尤其是法律环境及税收制度。其次需要对被并购的对象充分了解和调查，这对搭建整个并购框架有着直接的影响。如果并购需要融资，那么企业需要考虑投资目的国（地区）关于利息支出、利息汇出方面的法律规定和具体操作，资本弱化所涉及的股权融资和债券融资比例等问题以及利息预提税方面的税收负担，保证利息支出可以在所得税前扣除，并降低利息预提税的税率进而降低公司整体税负。在并购交易过程中，企业首先需要确定并购主体。例如某中国企业计划并购一家美国公司，该公司可以选择用其所属的中国、美国、中国香港三家公司中的一家实施并购。如果最终决定用一家美国公司来收购目标美国公司，那么是中国企业直接控制该所属的美国公司进行并购，还是采用中间控股公司来进行并购，需要涉及多少家中间控股公司等，这些对于公司运营以及税务安排都会产生重要的影响。其次，企业需要选择并购方式。如上所述，一般来讲企业并购的方式有股权并购和资产并购两种，那么是选择股权并购的方式还是选择资产并购的方式所涉及的税收支出是不同的。并购交易过程本身往往会引起卖方的纳税义务，通常买方倾向于资产并购而卖方倾向于股权并购。在并购实施之后，企业需要考虑如何从税务的角度进行企业重组，使公司更好地运营，如何合法地降低税务成本，降低公司的税收负担。

可见，无论是并购之前、并购交易进行中，还是并购之后的重组以及公司运营，整个过程都会牵涉税务问题。税务问题的讨论需要与企业整体的经营管理相结合，而不是单独地进行税务分析。税务架构设计就是通过分析不同的并购方案，主要是交易实施中的税负、日常经营中的税负、退出投资过程中的税负等，以合理的税务规划减少企业的整体税负。通常需要结合买卖双方的利益来设计税务架构。在经营和退出投资过程中，为降低收入汇回母国时的税负，一般会利用海外控股公司进行投资。控股公司设立地一般会选择股息、利息、特许权使用费预提所得税税率比较低的国家。

（二）跨国并购与绿地投资方式的差别

从短期角度来比较：尽管并购方式和新建投资方式的 FDI 都为东道国带来国外金融资源，但并购方式所提供的金融资源并不总是增加生产资本存量，而在新建投资的情况下则会有增加。并购方式不太可能转移新的或比新建更好的技术或技能，而且可能直接导致当地生产或职能活动（如研发）的降级或关闭，而新建并不直接减少东道国经济的技术资产和能力。当利用并购方式进入一个国家时，不会创造就业，还可能导致裁员，新建在进入时必定会创造新的就业。并购方式能够加强东道国的市场集中度并导致反竞争的后果，而新建能够增加现有企业的数量，并且在进入时不可能直接提高市场集中度。

从长期角度来比较：跨国并购常常跟随着外国收购者的后续投资，如果被收购企业的种种关联得以保留或加强，跨国并购就能创造就业。这两种方式在就业创造方面的差异更多地取决于进入的动机，而不是取决于进入的方式。并购和新建FDI都能带来东道国缺少的新的管理、生产和营销等重要的互补性资源。从东道国角度看，需要FDI的原因主要是FDI能够在新领域中带来资本（如工业产权），从而有助于当地经济的多样化发展。

在并购方式中，现有资产从国内所有者转移至国外所有者手中；而在绿地投资方式中，有现实的直接投资资本或效益资本发生了跨国的流动，因此在东道国，跨国公司所控制的资产至少在理论上是新创造的。随着经济全球化的不断发展，绿地投资在FDI中所占比例有所下降，跨国并购已成为跨国公司参与世界经济一体化进程、保持有利竞争地位而更乐于采用的一种跨国直接投资方式。随着全球投资自由化的进一步发展，这种趋势将更加明显地体现出来。

（三）中国的并购投资

中国企业的境外并购在2000年之后进入了快速发展的阶段，发展规模急速扩张，并购势头异常强劲，持续时间较长，并且国外的并购理论、理念、思潮以及在并购浪潮中使用的各种并购模式、工具及其手段也对中国企业的海外并购产生较为明显的影响。近年来，中国对外直接投资中，以并购方式进行的投资数量逐年增长。2007年中国境外并购出现热潮，并购总额一度达到186.69亿美元。2008年全球经济危机在一定程度上降低了并购数量。2009年以来，我国企业境外并购再度活跃，中国企业完成的境外并购交易和交易金额都有大幅提升。欧债危机期间，中资企业以并购方式向葡萄牙注入大量资金，两国经贸合作成果显著，教育和文化交流越发频繁，并积极探索在新兴领域达成合作。自2001年起，中国在葡萄牙的投资已经达到100亿欧元左右，主要集中于能源、金融和保险领域。三峡集团等部分中资企业还立足葡萄牙开展国际化投资。2016年，中国化工集团用430亿美元并购了瑞士先正达。2020年，中国化工集团和中化集团同时宣布将旗下的农业板块资产全部划转到平台公司"中化农科"，整合后更名为先正达集团。该集团拥有4个业务单元：总部位于瑞士巴塞尔的先正达植保、总部位于美国芝加哥的先正达种子、总部位于以色列的安道麦和先正达集团。

中国企业自2014年以来一直在收购欧洲和美国的资产,包括知名品牌和著名地产。这些活动在2016年达到顶峰,中国企业当年为并购外国企业投入2000亿美元。由于当事国对可能的安全风险比较敏感,特别是中美关系从2018年因美方原因开始转向以后,并购模式立刻降温。2021年中国企业跨境并购规模为十多年来最小。2021年,中国企业宣布的海外并购总额为570亿美元,同比增长19%;宣布的交易数量为516宗,同比减少4%,创7年来最低。较新冠疫情前2019年的794亿美元,总交易额仍萎缩28%,且四季度交易反弹动能不足,公布的交易额处于历史同期最低水平。

从行业来看,中国企业境外并购活动持续集中在能源、矿业以及公用事业三大行业。2009年,并购交易更趋集中,这三大行业并购总成交量和价值占比进一步提高,分别上升至40%和93%。2009年中国在矿业和金属业方面的并购交易额约为161亿美元,占全球该行业交易总额的27%。从投资区域来看,北美企业是中国并购投资者的首选,2003—2009年,中国企业并购北美企业约有106宗交易,占被公布的所有交易量的24%,占境外并购投资总额的28%。

中国企业通过收购境外公司生产和销售自己的品牌,逐步扩大本企业品牌在国际市场上的份额,或者借助境外的品牌开拓市场。如海尔集团与美国家电经销商 MIKE Jemal 合作,成立了海尔美国公司,专门在美国销售冰箱、空调和其他家电,并在南卡罗来纳州建立了制造工厂,保证产品的零供应。

二、跨境并购投资风险

中国企业在进行境外并购时,面临不少风险:一是境外资本操作比较复杂,投资成本和项目风险通常比较大;二是中国企业国际化专业中介服务缺乏;三是缺乏科学的估值体系,在进行境外并购时容易花费更多的成本;四是中国企业总体上缺乏整合并购企业的经验。在2018年中美关系发生转向、2022年乌克兰危机的时代背景下,国别角度看也存在很多跨境并购投资风险。

（一）美国

2018年以来，美国对来自中国的投资并购加大了审查力度，对中国的海外投资构成了巨大挑战。2018年8月13日《外国投资风险评估现代化法案》作为2019财年《美国国防授权法案》的一部分，由特朗普签署后成为法律。该法案主旨在于大规模加强对外国投资的审查，将赋予CFIUS更广泛的权力，以国家安全为由审查并可以阻止外国交易，而且允许CFIUS审查涉及关键基础设施或关键技术公司的少数股权转让。2018年10月10日，CFIUS的主管部门美国财政部发布了《外国投资风险评估现代化法案》试点计划的暂行规定，进一步扩大CFIUS的管辖范围，以覆盖例如关键科技行业下细分的非控制类及非被动投资；对于试点计划覆盖到的行业内关键技术的交易，新增简易强制申报程序，必须在交易预期完成日期的45日前先提交一份不超过5页的关于交易基本信息的声明。

2018年8月28日，美国参、众两院以压倒性多数通过了特朗普的《外国投资审查更正法案》。该法案其中一条是不允许部分公司在美国的一切投资活动。这意味着将来中兴、中国移动等中国国企要全面撤出美国市场。美国的外国投资委员会加大了自身改革力度，扩展了审查范围。以前在美国设立新公司的投资被称为绿地投资，不需要经过美国外国投资委员会审查。改革后在美国投资设立新公司，只有第一笔投资可以获得审查豁免，其余的投资都要向美国外国投资委员会申报。这种审查非常严格，由商务部、司法部、国防部轮流审查，会追溯每一笔投资是否合规，且必须在72小时内得到问题的反馈。这直接导致了中国在美国投资的断崖式下跌。美中双边直接投资额已经从2016年的峰值600亿美元（其中中国对美投资460亿美元，约为2015年的3倍）跌至2018年的略高于190亿美元（其中中国对美投资48亿美元）。2017年中国对美投资为290亿美元。2018年，中国对北美的14笔总价值达到40亿美元的投资被取消。

美国2007年7月签署生效的《外国投资与国家安全法》将"国家安全"从传统的国防、军事领域拓展至交易是否对重要基础设施和关键技术产生潜在影响、是否受外国投资控制、是否对能源及其他重要资源需求计划产生影响等10类，并附加"总统或外国投资委员会认为应当纳入考虑范围的其他因素"这一兜底条款,表明审查标准由传统安全领域向非传统安全领域外溢。2018年8月签署生效的《外国投资风险审查现代化法》则进一步强化了外国投资委员会的审查权限,提高了相关投资通过审查的难度。《外国投资风险审查现代化法》包括3个方面的核心内容:(1)拓宽审查对象范围,新增了4类需要接受审查的交易,包括特定不动产交易,对涉及个人敏感数据、关键基础设施或者关键技术的美国企业所进行的非控制性投资,外国投资者治理权利的变化(即使没有新投资),以及试图规避外国投资委员会审查的投资;(2)强化外国投资委员会的审查权限,包括增强重启调查权、提高风险减缓标准、新增中止交易权、限缩司法救济渠道等;(3)延长审查期限,最长可至120天。从《外国投资风险审查现代化法》的相关内容和措辞来看,其以中国为主要对象这一点与《欧盟外资审查条例》高度一致。正如美国业界人士指出的,所谓"现代化"不过是"解决关于中国投资的担忧的委婉说法",新增的4类受审查交易很大程度上是为了让外国投资委员会能够审查更多类型的中国投资。

美国虽然对中国境外并购施加影响,导致中国企业境外并购活动在2016年达到高峰后大幅下降,但是其本身的相关并购活动却并没有减弱。2021年,美国的并购执行额达到27 472亿美元,同比增长91%。2021年最大一笔并购交易来自美国电信巨头AT&T旗下华纳媒体与竞争对手探索频道的合并。由于美国量化宽松释放的巨大资金,再加上基于新冠疫情的业务重组,2021年并购执行交易额达到58 685亿美元,同比增长64%,创下历史新水平高水平。

(二)欧洲

2017年7月,德国通过《德国对外经济条例》第9修正案,对其外资安全审查制度作出重大调整:(1)以列举方式将"对公共秩序与安全构成威胁"的标准具体化,强调非欧盟投资者对关键基础设施经营企业、关键基础设施行业专用软件开发企业、生产或曾经生产用于实施法定电信监控措施的设备并掌握相应技术知识的企业以及提供云计算服务的企业等德国企业所进行的并购尤其可能威胁德国的公共秩序与安全;(2)强化了对形式上由欧盟居民（包括自然人和企业）所进行的所谓滥用（主体资格）行为和规避（外资审查）行为的监管，不要求相关交易单纯出于规避安全审查之目的，只要有迹象表明交易中采取了滥用方法或规避手段，即可对其进行审查；（3）引入主动申报义务，强化依职权启动审查，并将审查期限从2个月延长为4个月。总体而言，《德国对外经济条例》第9修正案进一步明确了审查标准，凸显了审查重点，收紧了审查口径，延长了审查期限。2017年2月，德国联合欧元区第二、第三大经济体法国和意大利致信欧盟委员会，对非欧盟投资者出于战略原因收购拥有关键技术能力的欧盟企业表示担忧，并敦促在欧盟层面建立统一的审查和干预机制，将对等原则作为非欧盟国家在欧盟直接投资的前提条件，并强化欧盟委员会的干预权。2018年，中国对欧洲的7笔价值达15亿美元的投资被取消。

2019年4月生效的《欧盟外资审查条例》首次在欧盟层面构建起基于安全或公共秩序的外资审查框架，使得外国直接投资面临更加牢固的审查基础和更加严密的审查网络，标志着欧盟外资政策和规则趋向阶段性保守。《欧盟外资审查条例》在很大程度上是为中国量身定做的，其潜在影响主要体现在审查因素的泛化和认定标准的模糊增加了审查的难度和不确定性，统一的审查框架和细密的程序机制则将延长审查期限及压缩规避空间。《欧盟外资审查条例》的出台是中国加速融入全球化所导致的经济格局变化和国际规则调整的反映。

2019年3月5日，欧盟理事会批准了众所瞩目的《关于建立欧盟外国直接投资审查框架的条例》（以下简称《欧盟外资审查条例》）。此前该条例已于2019年2月14日获得欧洲议会批准，欧盟理事会的批准则意味着其完成了生效所需的全部程序。2019年3月21日，该条例在欧盟《官方公报》上公布，并在公布后第20日生效。根据《欧盟外资审查条例》第17条的规定，该条例将自2020年10月11日起实施，给成员国18个月的过渡期来制定和采取实施该条例所需的必要措施。《欧盟外资审查条例》首次在欧盟层面构建起统一的外资安全审查框架，使得非欧盟企业对欧盟投资面临更加严密的审查网络。尽管欧盟拥有目前全球最开放的投资体制，也是全球最大的外国直接投资目的地，但《欧盟外资审查条例》的出台，在很大程度上标志着欧盟外国投资政策和规则趋向保守，且对中国的指向性相当明显，需要引起高度关注。

2020年4月6日，意大利政府宣布，为保护本国企业不被并购，将采取加大保护力度的措施。银行、保险、能源、保健等广泛行业将成为保护对象。限制措施针对的是打算收购意大利企业10%以上股份的外国企业。

2020年4月8日，德国政府批准了一项加强监管的政策，适用于欧盟地区以外企业收购本国企业的案例。政府如果认为"收购行为有损德国利益"，就可以阻止收购。基础设施、医药用品、防护用品生产商是重点保护对象，能源、数字经济相关企业也可能被纳入保护范围。

如中国对欧的几宗大型并购失败案例。中国对欧盟投资总量增长本身并未直接促使欧盟调整外资监管政策，但几宗大型并购则触发了其对既有外资监管政策的反思和辩论。2011年，鑫茂集团收购荷兰光纤光缆巨头特雷卡虽以失败告终，但引发了是否在欧盟层面建立外资审查机制的讨论；2016年美的集团成功收购德国机器人制造巨头库卡公司则最终促使改革提上日程。作为欧盟核心成员国，德国在此方面的态度和立场举足轻重。事实上，自2009年以来，德国外资安全审查制度的历次修订都充斥着针对中国企业投资的浓厚政治意味，中资企业在德国掀起的大规模并购热潮构成其直接动因。在美的集团收购库卡公司后，德国国内对于保护本国高科技产业的呼声空前高涨，同时也抱怨无法得到对等的投资空间和市场准入。好不容易达成的《中欧投资协定》，中间又被暂停。

（三）加拿大

加拿大对可能"危害其国家安全"的外商投资并购交易实行国家安全审查，不论该交易所涉及加拿大商业资产或企业价值的大小或收入水平，或者并购目标企业股份比例的大小。大多数需要接受国际安全审查的交易可能涉及从事特别敏感的军事或战略性行为的加拿大商业。加拿大政府一般不会假设来自外国国有企业的投资必定会产生国家安全问题，同样对于自然资源领域的投资并购也不必然会被视为涉及国家安全问题。加拿大并没有明确国家安全审查的范围，这实际上也可能增加加拿大政府的自由裁量权和其国家安全审查的不确定性。

在加拿大，如果负责投资审查的部长"有理由相信该项投资的外商可能对国家安全造成伤害"时，那么加拿大政府有权对此投资提案作出审核（包括少数股权投资）。任何资产价值门槛都不适用于国家安全审查制度，而且对"国家安全"的定义也尚未明确。这就意味着凡是涉及非加拿大人的任何交易均有可能受到"国家安全"审查的必要过程。就"国家安全"的法律界定仍然悬而未决。因此，国家安全定义仍然由政府官员更具适用的广泛企业范围和投资者给予解释。国家安全可能至少涉及政府合同、军事、执法、电信技术、航空航天、交通、能源、铀、先进的技术和出口控制产品以及同类企业。

从程序上讲，对于可能接受国家安全审查的交易，加拿大政府相关部长会在该交易申报后的45日内向投资者发出可能发布的国家安全审查命令的通知，并在经与加拿大公共安全和应急准备部部长（The Minister of Public Safety and Emergency Preparedness）协商后，向加拿大总署（Governor in Council）提交是否进行国家安全审查令。一旦发布审查令，相关部长将于发布审查令后的45日内在经与加拿大公共安全和应急准备部部长协商后，向加拿大总督提出审查报告和建议。加拿大总督于收到上述相关部长的报告和建议后15日内作出是否阻止该交易完成或在附加特定条件的情况下批准该交易，或命令撤销已经完成的交易的决定。

加拿大政府可以拒绝投资，要求通过书面陈述，对投资提出要求条件和信息，或在已经完成投资的情况下，要求撤销投资。该投资方还可能有机会向部长作一个有关投资计划的演讲。国家安全审查可在成交之前或之后进行，而且也适用于没有绝对控制权变化的公司重组。

1.《加拿大投资法》（加拿大众议院第C-十五号法案，ICA，即利用外资法）

《加拿大投资法》是唯一普遍适用的外国投资联邦法律。制定《加拿大投资法》的目的之一是鼓励非加拿大人在加拿大进行投资，有助于加拿大的经济增长并创造就业机会。但也有例外的限制内容，如金融服务行业、空运运输行业、广播及电信行业。在媒体和出版行业的外国投资也受到限制。只要涉及国家安全问题的任何交易（包括少数股权投资项目），都要由加拿大政府进行审核。

关于投资审批主管部门。加拿大工业部部长和加拿大遗产部部长负责加拿大的利用外资工作。工业部部长任命了一名投资主管，负责审批和协助处理涉及有关非文化性质的投资业务。如果境外投资涉及文化行业（如书籍、音乐、电影、报刊等），投资项目由遗产部部长负责审核。遗产部部长也任命了一名投资主管，负责审批和协助有关文化产业的投资业务。

利用外资的基本方针：在国家利益和主权不受到侵害的情况下，尽可能利用外资发展本国经济，提升国民收入。长期以来，加拿大联邦和地方政府一直在鼓励利用外资和防止外资冲击之间寻找平衡点。

关于投资者的要求。非加拿大人购买加拿大企业，必须依据数额大小向投资审批主管部门备案或者申报批准。非居住在加拿大的投资人只要能够按照加拿大投资法规定履行投资的报告及审核程序即可。投资者经营行为必须符合加拿大的反垄断法、消费者保护法、环境保护法、专利法等法规。

关于敏感经济领域的利用外资政策。为防止外资对国内的部分产业造成冲击，对经济的发展造成损害，甚至影响到国家的主权和根本利益，加拿大对外国投资进入其敏感经济领域制定了一些限制措施。这些敏感领域主要包括铀的生产、金融服务、交通服务以及文化产业。此外，相关法律还规定：对于大型银行（资产达到或超过50亿加元），其资产必须被"广泛持有"，任何个人都不得收购该银行超过20%的投票股权或超过30%的非投票股权；任何个人持有中小银行（资产在10亿加元以下）股份的，需要事先得到财政部的批准。任何外商持股超过49%的加拿大渔业加工企业将不能获得商业捕鱼执照。外商在加拿大铀矿开采和加工企业中所占股份不能超过49%，但如果确能证明企业在加拿大人的有效控制之下则可例外。外商在加拿大航空运输业公司的持股总额不得超过25%；加拿大海运业必须由悬挂加拿大国旗的船只来承担，但并不禁止其中的某些货轮实际归外国船东所有。在通信业中，除了固定卫星服务及海底光缆外，加拿大仍然保留了对其他所有基础设施的电信服务供应商控股不得超过46.7%的规定（包括20%的直接投资和由控股公司拥有的余下80%股份的1/3，即26.7%的间接投资）；除了持股比例限制外，加拿大还要求基础设施需要由"加拿大人控制"，因此规定董事会至少有80%的成员是加拿大国籍；外商如果投资于租用别人设施来从事"增值电信"和"增强电信"服务（如电子数据传输或租用线路从事长途电话服务）的公司，则不受上述控股比例的限制。外国持股人不得拥有加拿大任何大众传播企业46.7%的股份（包括20%的直接投资和由控股公司拥有的余下80%股份的1/3，即26.7%的间接投资）。此外，《加拿大投资法》还规定了"预防逃避审查"条款，投资审批部门有责任对那些正在从事或者准备从事任何上述限定投资活动的实体进行审查，来确定该实体是否已经实质上被非加拿大人控制。

关于投资申请和审核程序：（1）投资申请程序。根据《加拿大投资法》第11条的规定，非加拿大人投资如果是以在加拿大建立新企业的方式，则只需要向管理当局上报备案即可。即投资者只需要在有关投资进行之前，或在事后30天内，将投资方案通知加拿大投资主管部门。一般而言，投资者无须再进一步呈报资料。除非该新企业是属于被保护产业之一或者投资额超过一定金额，否则无须经过审核或批准。（2）审核程序。非加拿大人投资某些特殊行业[①]或接管现有企业，该项投资不仅需要申报，并且需要依据《加拿大投资法》接受审核。如果非加拿大人在收购一个现有商业的控制权，而出现下列三种情况之一时，通常需要有公告程序：一是收购者直接收购该加拿大企业资产（并非借收购一个非加拿大人所拥有的公司而间接取得一个加拿大人商业的控制权），而该加拿大企业资产在500万加元以上；二是收购者间接收购该加拿大企业资产在5000万加元以上；三是对所有资产在500万～5000万加元的加拿大企业的间接收购，而该企业资产占整个投资交易总额的50%以上。如果投资申请项目需要经过审核，则投资人必须提出有关投资者个人及投资计划的详细资料。

关于"加拿大的净惠利益"。非加拿大人到加拿大投资必须在现在或者将来产生"加拿大的净惠利益"。在确定"加拿大的净惠利益"时，部长需要考虑的因素是：该投资对加拿大经济活动的水平和性质的影响；加拿大企业

[①] 被保护的产业包括书籍、杂志、期刊、报纸的出版、发行、销售或展示；音乐录音带或录像带的制作、发行、销售或者展示；以印刷或可由机器阅读为形式的音乐出版、发行或销售。

和该企业的所属行业中加拿大人的参与程度的重要性；该投资对加拿大生产力、工业效率、技术发展和技术革新等多方面的影响；该投资对加拿大该行业内竞争方面所产生的影响；该投资与加拿大民族工业、经济和文化政策的兼容性；该投资对加拿大在全球市场竞争力的贡献。

关于国有企业规定和审查。2012年12月，在批准中海油对尼克森的收购申请后，加拿大政府对《加拿大投资法》中关于审核外国国有企业在加拿大投资的指导规则作出修订，总体上是严格审批标准。具体如下：扩大对国有企业的认定范围，凡是受到外国政府控制和影响的企业都可认定为国有企业；严格限制外国国有企业对加拿大油砂企业的控制性收购，除特殊情况外，不予批准；密切监控外国国有企业在加拿大投资，尤其是获得企业控制权的投资，包括批准前的审查和批准后的运营和执行情况等；对国有企业投资审查门槛维持在3.3亿加元，而非国有企业投资审查门槛将逐步放宽到10亿加元。

对来自外国国有企业的投资并购，在进行外商投资并购审查时，加拿大政府还需要审查该国有企业的公司治理和商业运作情况，公司治理方面重点看该国有企业是否透明和信息公开，董事会中是否包括独立董事，审计委员会是否独立，是否公平对待所有股东；商业运作方面主要看并购后被该国有企业所控制的加拿大商业是否能够继续在商业基础上进行运作，包括考虑向哪里出口、在哪里生产加工、加拿大人参与该加拿大商业的程度、持续性创新和研发的支持力度以及用于维持该加拿大商业全球竞争力的后续资本性支出水平等因素。加拿大政府认为，如果该国有企业是上市公司并遵守重要证券交易所有关透明和信息披露的相关要求，将有助于被并购的加拿大商业继续维持商业化运作和适当的公司治理标准，这有利于中国上市国有企业在加拿大进行投资并购。

在审核确定是否对"加拿大有净惠利益"时，其指导原则将要阐明该部长对此给予评估，其评估分析该外国国企所收购的加拿大企业可否有能力进行商业化运作，并需要显示一些重要的指标。这些指标包括产品出口地、加工地、加拿大人参与该企业在加拿大和其他地方经营的程度以及维持加拿大企业资本投入。所以，一家由国外政府掌控的实体可以预料，它可能要求比一般私有企业提供更多的书面承诺,来确保部长的批准。事实上,该指引原则建议国有企业可能要求通知投资企业作出承诺来确定"净惠利益"的标准,其中包括任命加拿大人担任董事会成员、聘用高级管理职位、在加拿大注册成立公司或在加拿大的股票交易所进行股票交易。

2. 金融监管法

加拿大实行两级金融监管,即联邦和省两级平行监管体系。两级监管之间无垂直领导关系,但有协调和合作。联邦一级的监管主要由加拿大金融机构监管署来具体执行。该机构以原保险部和银行监察总署为基础,根据加拿大《金融机构监管署法》成立。金融机构监管署是加拿大联邦政府设立的专司金融监管的机构,受财政部领导,但日常工作由国会审批和任命的监管署署长主理,并直接向财政部部长负责。根据《金融机构监管署法》的修改规定,监管署署长要定期或不定期地向财政部部长汇报所有有关金融法规条款的管理执行情况。

金融机构监管署监控的对象是在联邦政府注册的银行、养老金计划管理机构和其他金融机构。这些金融机构包括90%以上的人寿和健康保险公司、75%左右的财产和意外伤残保险公司、绝大多数的信托和贷款公司、合作信用协会以及互助协会等。

与联邦金融监管署并行的,还有各省政府的金融监管机构。与其他国家不同,加拿大的证券公司和投资基金是在省政府注册,并接受省监管机构(如安大略省证监会)的监管。加拿大证券管理协会负责行业协调。此外,省政府监管的金融机构还有在省政府注册的信用合作社、保险公司、信托和贷款公司等。

《犯罪收益(洗钱)法》于2001年12月进行了修订,称为《犯罪收益(洗钱)和恐怖主义融资法》(PCMLTFA)。根据修订内容,加拿大成立了金融交易和报告分析中心(FINTRAC),并于2001年11月正式运行。其主要职责是为侦查与阻止洗钱和恐怖融资活动收集、分析并披露相关信息。地区办公室只负责将收集的信息向总部报告,不负责进行分析。该机构同时也对报告主体进行合规审查,即负责确保报告主体履行了其在反洗钱法律下的义务。根据相关法律规定,报告主题包括金融机构、赌场、证券经纪人、房地产经纪人或销售代表、服务机构、保险公司及保险经纪人、从事外汇业务的机构或个人、会计师及会计师事务所等。报告主体的主要义务包括客户身份识别、交易记录保存和报告制度。报告的内容主要是可疑交易、大额现金交易、国际电子资金划拨、恐怖主义资产和跨境货币流动等。FINTRAC 的任务授权在2006年根据C-25法案进行了进一步修订①，以增强客户识别，记录保存和报告的措施，建立了货币服务业务和外汇交易商注册制度，并为未注册规定了新的罪行。②

3. 加拿大《竞争法》(*The Competition Act*)

超过特定限额的较大规模的交易需要接受加拿大政府根据其《竞争法》所发起的反垄断审查。符合审查条件的交易需要向加拿大竞争局（The Canadian Competition Bureau）提起申报，经过审查需要阻止或取消并购交易的，由竞争局局长向加拿大法庭（The Competition Tribunal）提起相应法律程序。加拿大对于反垄断审查的核心，在于确定并购交易是否已经或者可能导致实质性阻止或减弱加拿大的竞争水平。

4. 外资并购国家安全审查的法律法规

为保障加拿大国家经济安全，加拿大政府于2009年9月出台了《关于投资的国家安全审查条例》，建立了外资并购国家安全审查制度，该审查制度建立在外资准入审查基础之上。该条例详细列明了负责具体审查的调查机构，规定负责调查的部长可以向调查机构披露并探讨外资并购审查的特定信息，以便更好地促进外资并购国家安全审查。法规并未明确制定审查标准，只是笼统规定应当审查该投资是否损害国家安全。在2012年之前，有关国家安全审查的时限为130天。在中海油收购尼克森案获得批准后，加拿大政府赋予国家安全审查部门延长审查时限的权限。

5.《联邦外国公务官员贪腐法》

根据经济合作与发展组织关于打击国际商业交易中贿赂外国公职人员犯罪要求，加拿大于1998年颁布了《联邦外国公务官员贪腐法》。任何人贿赂外国公职人员，根据《联邦外国公务官员贪腐法》将构成一项犯罪行为。

---

① "Bill C-25 (Historical) | openparliament.ca". openparliament.ca. Retrieved 2018-04-25.

② "FINTRAC is a member of the Egmont Group". FINTRAC. 2012-06-04.

《联邦外国公务官员贪腐法》对于贿赂外国官员作了相关规定：为了获得或保持商业活动中的优势，直接或间接地给予、提供或同意给予或提供外国官员以任何形式的贷款、报酬、好处或利益，或为了外国官员的利益给予、提供或同意给予或提供其他人以任何形式的贷款、报酬、好处或利益——作为该外国官员与自身责任或职责相关的作为或不作为的回报；或诱惑该外国官员利用职权，影响该官员行使责任和职责所在国家或国际公共组织的活动或决定。有上述行为者为犯罪。[①]

《联邦外国公务官员贪腐法》禁止加拿大人在商业交易过程中，为了获取或者保留某一优势直接或者间接向外国公职人员给予、提供或同意给予或提供任何形式的贷款、报酬、优势或利益。依据《联邦外国公务官员贪腐法》规定，加拿大不仅为不当支付，而且还要为不包含实际支付的付款要约负责。如果公司授权其国内代理商作出上述付款或知道前述违法付款即将作出，也要承担相应的责任。也有例外的规定，即该付款是用于加快或保证外国公职人员例行公事的进程——例如发放业务许可证或加工签证或工作签证等。外国法律所要求或允许的付款也被排除在外，只要该付款是外国公职人员基于诚信而承担的合理支出，且直接与下述情形之一有关：（1）该公司产品或服务的促销、展示或说明；（2）与外国所签署的合同的执行或履行。任何违反《联邦外国公务官员贪腐法》的个人可被提起公诉，可被判处最高5年的刑期。此外，根据加拿大《刑法典》，个人和组织可能被处以没有上限的罚款，贿赂外国公职人员所得收益可由加拿大政府没收。作为一项可提起公诉的犯罪，触犯《联邦外国公务官员贪腐法》的行为也可以视为一项"指定犯罪"，《刑法典》中关于洗钱的条款可以适用。知道或相信该财产或收益是直接或者间接贿赂外国公职人员而得的，这些条款禁止对这些财产或其收益做任何意图隐匿或转移的处置。[②]

[①] 王赞译：《加拿大利益冲突法、加拿大腐败行为调查法、加拿大反外国公职人员腐败法》，北京：中国方正出版社，2015年，第37页。

[②] 《企业境外法律风险防范国别指引》系列丛书编委会：《企业境外法律风险防范国别指引——加拿大》，北京：经济科学出版社，2014年，第19-20页。

倾销及补贴调查①。根据2014年11月1日最后一次修订的《加拿大特别进口措施法》，倾销及反补贴调查程序包括启动调查、对审查或对倾销或补贴的初步认定、最终认定、法院审查等相关内容。

《加拿大特别进口措施法》启动调查第31条：（1）发起调查的主要内容包括：署长如果认为有以下证据，应立即主动或者如果收到关于该货物的倾销或补贴的书面投诉，除本条（2）另有规定外，在本人或委托他人向资料完整的投诉人发送书面通知之日后30日内，应要求对任何货物的倾销或补贴发起调查，无论是否有合理的迹象表明这些倾销或补贴已经造成损害或延缓或者正在威胁造成损害：（a）该货物被倾销或受到补贴；（b）有合理的迹象表明该倾销或补贴已经造成损害或者正在威胁造成损害。（2）启动调查的条件：除下列投诉外，不得按本条（1）规定发起任何调查：（a）该项投诉有国内生产人的支持，这些生产人的产量应占无论表示支持还是表示反对的国内生产人的同类货物总产量的50%以上；（b）支持投诉的国内生产人的产量应占该国内产业同类货物总产量的25%以上。

关于对审查或对倾销或补贴的初步认定。依据第37.1条规定：（1）本法第31条规定项下的调查发起之后第60天当日或之前，法院应对未按本法第35条规定终止的调查所涉及的货物，作出该证据是否能合理地显示该货物的倾销或补贴已经造成损害或延缓或正在威胁造成损害的初步认定。第38条（1）对倾销或补贴的初步认定：除本法第39条另有规定外，在本法第31条规定项下的调查发起之后第6天之后并且在第9天当日或之前，署长应就按本法第35条规定终止的调查所涉及货物的倾销或补贴，对被调查货物的每个出口人作出如下初步认定：（a）涉及倾销货物时：（i）确定该初步认定所适用的货物的倾销幅度，使用其在确定之时可获得的信息；（ii）具体规定该初步认定所适用的货物。（b）涉及补贴货物时：（i）确定该初步认定所适用的货物的补贴金额，使用其在确定之时可获得的信息；（ii）列明该初步认定所使用的货物；（iii）除本条（2）另有规定外，具体规定对货物有禁止性补贴并确定该禁止性补贴的金额，如果对该初步认定所适用的货物的全部或部分补贴是禁止性补贴。（c）涉及倾销货补贴货物时，依据署长作出的本款

---

① 国家口岸管理办公室编译：《加拿大海关法》，北京：中国海关出版社，2017年，第323—337页。

(a)(i)或(b)(i)规定（按适用情况选定）所指的确定之时可获得的信息，具体规定署长相信是该货物在加拿大的进口商的名称。

（1.1）微小幅度或金额：署长有权在按本条（1）规定作出初步认定时，采用其当时可得到的信息，认定该货物的倾销幅度或补贴金额很小。（1.2）公认条款：为了作出一项初步认定，如果署长认定倾销幅度或补贴金额相当于该货物出口价格的0，在此情况下，该幅度或金额应被视为是微小的，而且对这些货物的调查应继续。

根据第41条（1）作出最终认定或终止：在按本法第38条（1）规定对某个或多个国家的货物作出初步认定90日之内，署长应当：(a)如果依据可获得的涉及对其发起调查的货物的证据相信：(i)货物已被倾销或补贴，并且(ii)该国家或这些国家中任何一个国家的货物的倾销幅度或补贴金额不是不可忽略的。在具体规定以下事项后对该调查所涉及的一个或多个国家货物的每个出口人作出倾销或补贴的最终认定：(iii)如果涉及倾销货物，具体规定该项认定所适用的货物及该货物的倾销幅度，以及(iv)如果涉及补贴货物，(A)具体规定该项认定所适用的货物，(B)具体规定对该货物的补贴金额，并且(C)除本条(1)另有规定外，具体规定对该货物的禁止性补贴的金额，如果对该货物的部分或全部补贴是禁止性补贴。或者(b)如果依据可获得的涉及署长按本款(a)规定所相信的人的证据，该款规定所指的出口人不存在，负责终止对该货物的调查。

2021年10月，中国紫金矿业集团宣布了出资9.6亿美元收购加拿大多伦多注册的新锂公司的意向。外国企业对加拿大公司进行的所有收购活动都需要接受加拿大政府的初步安全审查。如果加拿大政府怀疑相关交易将对国家安全构成威胁，那么依据《加拿大投资法》，这笔交易将会受到正式审查，最终很可能被叫停。加拿大在野的保守党于2022年1月13日要求加拿大总理特鲁多领导的自由党政府对这起并购进行国家安全审查。

（四）其他国家和地区

1. 澳大利亚

2020年4月初，澳大利亚政府规定外国所有投资项目都要接受政府部门审查，审查期限也由原来的一个月延长到最长半年。在今后一定时期内，外国投资审查委员会要负责审核所有外商投资项目，不管项目投资金额大小。

2. 日本

为了减轻本国在制造业领域对中国的依赖，日本决定从该国经济刺激计划中拨出22亿美元用于资助在华日企把生产转移出中国。根据日本公布的经济刺激计划细节，在日本为对冲新冠疫情经济影响而编制的9920亿日元额外预算中包含两个子项：一是为那些着手把在华生产迁回日本的日资企业提供2200亿日元（约20亿美元）资助；二是为那些寻求把在华生产转移到其他国家的日资企业提供235亿日元（约2.2亿美元）资助。中国是日本的最大贸易伙伴，但2020年2月由于新冠疫情导致中国许多工厂停工，当月日本从中国的进口下降了将近一半，进而导致日本国内制造业所需的必要零部件出现了短缺。2022年2月初，日本还通过了《经济安全法案》。

3. 印度

印度工业政策与促进部和内政部分别发布了与其部门有关的国家安全审查标准。2017年6月，印度工业政策与促进部发布了有关外国投资申请项目审批流程的规范文件。文件规定，其安排进行国家安全审查的依据主要是：第一，项目是否是对广播、电信、卫星的建设与运营、私营安保机构、国防、民用航空、含钛矿物和矿石的采矿以及与采矿等特定行业开展相关的经营活动；第二，项目是否来自特定国家如巴基斯坦和孟加拉国的投资，如是，则全部需要国家安全审查。需要注意的是，2010年印度发布的《外国直接投资政策汇编》曾将中国大陆、台湾和香港列入必须审批国家的名单，但是到2012年时将中国等移出该名单，将其修改为巴基斯坦和孟加拉国。2015年7月，印度内政部发布了《外商投资项目国家安全评估政策指南》。该指南从国家安全的角度审查各类外资项目是否进行了风险评估程序和标准的规范，但是具体的内容没有公开。

自2020年6月中印边境发生冲突以来，两国关系急剧恶化。之后，印度政府采取多种措施限制中国对其敏感公司和行业进行投资，包括禁止中国的一系列移动应用程序，并对中国商品进行额外审查等。印度还出台法律规定，来自与印度有陆地边界国家的投资者如果想要投资印度公司，需要获得印度政府批准，这意味着这些国家不能通过所谓的自动途径对印度公司进行融资。但由于疫情导致经济形势变差等原因，印度有可能豁免实际投资低于10%的投资计划。

三、跨境并购的风险防范

（一）防范措施

第一，要及时掌握并购对象公司、企业及其母国的相关政策、法制状况。要密切关注相关国家和地区的利用外资政策。2017年中欧双方签署《丝路基金和欧洲投资基金促进共同投资框架谅解备忘录》，设立中欧共同投资基金。2018年9月，欧盟发布《联通欧亚—欧盟战略的基石》的联合通信，全面阐释欧盟推进欧亚互联互通的新战略。

第二，要及时掌握并购对象公司、企业的实际经营情况。如2019年11月，中国河北敬京业集团宣布将以7000万英镑（约5.74亿人民币）收购英国行业排名第二的钢铁企业英国钢铁公司，并已达成协议。中方承诺，并购完成后，英国钢铁公司不仅不裁员，而且还将扩大在英国的生产。自2019年5月英国钢铁公司宣布破产后，由于中国企业的收购方案，既避免了这家企业4000多名员工失业，也保证了上下游产业链条2万多人的饭碗。吉利汽车在收购了沃尔沃后，还通过沃尔沃收购了比利时根特市的一个投资项目。吉利在这个项目中不仅没有在当地裁员，而且主要依靠当地人进行经营管理，将产品引入中国市场，实现了多方多赢。

第三，并购企业所在国家和地区对中国并购行为的态度。以欧洲为例，2019年3月，欧洲理事会通过了在欧盟层面设立外国直接投资审查框架的立法，提出欧盟成员国和欧盟委员会有权对涉及欧盟战略利益的外国投资进行调查并发表意见和看法。该法案自2020年10月起正式实施，这意味着欧盟对各个成员国的外资政策形成了一定意义上的规范和制约。关于投资标的和资金来源的核心关切，使中国企业成为重点盯防对象。审查因素的泛化和认定标准的模糊，增加了安全审查的难度和不确定性。

《欧盟外资审查条例》名义上是立足于当下的"安全"和"公共秩序"，实质上是着眼于未来的高科技产业竞争。这使得《欧盟外资审查条例》在诸多方面呈现出为中国"量身定做"的特征，也与欧美国家联手推广竞争中立、集中抨击国企补贴、严厉指责"国家龙头企业"、竭力论证"严重市场扭曲"等做法一脉相承。

（二）成功经验

第一，用好多边、区域和国内层面的应对策略。中国政府和企业应当从多边、区域和国内层面予以多重应对。援引世界贸易组织多边规则和欧盟既有判例，限定"安全"和"公共秩序"的范围，防止其可能的滥用。尽管投资领域尚无多边条约，世界贸易组织协定也未对投资规则作出细致规定，但服务贸易中的"商业存在"这一类型本质上构成投资行为，大部分欧盟国家对《服务贸易总协定》下的计算机及相关服务、通信服务、视听服务等行业也都承诺了市场准入和国民待遇。这构成中国企业主张相关权利和待遇的基础。

第二，尽快升级和完善我国外商投资国家安全审查机制，对外形成反制储备。我国现有外商投资国家安全审查机制的主要依据是2011年《国务院办公厅关于建立外国投资者并购境内企业安全审查制度的通知》（国办发〔2011〕6号）和2015年《自由贸易试验区外商投资国家安全审查试行办法》（国办发〔2015〕24号），对安全审查的范围、内容、机制和程序作出了基本规定。但一方面，这两份规范性文件的法律效力层级不高，权威性不足；另一方面，相关机制和程序还不够完善，特别是在审查机构和工作机制上采取以国家发改委和商务部"双牵头"的较为松散的部际联席会议形式，有效性和终局性存疑。2019年3月15日通过、2020年1月1日起施行的《中华人民共和国外商投资法》（以下简称《外商投资法》）明确规定，国家建立外商投资安全审查制度，对影响或者可能影响国家安全的外商投资进行安全审查，依法作出的安全审查决定为最终决定。应当以此为契机，尽快出台配套法规，完善相关机制，在国内法层面对外形成潜在反制。

第三，在规则和制度层面适度厘清政企关系，避免授人以柄。《欧盟外资审查条例》格外关注政府与投资者之间的控制关系，这反映出欧盟对中国政企关系根深蒂固的不信任，也反映出西方国家对中国经济体制和模式根深蒂固的不信任。例如，2017年6月通过并施行的《中华人民共和国国家情报法》（以下简称《国家情报法》）第7条规定，任何组织和公民都应当依法支持、协助和配合国家情报工作，保守所知悉的国家情报工作秘密。西方一些国家的论断和指责固然充满意识形态偏见，但也从一个侧面提醒我们，不妨在规则和制度构建上做得更加细致周全，避免授人以柄。在整体层面，可以考虑由适当部门出台政府与企业行为守则，进一步厘清政府与企业、政府与市场的关系；在具体层面，如情报搜集领域，可以考虑制定《国家情报法》实施细则，具体规定相关信息搜集程序，并将信息范围严格限定为与国家安全有关，同时强调依法保障通信自由和通信秘密。

第四，进一步扩大外资市场准入，回应和消除外方在"对等"方面的质疑和顾虑。近年来，欧美发达国家在对华经贸关系中日益强调对等性，主张中国应当开放更多市场、承担更高义务。欧盟委员会发布的《驾驭全球化》这一文件也强调，要以对等方式开放市场。抛开在基本立场上的一些分歧不论，这既是双方经济实力消长变化的自然结果，在很大程度上也符合中国推进新一轮高水平对外开放的总体方向。《外商投资法》第4条明确规定，我国对外商投资实行准入前国民待遇加负面清单管理制度；我国缔结或者参加的国际条约、协定对外国投资者准入待遇有更优惠规定的，还可以按照相关规定执行。国家主席习近平在2019年4月26日第二届"一带一路"国际合作高峰论坛开幕式上的主旨演讲中宣布，中国将采取一系列重大举措推进更高水平对外开放，包括在更广领域扩大外资市场准入，继续大幅缩减负面清单，在更多领域允许外资控股或独资经营。长远而言，这无疑是应对欧盟外资审查潜在压力、寻求双方经贸投资关系"新常态"的治本之道。

第三节　金融投资的风险和防范

金融投资亦称"证券投资"，是指经济主体为获取预期收益或股权，用资金购买股票、债券等金融资产的投资活动。金融投资既是一个领域又是一种方式，是发达的市场经济与信用的产物。

一、金融投资安全

20世纪80年代以来，证券投资已成为西方发达市场经济国家最基本的投资方式。当一经济主体通过发行股票、债券等证券筹资方式用以投入实质资产的维持与扩大时，购买证券者成为金融投资者。金融资产是其持有者对其出售者的股权和债权的凭证。金融投资者通过持有证券，分享证券出售组织利润和股权获得回报。由于金融资产使财产的所有权与经营权分离成为可能，它有助于集中社会闲置资金，将其转化为实质生产的投资资金，是动员和再分配资金的重要渠道，因而是发达国家投资的基本形式。

在资本主义发展初期，资本所有者与资本运用者是结合在一起的，经济主体一般都直接拥有生产资料和资本，直接从事生产消费，投资大多采取直接投资的方式，也就是直接投入资本，建造厂房、购置设备、购入原材料，从事生产、流通活动，因此早期的投资概念主要是指实物投资。随着资本主义生产力和商品经济的发展，占有资本和运用资本的分离，日益成为资本运用的一种重要形式。这是因为随着商品经济的发展，资本主义投资规模不断扩大，单个资本家的资本实力越来越难以满足日益扩大的投资规模对庞大资本的需求，迫切需要超出自身资本范围从社会筹集投资资金，于是，银行信用制度得到了迅速的发展，股份制经济也应运而生，银行信贷、发行股票、债券日益成为投资资金的重要来源。因此，金融投资也成为现代投资概念的重要组成部分。由于现代金融市场的日益发展和不断完善，金融投资的重要性日益凸显，因此现代投资概念更主要地是指金融投资。在西方学术界的投资学著作中，投资实际上指的就是金融投资，特别是证券投资。

企业金融性投资既可作为公司理财行为，又是企业经营发展战略的重要组成部分，其目的包括：一是通过金融投资，为企业闲置资金寻找获取收益的机会；二是通过金融投资，分散企业经营风险；三是通过金融投资，提高资产的流动性，增强企业的偿债能力；四是对企业来说，金融投资既可用作套期保值又可用作投机牟利；五是金融投资还是实现企业扩张的重要手段。一家企业或公司的经营是否成功，标志之一是看其是否在经营过程中获得了发展，而发展的具体体现包括了向外的扩展，这就是兼并、收购其他企业并进行公司重组。

兼并（Merger）通常是指一家企业购买其他企业的产权，实现对其经营权的全部控制（亦可称吸收合并），或是两家或两家以上的企业合并成立一个新企业(亦可称设立合并)的经济行为。收购(Acquisition)是指一家企业购买另一家企业的部分资产或是部分或全部股权,以实现对后者经营的控制权。兼并与收购的主要区别在于:被兼并的企业会失去法人资格,而被收购方则通常不改变其法律地位。但两者也有相同之处,其目的都是获得对其他企业的控制权,实现企业的扩张发展。

兼并与收购,简称并购,可分为4种方式:购买式、承担债务式、吸收股份式及控股式。中国公司并购以吸收股份式和控股式为主。企业通过以获得控股权益为目的的金融运作,可实现对其他企业的控制,在更大范围和程度上实施自己的企业发展战略。

(一)金融投资类型

金融投资就其方式、方法、时间、收入等而言,可以分为若干类型。依据方式划分:(1)直接投资,资金供给者与资金需求者直接见面,根据协议的条件直接融通资金。(2)间接投资,资金供给者和需求者不直接见面,而是通过金融机构为媒介进行的间接资金融通。

依据时间划分:长期投资和短期投资。

按照性质划分,金融投资的主要目的是获取收入,但证券种类很多,因其性质、期限等因素各不相同,因而其收入的高低和支付方式也有所不同,归结起来有两类:固定收入投资和非固定收入投资。

(二)投资产品

关于投资产品,国内国际上主要的金融投资产品有基金、股票、债券、黄金、外汇、期货、权证、理财产品。其中低风险品种有债券投资,货币型基金、债券型基金、保本型基金、打新股类基金及银行理财产品,信托投资。中高风险类有混合型基金、股票型基金,QDII基金。

(三)中国对外金融投资概况

2017年,习近平主席在"一带一路"国际合作高峰论坛上提出,"要创新投资和融资模式,推广政府和社会资本合作","将'一带一路'建成繁荣之路"。当前,中国央行在纽约、伦敦、法兰克福、东京、悉尼、突尼斯设有代表处，在巴巴多斯设有驻加勒比开发银行联络处，与总行国际司一同构成一个24小时运转的工作网络。中资银行共在60多个国家和地区设立200多家一级机构，遍布亚太、北美和欧洲。在"一带一路"背景下，中资商业银行和政策性银行通过建立代理行关系、银团贷款、资金结算和清算、项目贷款、账户管理、风险管理等方式，与全球越来越多的银行实现了金融服务的对接。中资投行业在加快海外布局，以IPO、海外并购等方式进行全球资源配置。在埃及，中埃两国金融合作的发展有效地缓解和解决了双边经贸合作中的融资难题。如2016年12月，中埃两国央行签署规模为180亿元人民币的双边货币互换协议。但是，整体上看，中资金融机构的海外覆盖面有限，产品也比较单一。

2018年11月5日，首届中国国际进口博览会开幕式在上海举行，习近平主席在主旨演讲中指出，中国正在稳步扩大金融业开放，持续推进服务业开放，深化农业、采矿业、制造业开放，加快电信、教育、医疗、文化等领域开放进程，特别是外国投资者关注、国内市场缺口较大的教育、医疗等领域也将放宽外资股比限制。中国将加快出台外商投资法规，完善公开、透明的涉外法律体系，全面深入实施准入前国民待遇加负面清单管理制度。

当前阶段，中国金融领域风险点多面广，违法违规乱象丛生，结构性失衡问题突出，各类风险隐患较多。主要风险来自金融体系、债务和动荡的市场。上证综指、深圳综合指数、香港恒生指数进入2019年以来都曾出现大幅下降。债券价格或住房价格暴跌可能导致整个金融系统陷入比股价暴跌更为严重的动荡。2020年2月，尽管中国经济因为新冠疫情遭受了较大的打击，但境外投资者通过香港的"债券通"机制，向中国政府债券市场和政策性银行证券市场投入了750亿元人民币（约合108亿美元），这些购买行动使得外国投资者持有的主权人民币债券总额达到创纪录的2.27万亿元人民币。近期中国概念股频繁遭遇做空在国内引发的连锁反应需要高度关注。花旗银行等美资金融机构在苏联解体中的作用也需要引以为鉴。总之，美资等大量金融机构的加入将使得中国还不是十分完善的金融监管体系面临更加复杂的局面，金融风险掌控存在很大的不确定性。

二、金融投资风险

金融投资风险指的是与金融有关的风险，是一定量金融资产在未来时期内预期收入遭受损失的可能性。如金融市场风险、金融产品风险、金融制度风险、金融机构风险等。当前阶段，主要经济体货币政策取向分化，企业面临的汇率风险可能进一步增加。

金融投资风险的基本特征有：（1）不确定性，影响金融风险的因素难以事前完全把握；（2）相关性，金融机构所经营的商品——货币的特殊性决定了金融机构同经济和社会是紧密联系相关的；（3）高杠杆性，金融企业负债率偏高，财务杠杆大，导致负外部性大，另外金融工具创新、衍生金融工具等也伴随着高度金融风险；（4）传染性，金融机构承担着中介机构的职能，割裂了原始借贷的对应关系。处于这一中介网络的任何一方出现风险，都有可能对其他方面产生影响，甚至发生行业的、区域的金融风险，导致金融危机。

（一）来自美国的风险

美元不断大幅调整利息对全球产生很大影响。拜登政府为应对新冠疫情实行超级量化宽松政策，美元大幅贬值。

美国深陷巨额债务。2019年美国GDP总量为21.02万亿美元，但是其债务余额却达到了22.62亿美元。2020年3月以后，美国的债务赤字达到了30万亿美元。

2019年8月6日，美国将中国列为汇率操纵国。美国政府对汇率操纵国的认定基于两部法律，一个是1988年的《贸易和竞争法案》，另一个是2015年的《贸易便利和贸易执行法案》。两部法案对汇率操纵国的定义有所不同，1988年的定义更为宽泛，只需该国：（1）有较大的经常项目顺差；（2）对美国存在显著的双边贸易顺差，即可酌情认定为汇率操纵国。

2015年的定义包含3个量化标准：（1）该国对美国的双边贸易顺差大于200亿美元；（2）该国的经常项目顺差占GDP的2%以上；（3）该国持续地、单边地干预汇率市场，持续时间为过去1年中的6个月，干预程度为购买外汇的额度占GDP的2%以上。对于第三个标准，美国政府认为不一定要严格满足,即便干预的时间短、程度轻,也可被视作操纵汇率。值得注意的是,在美国财政部2022年4月公布的汇率评估报告中,对中国的评估使用的是1988年的宽泛标准,而非2015年制定的量化标准。这就意味着,美国对中国汇率操纵的判断基本是主观判断,在技术上有较大争议,其解释也很难令人信服。

美国可能对中国进行金融制裁的具体领域和直接手段主要包括冻结或者没收中国个人、组织或者政府在美国的资产,通过控制"环球银行间金融电信协会(SWIFT)系统"和"纽约清算所银行同业支付系统(CHIPS)"切断中国的国际支付清算通道,限制或者禁止美国金融机构与中国银行的业务往来;间接手段主要包括动用盟国体系和引渡机制等要求第三国对中国采取一些措施来达到其目的等。如2012—2016年,伊朗曾经被踢出SWIFT系统;2019年11月,SWIFT"中止"一些伊朗银行进入其网络系统。

(二)汇兑限制风险

汇兑限制风险指投资本金、利息、利润、许可费等无法转为外汇转移到东道国外的风险。该风险由监管质量、货币政策、投资自由、金融自由等重要内容构成。如中巴经济走廊涉及的巴基斯坦是非常缺乏外汇的,而中缅经济走廊涉及的缅甸2021年2月1日则发生了军事政变;2022年年初土耳其货币对美元发生了大幅贬值,汇率大幅降低;2022年3月的乌克兰危机。

(三)国际债市风险

中国央行有能力在境内将企业融资成本维持在多年来的低位附近,从而减轻境内企业债务负担。但是在美元债券市场上,由于2020年新冠疫情的暴发,国际投资者急于兑换美元,中国企业发行的债券遭到了恐慌性抛售。这样的结果是企业债券价格骤降,新债发行量暴跌,债券收益率飙升。

需要中方采取行动来缓解本国企业海外债务负担的压力可能会越来越大。在中国企业2022年即将到期的美元债务中,垃圾债券占了将近1/4,一些存在较大风险的企业现在面临成本飙升和需求减少的问题。房地产行业尤其面临巨大压力,房地产企业过去两年来发行的债务量创下历史新高,2020年需要再融资或者偿还222亿美元的美元债券。

（四）防止国内金融风险被引爆

第一，国有企业杠杆率。由于国有企业过去的考核机制盲目追求规模而不注重效益等原因，国有企业负债率不断上升。中央企业和中央国有工业企业资产负债率近年来一直在红线附近徘徊。高杠杆率导致国有企业事实上就是在"替银行打工"。隐性兜底和宽松的货币政策大幅拉升杠杆率。政府隐性兜底的做法从两个方面推高综合杠杆率，一方面是因为杠杆率高、效益差的"僵尸企业"不能及时出清，抬高了杠杆率、降低了杠杆效率；另一方面是为了稳经济、稳金融而长期实施宽松的货币政策。2008年以后随着"四万亿"刺激政策的实施，中国的杠杆率迅速飙升，成为国内外普遍关注的金融风险点。化解国有企业的高杠杆风险的着力点是通过资产证券化的放松时，增加原国有企业的净资产。做小分子，通过市场化债转股的方式，降低公司负担的有息负债水平。

第二，非法集资。最近几年互联网金融从革命热潮褪色为风险迭出，令人大跌眼镜。P2P、易租宝、泛亚金属交易所等欠下了巨额债务。违法违规集资问题的根源在于普通投资人投资需求没有得到满足，正规的金融体系没有提供这些产品。从监管的角度看是机构监管而非功能监管的做法造成了许多监管空白。机构监管的通行理念是"谁发牌照谁监管"，而互联网金融等金融创新业务，因为监管部门没有发牌照，因此变成了三不管地带。2004年支付宝上线，2010年央行才开始考虑支付牌照的事情。2007年拍拍贷开业，2015年银监会才开始设计个体网络借贷的监管办法。很多互联网资管业务平台一直都是"无证上岗"。这种缺乏资质要求的野蛮生长状况在一些领域如P2P行业造成了很大的混乱，将近6000家平台中的绝大部分都是问题平台。监管部门在介入之后也存在明显的不想管和不知怎么管并存的问题。

第三，房地产泡沫。必须着力解决房地产泡沫的问题，继续去库存的同时要建立长效机制。必须高度重视房地产泡沫风险的原因是：首先，房地产是关系民生的重要行业。居民部门的资产负债表中最重要的资产项就是房地产，而最重要的负债项目就是按揭贷款。其次，房地产产业链的投资是决定宏观经济的重要变量，与建筑建材行业、家电行业、家居装饰行业都是密切相关的。再次，房地产行业贡献了政府重要的收入来源。交易过程中的房产税、契税、个人所得税、土地增值税等贡献了中央和地方两级公共财政收入的近10%；国有土地使用权出让收入基本贡献了地方本级政府性基金收入的全部。最后，金融行业同样与房地产息息相关。

如果房价继续上涨，民众就会压缩其他消费贷款买房，投资房地产，实体经济就会逐步走向死亡，而后又会引发大量的失业而出现断供现象，房地产泡沫就会被挤破。如果房地产泡沫继续扩大，实体经济垮台后，就会多因叠加而引发经济危机；而房价下跌幅度过大就会引发大规模抛售，踩破房产泡沫引爆明基斯时刻。所以在应对房地产泡沫的问题上，唯一的选择就是稳定房价，加工资，让房子贬值。中国银保监会主席郭树清多次强调房地产泡沫问题。2021年恒大事件更是为房地产金融风险敲响了警钟。

第四，地方政府债务。1994年财税体制改革后地方政府获得的财源有限，但承担事务很多。2008年中央财政事实上将举债的主动权交给了地方政府。土地财政和地方债成了地方政府运转和投资的财政来源。地方政府债务问题的核心在于，债务的主要组成形式并不是以地方政府债券为主，通过融资平台等机构借到的银行贷款占据主要部分。这些银行举债主体的存在，使得真正偿还责任的债务边界和规模都难以准确估计，这才是最大的潜在风险点。2015年财政部开始安排发放地方政府债券替换银行贷款。2015年置换了3.2万亿元，2016年置换了4.9万亿元。地方政府愿意举债搞基建等提升政绩，但是不愿意替前任还债的怪圈必须想办法解决。

第五，"影子银行"。"影子银行"从事与传统银行类似的信用中介业务，但受到比传统银行更少的监管。经济从中央计划向市场机制转型，金融部门的地位上升。为了支持国有企业，抑制性的金融政策又必不可少。具体的体现就是实际利率偏低，大量的信贷资金流向国有企业，在包括信贷和非金融企业债券的整个债务融资市场中，国有企业的份额占到75%左右。具体而言，中国"影子银行"崛起的主要原因包括：首先，商业银行由于受到了较为严格的限制，具有资产负债表之外放贷的需求。其次，民营企业特别是中小民营企业的融资需求没有得到比较好的满足。最后，民众拥有资金，但是缺乏可供投资的金融产品。在这样的背景下，"影子银行"应运而生。商业银行通过发行理财产品募集资金，又借助信托、证券公司、公募基金公司等非银行金融机构将这些资产"出表",最终提供给有资金需求的企业。银行、企业和民众的需求通过"影子银行"都得到了满足。

2016年下半年开始,以中国银监会为主的监管层已经开始着手处理"影子银行"链条的风险,监管的首要对象就是商业银行的表外理财业务。2017年3月开始,银监会不断下发系列监管文件,通过对商业银行同业业务、理财业务加强监管,加强对"影子银行"业务的风险排查。

应进一步探索银行与资本市场的联动,推动服务模式向"商行+投行"转型。设立支持科技创新企业与小微企业发展的政策性银行。把握好整顿"影子银行"的节奏与力度,减少催生"影子银行"的政策扭曲,对各类资管产品的监管标准要统一,减少监管套利。加强私募股权净值型产品的销售,增加市场的长期资金。鼓励金融机构提升整体资产组合的风险监控与风险管理能力。

第六,股权质押风险。"美股屡创新高但波动加剧,新兴市场股票、中概股和港股承压。2021年上半年,尽管美股估值受到美债收益率上升压制,但强劲的盈利增长驱动股市持续上涨。进入下半年,在疫情和货币政策收紧预期的共同作用下,美股波动性大幅上升。在多轮疫情冲击下,新兴经济体股市普遍表现偏弱。中概股和港股受监管政策密集出台的影响出现较大跌幅。截至12月31日,美国标普500指数较2021年年初上涨26.95至4766.18点,MSCI新兴市场指数则较年初下跌4.6%,中概股纳斯达克金龙指数和港股同期分别下跌42.7%、14.0%。"①2022年年初,中国A股也出现了较大幅度下跌。一旦股价大幅下跌,对象公司市值低于抵押金额将发生爆仓。针对这类风险,中国人民银行牵头推出了相关债券融资支持工具、股权融资支持工具等措施。证监会出台措施鼓励地方政府管理的各类基金、合格私募股权投资基金、券商资管产品分别或联合组织新的基金,帮助有发展前景但暂时陷入经营困难的上市公司疏解股票质押困境。银保监会允许保险资金设立专项产品参与化解上市公司股票质押流动性风险,不纳入权益投资比例监督。

---

① 李红燕:《全球经济金融形势分析》,《中国金融》2022年第3期,第26页。

三、金融投资的风险防范

习近平总书记高度重视金融风险防控工作，并就打好防范化解重大金融风险攻坚战多次作出重要指示批示。我们必须坚持底线思维，增强忧患意识，把主动防范化解系统性金融风险放在更加重要的位置，完善早识别、早预警、早发现、早处置的资本市场风险防控机制，下好先手棋，打好主动仗。坚持稳定大局、统筹协调、分类施策、精准拆弹的工作方针。在扩大开放的同时，重视防范金融风险，不断提升金融监管能力，使之与金融开放程度相匹配。

2017年国务院金融稳定发展委员会成立，2018年12月20日的会议提出了包括严格退市制度、加强投资者保护等相关内容。中国银保监会主席郭树清在2019年银行业和保险业监督管理工作会议上指出，要坚持不懈治理金融市场乱象，进一步遏制违法违规经营行为，有序化解"影子银行"风险，依法处置高风险机构，严厉打击非法金融活动，稳步推进互联网金融和网络借贷风险专项整治，必须把防范系统性风险与服务实体经济更紧密结合起来。要积极应对国际国内复杂环境变化，通过深化改革主动引导市场预期，努力维护金融市场平稳运行。要防范美国对华发动大规模金融战，切实维护国家金融安全。

（一）防范措施

第一，切实有效加强宏观审慎管理。金融监管要守住不发生系统性金融风险的底线。要尽可能地做到机构监管与功能监管并重、行为监管与审慎监管共举。"金融监管体制存在的主要问题，是缺乏从宏观、逆周期和跨市场的视角评估和防范系统性风险，防止金融体系的顺周期波动和跨市场的风险传播。"[1]过去只强调机构监管，导致监管套利行为，加剧了金融风险的积累。要改变目前"分业监管"的框架与"综合经营"的现实并存的矛盾，应该坚持分业经营的原则，但应同时可以尝试"综合经营""混业监管"的试验。要以强化金融监管为重点，以防范系统性金融风险为底线，加快相关法

---

[1] 李波：《以宏观审慎为核心，推进金融监管改革》，黄根兰主编：《直面金融风险》，北京：中国财政经济出版社，2017年，第292页。

律法规建设，完善金融机构的法人治理结构，加强宏观审慎管理制度建设，加强功能监管，更加重视行为监管，切实提高防范化解金融风险的能力。

2008年国际金融危机爆发后，金融监管协调进一步强化，2013年中国人民银行牵头建立金融监管协调部际联席会议制度。2017年召开第五次全国金融工作会议，决定设立国务院金融稳定发展委员会，统筹金融改革发展与监管，加强宏观审慎管理，防范化解系统性金融风险，由中国人民银行承担国务院金融稳定发展委员会办公室职责。2018年，中国银监会和中国保监会实现职能整合，组建中国银保监会。目前形成了国务院金融稳定发展委员会统筹抓总，"一行""两会""一局"和地方分工负责的金融监管架构。

党的十八大以来，随着我国经济进入新常态，一些长期积累的风险逐步显现。我国采取了坚持结构性去杠杆、专业高效稳妥处置重点机构风险、深入开展互联网金融风险专项整治，及时补齐系统重要性金融机构、金融控股公司、金融基础设施、互联网金融、"影子银行"等领域监管制度短板等比较有效的措施，实现了金融风险整体收敛、总体可控，市场预期发生积极变化。宏观杠杆率过快上升势头得到遏制，出台资管新规并给予适当的过渡期，"影子银行"风险得到初步治理。对包商银行实施接管，坚决打破刚性兑付。有效应对外部冲击风险，保持金融市场稳定运行。网络借贷、虚拟货币交易等存量风险大幅压降。2021年房地产公司恒大破产，暴露出房地产行业的巨大风险，当前要着力防止房地产泡沫破裂，避免房地产行业殃及系统性金融风险。

要在稳步推进资本市场对外开放的同时，努力防范企业股权质押风险。从私募股权投资、风险投资到新三板、创业板再到产业引导基金、互联网金融，中国已经拥有了一条完整的金融链条。此外，原油期货成功上市，首次引入境外交易者，首家外资控股券商获批，标准普尔正式进入中国市场获得证券评级资格；先有深港通，又有沪伦通。中国资本市场在对外开放中不断取得新进展。2018年6月，A股正式纳入明晟指数；2018年9月，全球第二大指数公司富时罗素宣布将A股纳入其全球股票指数体系；2019年1月，中国人民银行公告彭博公司将于2019年4月起将中国债券纳入彭博巴克莱债券指数。彭博巴克莱全球综合指数正式纳入中国国债和政策性银行债成分，标志着中国金融市场对外开放取得了新进展。要高度关注股权质押风险,这是当前资本市场面临的最大隐患。随着《外商投资法》《证券法》不断制定颁布,中国金融领域的不断开放,进入中国的外资的法人等机构的数量和资金规模都会大幅提升,在充分利用的同时,一定要防止它们决定市场风向的能力大幅攀升,要确保企业股权质押风险在可控范围之内。针对2018年股市大幅下跌的情况,中国人民银行牵头推出相关债券融资支持工具、股权融资支持工具等措施;证监会出台措施鼓励地方政府管理的各类基金、合格私募股权投资基金、券商资管产品分别或者联合组织新的资本,帮助有发展前途但暂时陷入经营困难的上市公司化解股票质押困境;银保监会允许保险资金设立专项产品参与化解上市公司股票质押流动性风险,不纳入权益投资比例监管。随着各项措施的陆续落地,股权质押风险得到了初步缓解,沪深两市没有出现大量股权质押爆仓、平仓的现象。但是在2019年5月美国宣布对中国2000亿美元商品再次加征关税至25%的情况下,股市大幅下挫,股权质押风险再次凸显。风险防范的实际效果取决于企业盈利是否好转、宏观经济是否改善,以及由此产生的企业家信心提升、公司治理水平提升、研发力度加大等。

第二,要不断完善涉外金融制度体系。"一带一路"建设的项目是通过多极—多元性质的银行及金融机构网络进行融资的。一方面,通过被一些专家称为"中国的开发银行网络"融资,该网络由中国人民银行、中国建设银行、中国进出口银行等组成,其他多边机构加以补充,如亚洲基础设施投资银行、金砖国家开发银行、金砖国家应急储备安排等,这些机构为"一带一路"建设提供的融资最多。中国国家银行系统的强有力信贷政策为新的发展战略和政策提供了巨大的推动力,保障了关键经济部门的信贷大幅增长。

通过中国人民银行,中国政府2014年创建了丝路基金,初期投资额为400亿美元,用于资助"一带一路"倡议所需的工程项目。根据中国银行业协会的数据,2016年中国对"一带一路"沿线国家的直接投资达到了145亿美元。2016年1月,中国发起成立了亚洲基础设施投资银行(AIIB)。在对外运行项目的过程中,应该借鉴联合国支持的《责任投资原则》和"赤道原则";也可以借鉴世界银行的一些好的做法,如将那些被认定为勾结、腐败、欺诈或胁迫的公司列入黑名单。亚洲基础设施投资银行和丝路基金以及它们的客户应该全面确认、评估和管理环境、社会和治理的风险和影响。在环境方面，应当避免或尽量减少污染，应当承认气候变化和生物多样性的重要性；在社会方面，应当尊重普遍的人权和劳工权利，应当保护当地社区的利益，应当对供应商或承包商也基本进行同样的要求；在治理方面，应当禁止任何形式的腐败，应当支持道德、民主和透明的商业文化。

第三，要着力加强对目标国家和机构运行规则的研究。基于金融权力的不对称性，要着力加强对美国相关法律规则的研究。"实力和规则的不对等性，直接导致了中美两国金融权力的不对称性。美国已有的金融权力要远超中国，这也因此使得中美两国在金融外交中呈现出鲜明的强势与弱势的差异。总体而言，美国在绝大多数双边金融外交中具有攻击性，处于强势一方；而中国则处于以防守为主，是弱势一方。作为强势一方的美国，在多个金融议题上处于主动地位，能够对华提出利益诉求，并试图塑造中国的国际金融政策以及对美金融政策，以便实现金融外交的目标。"[1]

第四，要加强涉外金融安全信息的调查研究。各个相关单位应密切关注以下内容：

密切关注美日及欧洲特别是美国关于贸易摩擦、涉华金融和货币政策的动向。如中美贸易谈判过程中，美方关于贸易、经济、科技，特别是汇率、利率等金融重要问题上的动向。英、法、德、日、韩、澳、加等国在中美贸易摩擦问题上的态度、涉华金融和货币政策，英国脱欧引发的金融格局的变化、伦敦同业银行拆借利率问题等重要问题的动向。

密切关注主要金融类国际组织的动向情况。如金融稳定委员会、IMF、世界银行、亚洲开发银行、欧洲复兴开发银行等。六国货币互换（C6）也要给予重视。

密切关注涉华跨国金融机构的相关动向。如三大评级机构、四大会计师事务所、费埃哲个人信用评级机构等对中国的全权和信用评级的相关动向。彭博巴克莱债券指数、明晟指数（MSCI）、富时罗素指数、摩根大通指数等也要给予密切关注。近期，富达国际、贝莱德、瑞银资管等多家海外资管巨

---

[1] 宋国有：《中美金融关系研究》，北京：时事出版社，2013年，第259页。

头正在酝酿谋求公募基金牌照，外资机构控股券商的队伍也在扩容。因此，花旗银行、渣打银行、日本输出入银行、摩根大通、德意志银行等外资银行和重要证券、保险类跨国公司的涉华动态也要给予密切关注。

第五，要全力防止关键金融数据外泄。依据《证券基金经营机构信息技术管理办法》等相关规定，敏感数据不许跨境流动。美国发起对中国贸易战、科技战、金融战的相当一部分信息都是从中国方面的不同渠道获取的。美国已经建立了包括国际组织（如 IMF 核查中国提供的数据）、国家间交往、大型跨国金融机构搜集（如三大、四大等）、公开学术交流、民间交往等多个对华经济金融情报搜集渠道。迫切需要建立起切实有效的金融信息保护网络。

第六，要预防和有效应对美国切断 SWIFT 系统。如果美国切断 SWIFT 系统，关闭美元交易通道，或者取消中国 SWIFT 系统的会员资格，中国如何应对？应该着力推动中国人民银行人民币交易的电信网络（CIPS）。推进人民币货币信用，推进跨境人民币的清算系统建设，促使人民币成为世界货币、流通货币、贸易清算货币以及其他国家的货币储备。当前 SWIFT 正在与中国合作推进数字货币建设，相关动态要密切跟进。要扩大与俄罗斯等国家的本币结算。在已经有 60 多家央行把人民币作为储备资产的基础上，如伊朗将人民币作为主要外汇货币，不断推动更多股票和债券管理者投资人民币资产。要在摩根大通、日本三菱 UFJ 银行的基础上，不断发展人民币清算银行。继续坚持不搞资本项目下的货币自由兑换。目前沪港通、沪伦通都是管道式的，这是中国能够防范住东南亚金融危机的关键。外汇储备的底线要守住。着力运行好亚洲基础设施投资银行、金砖银行等国际金融机构。乌克兰危机之后，俄罗斯方面应对美国制裁的举措值得研究和借鉴。

（二）成功经验

第一，坚决维护中国金融独立。金融安全是国家经济安全的核心，金融安全是国家安全至关重要的组成部分。在一定意义上，没有金融安全，就没有经济安全和国家安全，也没有国家主权。我们要注意到中美金融地位的不对等性："中美两国在金融关系中表现出了较为突出的不对等特征。这种不对等在中美两国的金融实力以及对国际金融规则的运用等方面均有。在实力方面，尽管中国在人民币的地区影响、在IMF等国际金融机构的份额以及外汇储备等诸多衡量一国金融势力的指标上有了明显提升，但与美国相比，或多或少均有落后之处。在货币影响力方面，即使受到了金融危机的严重冲击，当下美元仍然是全球货币，其国际地位依然较为稳定。而人民币更多地体现出主导性地区货币的潜力，尚未在东亚地区以及中国的其他周边地区取得支配性地位，遑论国际地位。从长远来看，人民币国际化确实有着较为明朗的前景，其更为现实的目标也是与美元并立为全球主导货币之一，要取代美元地位在未来数十年内不太可能实现。"[1]要切实加强党和国家对金融领域的领导，坚决维护金融独立。

在全面对外开放的过程中，要坚决防止内外勾结侵吞公私财产权益。要对境内人员和资金利用外资途径进入中国境内开展活动的情况给予密切关注。要坚决防止国际金融资本集团利用中国全面金融开放的时机对我国形成金融实际控制局面。

第二，要逐步建立和完善多元化的融资机制。充分发挥政策性金融的先导作用和商业性金融的主体作用，完善银企合作机制，支持金融机构拓展低成本的信贷融资渠道；改善对传统的间接融资的支持和服务，如传统信贷不够，存在期限错配问题，因此需要进行金融创新，使之能够长期而且是低息的贷款；需要加强直接融资对"一带一路"建设的支持和安排，加强多层次资本市场的建设，与"一带一路"沿线国家的资本市场对接合作，来为"一带一路"建设提供资金支持和安排，包括各种基金的支持和安排；加强开发性金融方面的支持和安排，不仅包括国家开发银行、进出口银行，还有其他一些开发性金融的资金支持和安排，加强同开发性金融机构的合作，包括与国际多边开发金融机构之间的合作；加强保险业的支持和安排，不仅是出口的支持，同时加强其他保险机构对于"一带一路"建设的支持力度。

为了推动和解决"一带一路"建设巨大的资金来源，2014年10月24日，中国政府启动了亚洲基础设施投资银行的筹建工作，旨在为世界各地的基础设施建设项目提供融资。初步形成了这样的项目资金来源渠道：传统国际金融机构（世界银行、亚洲开发银行）、政策性金融机构（国家开发银行、进

---

[1] 宋国有：《中美金融关系研究》，北京：时事出版社，2013年，第258页。

出口银行）、商业银行、专项投资资金（丝路基金、中国—东盟投资合作基金、中非发展基金）、新兴多边开发金融机构（亚洲基础设施投资银行、新开发银行、上合组织开发银行）以及出口信用保险等。

要深入理解金融投资的概念，必须了解金融投资与实物投资的联系与区别。区别：(1)投资主体不同。实物投资主体是直接投资者，也是资金需求者，他们通过运用资金直接从事生产经营活动，如投资办厂、购置设备或从事商业经营活动；金融投资主体是间接投资者，也是资金供应者，他们通过向信用机构存款，进而由信用机构发放贷款，或通过参与基金投资和购买有价证券等向金融市场提供资金。(2)投资客体或者说对象不同。实物投资的对象是各种实物资产，即资金运用于购置机器设备、厂房、原材料等固定资产或流动资产；金融投资的对象则是各种金融资产，如存款或购买有价证券等。(3)投资目的不同。实物投资主体进行实物资产投资，目的是从事生产经营活动，获取生产经营利润，专注于资产存量的增加和社会财富的增长，直接形成社会物质生产力，从投入和产出的关系看，实物投资是一种直接投资，可称为"实业性投资"；金融投资主体进行金融资产投资，目的在于金融资产的增值收益，如存款目的在于获取存款利息，贷款目的在于取得贷款利息，购买有价证券（如股票、债券等）在于获取股息、债息收入等，它们并不直接增加社会资产存量和物质财富，从投入和产出的关系看，金融投资是一种间接投资，可称为"资本性投资"。

相关联系主要表现为：(1)投资媒介物或者说投资手段相同。实物投资与金融投资都是对货币资金的运用，即以货币作为投资手段或媒介物，只是对象物及目的不同。因此，金融投资总量和实物投资总量同属于全社会货币流通总量的范围，二者均为社会货币流通总量的重要组成部分。(2)金融投资为实物投资提供了资金来源，实物投资是金融投资的归宿。一方面，尽管金融投资并不直接增加社会资产存量，但通过金融投资活动，为实物投资筹集到了生产经营资金，从而间接地参与了社会资产存量的积累。在现代市场经济条件下，假如没有金融投资的存在和发展，实物投资的资金来源将大大受到限制，许多耗资巨大的建设项目都难以迅速兴办甚至根本无法兴办，为此，金融投资成为促进资本积累、集中和扩大生产能力的重要手段。另一方面，金融投资是把社会闲置的货币资金转化为生产资金，而最终归宿也是进行实物投资，只不过它是通过一个间接的过程实现的。此外，金融投资的收益也来源于实物投资在再生产过程中创造的物质财富。

第三，要尽力防止境内企业被大规模做空。如浑水公司曾经于2019年7月8日做空安踏，跌幅一度超过8%，市值蒸发超过100亿港元。索罗斯牟取暴利的手法是做空。索罗斯做空操作的一般逻辑：一是发现问题：寻找存在泡沫的市场，作为沽空对象。二是果断出手：在泡沫高点果断行动。主攻外汇市场，股市、期权多为辅助或配角。三是等待救市，见好就收：一般被沽空的对象都会救市，一旦发现势头不对，立刻收兵。他曾有几句名言："耐心等待时机出现""专挑弱者攻击""进攻时须狠，而且，必须全力而为；若事情不如意料，保命是第一考虑"。所以也要防止做空香港楼市、股市等资产价格，再通过传导效应，影响到大陆的资本市场。

要密切关注主要做空机构的动向。2019年9月16日，香港《大公报》刊文称，"金融大鳄"索罗斯企图做空港股谋暴利，且是乱港分子背后的金主，勾结黎智英乱港。报道称，索罗斯基金一度大举买入约20万张恒生指数沽空仓单，押注近期中国香港社会问题与经济数据下滑引发港股下跌。浑水、赤焰、Iceberg、Blue Orca Capita 和 GMT Research Limited 等都需要给予高度关注。

第四，要努力保持汇率和金融稳定。美国拒绝承认中国市场经济地位，并且采取了很多限制中国对美出口的手段，2019年上半年中国降为了美国第三大贸易伙伴。这是自2005年以来，中国在美国市场总额首次低于墨西哥和加拿大。

美国经济与安全审查委员会（USCC）确认了156家在美国三大交易所上市的中国大陆公司的名单，其中包括11家国有企业，总市值达到1.2万亿美元。美国共和党参议员卢比奥起草了一份"公平法案"（Equitable Act），如果该法案获得通过，且3年内上市公司还没有遵守配合审查、公开信息的规定，这些公司将被美国证券交易所除名。这将引发中国概念股退市潮和回归潮。美国还可能采取公布或者冻结中国公民在美国资产，甚至动用《紧急状态法》冻结中国持有的美国国债等在美国资产的方式。

作为超大型经济体，我国的货币政策主要是服务国内经济，应以我为主，综合考虑国内经济形势和物价走势进行预调、微调。要坚决防止大规模外资撤离，防止人民币汇率大起大落。要引导A股和港股做好准备以应对可能的中国概念股回归。由于在美国上市的中国概念股大多是新兴产业，可以探讨如何用好科创板来助力解决中国概念股退市风险。

目前，我国货币政策工具手段充足，利率水平适中，政策空间较大。总体来看，汇率变化最终是由经济基本面决定，中国经济长期向好的趋势没有变，经济保持稳定发展的态势没有变。根据国际清算银行公布的数据，2005年人民币汇率形成机制改革以来，人民币名义有效汇率升值30%、实际有效汇率升值41%。人民币是二十国集团经济体中最强势的货币，是全球范围内升值幅度最大的货币之一。综合这些情况来看，人民币汇率有条件保持基本稳定。当然，这种稳定不是盯住美元不变，而是根据自身实际情况保持独立自主地动态调节的权利。

在当前金融实力对比情况下，要努力延缓和推迟人民币与美元的战略性对抗，要管理美元和人民币竞争可能带来的危机，为中国经济持续发展争取更长时间的有利外部环境，强化其基于市场选择和货币功能的互补与合作。我们要清醒地认识到，当前人民币与美元的竞争在很小的程度上是功能性的，更多成分是战略性的。要通过市场化的手段提升人民币作为国际货币的功能与地位，争取尽量长的时间内不会遭到美国等主要金融国家的阻击，追求人民币的实际控制和影响力。

总之，要加强党和国家对金融工作的统一领导，坚持稳中求进的工作总基调，遵循金融发展规律，紧紧围绕服务实体经济、防控金融风险、深化金融改革三项任务，在全面对外开放和不断发展的过程中，创新和完善金融调控，健全现代金融企业制度，完善金融市场体系，推进构建现代金融监管框架，加快转变金融发展方式，完善金融法制，保障国家金融安全，促进经济和金融良性循环、健康发展。要在国务院金融稳定发展委员会的统一协调指挥下，对股票质押、过高杠杆、房地产泡沫、债券违约、私募基金及场外配资等重点领域的风险，坚决管住增量，有效化解存量，逐步过渡到安全状态。要坚决防止大规模外资撤离，防止人民币汇率大起大落。要通过有针对性的情报搜集、有效预防和应急处理措施应对好涉外金融安全的突发事件，在不断深化对外开放的过程中确保金融安全。

第四节　基础设施投资的风险和防范

基础设施是指为社会生产和居民生活提供公共服务的物质工程设施，是用于保证国家或地区社会经济活动正常进行的公共服务系统。基础设施建设具有所谓的"乘数效应"，即能带来几倍于投资额的社会总需求和国民收入。一个国家或地区的基础设施是否完善，是其经济是否可以长期持续稳定发展的重要基础。

一、基础设施投资安全

基础设施投资是指能够为企业提供作为中间投入用于生产的基本需求，能够为消费者提供所需要的基本消费服务，能够为国家和地区提供用于改善不利的外部环境的服务等基本设施建设的投资。

（一）传统基建

中国传统基建的建设经验和能力为中国海外基础设施建设奠定了良好基础，新基建的实践更是向全世界为海外基础设施建设展示了美好前景。

基础设施对当地经济社会发展能产生广泛的推动作用。所以在不求回报而提供经济和技术援助的情况下，采用支援基础设施的情况比较合理。如中国向几内亚比绍援建的基础设施项目涉及建筑、公路、码头等各个方面，典型项目包括政府办公大楼、议会大楼、司法大楼、卡松果医院、老战士住宅、西非沿海公路比绍到萨芬路段、板丁渔业码头等。中国向佛得角援建了议会大厦、政府大楼和国家图书馆等标志性建筑。2006年中方援建了泡衣崂水坝。2017年援建了最大的援佛项目佛大新校区。

德国杜伊斯堡和汉堡、西班牙马德里、荷兰阿姆斯特丹和鹿特丹、波兰的罗兹等城市争相成为中国入欧门户和"一带一路"区域枢纽。杜伊斯堡港、汉堡港和阿姆斯特丹港是中国合作大港，是中国货物进入欧洲的重要停靠地。波兰罗兹和中国成都的合作也成为地方合作推动国家合作的一个典范。

（二）新基建

在2020年的新冠疫情全球大流行以及世界经济受到的巨大影响下，各国都在采取相应措施促进经济发展。美国主要靠量化宽松和零利率，而中国选择了主要依靠"新基建"领衔的扩大消费、投资内需的"一揽子"宏观对冲政策。狭义的新基建是指以科技创新为核心的基础设施补短板，比如5G（第5代移动通信技术）基建、人工智能、数据中心等。广义的新基建是推动中国经济高质量发展、满足人民美好生活需要的软硬件基础设施补短板，新时代产生了新需求，提出了新要求，凡是符合未来新时代经济社会发展需要的基础设施都可以划入新基建的范围。2020年4月20日，中国国家发改委首次就"新基建"概念和内涵作出解释，新型基础设施是以新发展理念为引领，以技术创新为驱动，以信息网络为基础，面向高质量发展需要，提供数字转型、智能升级、融合创新等服务的基础设施体系。

（三）中国投资境外基础设施的优先项目

依据安永发布的《2021年中国海外投资概览》，中国对外承包工程新签合同额为2584.9亿美元，同比增长1.2%，交通运输领域大项目增多。这当中的战略支点非常重要。

战略支点对于"一带一路"建设和中国国际安全具有非常重要的作用，这是整个海外利益保护网络的基础。要在全球布局，打造战略支点，进行战略安排，打造海外利益保护网络，关键时刻，召之即来，来之能战，战之能胜。

中国进出口重要物资和能源等货物运输总量的绝大部分都是利用海上运输进行的，而且中国对重要物资和能源获取的需求还呈现出不断上升的趋势，因此切实维护海湾海峡、中国南海、马六甲海峡、印度洋、阿拉伯海等海上生命线，中巴经济走廊的通道安全和瓜达尔港、吉布提港等战略要地安全，直接关系到中国和平崛起道路的进行。"海上通道是中国对外贸易和进口能源的主要途径，保障海上航行自由安全对中方至关重要。中国政府愿同相关国家加强沟通和合作，共同维护海上航行自由和通道安全，构建和平安宁、合作共赢的海洋秩序。"应该重点关注：

第一，中巴经济走廊建设。2014年11月，中巴两国正式签订《中巴经济走廊建设远景规划》，并将中巴经济走廊定义为"一带一路"倡议的旗舰工程。该规划涉及四大领域30多个项目，2030年基本完工。2017年12月18

日,《中巴经济走廊远景规划》在巴基斯坦首都伊斯兰堡发布。该规划把中国"一带一路"倡议和巴基斯坦"2025发展愿景"深入对接,指导规划走廊建设,推动两国协同发展。根据《中巴经济走廊远景规划》,中巴经济走廊建设自中国新疆喀什,经红旗拉甫口岸进入巴基斯坦,途经若干重要节点地区,至巴南部沿海城市卡拉奇和瓜达尔。该规划明确了走廊建设的指导思想和基本原则、重点合作领域以及投融资机制和保障措施。

中巴经济走廊对于中巴双方都非常重要。但由于中巴经济走廊的建设具有"点多""线长""量大""面广"的特点,对巴方的安保力量和能力提出了严峻挑战。2016年,巴境内恐怖袭击事件比2015年下降了30%,但仍发生了至少24起造成较大伤亡的恐怖袭击。如何应对恐怖主义威胁成了摆在中巴两国面前的现实问题。

第二,确保马六甲海峡航运安全。马六甲海峡事关中国能源安全,必须不遗余力扩大中国在马六甲海峡的实际影响力,有效破解"马六甲海峡之困"。如新加坡紧密追随美国,要通过对马来西亚凰京港的建设、甚至克拉运河的建设等多种方式来确保马六甲海峡的安全。要逐步采取有效措施平衡新加坡、马来西亚和印度尼西亚,实现对马六甲海峡的有效影响。

第三,积极推进中缅油气管道建设。中缅油气管道是继中亚油气管道、中俄原油管道、海上通道之后的第四大能源进口通道,也是中国破解马六甲海峡困局的重要出路,是中国腹地与印度洋之间的"大动脉",应全力确保管线安全。

应国际形势变化,需加快中缅经济走廊建设。要认识到这项基础设施项目规模庞大,需要花费数百亿美元,也需消耗一定的时间和精力才能完成。其核心内容是建设一条连接中国云南省、缅甸仰光市一级孟加拉湾深海港皎漂港的铁路线。这条走廊的建设将包括伊洛瓦底江上的一座6000兆瓦大坝,以及靠近仰光的制造业基地等数十个项目。

但这条走廊面临很多困难:它穿越世界上地形最复杂、暴力最频发的政治区域。中国和缅甸的边境地区、缅甸北部地区盘踞着十几支不同种族的地方武装力量。必须适度影响和掌控缅甸各方武装力量,务实推进缅甸和平进程来为中缅经济走廊建设提供有力支撑。也要加强对缅甸投资、中缅贸易、中国本土社会组织到缅甸活动来切实加强中缅关系。缅甸的毒品和赌场问题也需要给予一定重视。

第四，中国与中南半岛铁路建设。中国与中南半岛铁路建设非常重要。以中老铁路为例。历史上，老挝的铁路体系很不发达。1949年，老挝获得独立，但是从那时一直到21世纪初，都不曾修建过铁路。主要原因是老挝地形复杂且山地特别多，铁路施工的技术难度很大且成本高昂。2007—2008年，泰国投资修建的一条连接泰老两国的铁路建成通车，主要用于客运。2015年，中老两国签署了建设总长度1035千米的老挝首都万象至中国云南省会昆明铁路的协议，由中国公司按中国最新的技术标准进行施工。2015年12月，玉溪至中老边境口岸磨憨的中国部分铁路开工建设。2016年12月，老挝境内的磨丁至万象段铁路开始动工。2021年12月3日，中老铁路通车运营。两国领导人通过视频连线共同出席了通车仪式。第一列运送旅客和货物的列车从老挝出发驶向中国。中老铁路约80%为隧道和桥梁，其中连接两国路段的友谊隧道长约9.5千米。

中老铁路造价高达59亿美元，其中35.4亿美元为中国进出口银行的贷款，中国政府出资16.3亿美元，老挝政府出资7.3亿美元（包括老挝从中国进出口银行获得的4.8亿美元贷款）。

老挝2020年国内生产总值约190亿美元。老挝拥有丰富的钾、铝、铜和金等资源储备。双方在修建铁路同时还合资建设了一家化工企业——中农国际钾盐开发有限公司。该公司首批制成品已经于2021年12月3日通过中老铁路运往中国。

二、基础设施投资风险

基础设施投资有突出特点，相关风险也有一定特殊性。

（一）资金回收时间长

基础设施投资风险主要是指建设周期长，资金回收时间长，依赖所在地政府保护，重点和难点都在于回收周期长。根据亚洲开发银行的测算，2016—2030年，亚洲需要26万亿美元的基础设施投资。2017年全球FDI流入额为1.43万亿美元，比上年下降了23%。2017年发达经济体FDI流入额仅为7.20亿美元，比上年下降了37%。2017年至少有9笔外资并购交易在东道国政府的反对声中被终止，其中有5笔是来自中国的投资。

（二）建设地风险偏高

基建等项目要在欧盟规定的交通运输网络框架下实施。如欧洲加大了匈塞铁路等项目的审查力度。

大部分境外基建项目面临恐怖主义等风险，东道国政局不稳定。如中巴经济走廊建设在2022年先后遭遇巴基斯坦前总理伊姆兰·汉被罢免和信德省孔子学院恐怖袭击事件。

（三）"债务陷阱"攻击

欧美认为中国贷款给欧洲国家从事基建项目，导致该国债务水平上升，陷入中国的"债务奴役陷阱"，从而扩大中国在该地区的影响力。比如在斯里兰卡出现债务危机后，中国在"债务陷阱"问题上面临着来自西方的很大压力。

中国坚持发展中国家地位，同时对外援助、大兴基建。"一带一路"建设项目风险较高，如马来西亚基建项目曾经被迫中止、后又降价恢复，中国为何还要不顾投资收益进行大规模的基础设施建设？这些疑问增加了西方国家对中国的法务陷阱问题的攻击。

（四）目标国家防范意识加强

法国是欧盟国家中吸引外资规模比较多的国家，但是在能源、电信、运输、公共卫生和国防等领域，对外资进入一直采取比较严格的限制措施。近年来，法国政府不断继续扩大外币并购的审查领域，而且对于来自非欧盟国家在法国投资的股权比例审批的门槛也在调整，已经由之前的33%下调至25%。德国为维护公共卫生（医药、防护装备）和能源、科技等关键领域的产业安全，以及保护这些领域的知识产权，对来自欧盟以外的资本并购交易，也将实施更加严格的审批政策，在有必要的情况下，将会对相关并购计划予以冻结。意大利虽然抗疫形势十分严峻，经济面临严峻困境，但是对于发生在食品安全、公共卫生以及基础设施等关键领域的外资并购，也将加强安全审查，对于欧盟国家也不例外。

也要注意到美国加大了基础设施建设的力度，美国国会通过了《基础设施投资与就业法案》。2021年6月4日，美国众议院发起《基础设施投资与就业法案》，7月1日与8月10日，美众、参两院分别通过该法案。因为该法案最终修订版本需要众议院重新表决，美国众议院于11月6日以228∶206的投票批准该法案，总价值约1.2万亿美元。其中，交通基础设施投资约2840亿美元，其他基础设施投资约2640亿美元。

三、基础设施投资的风险防范

在充分认识到海外利益面临风险的情况下，2018年11月5日，首届中国国际进口博览会开幕式在上海举行，习近平主席在主旨演讲中指出，中国将继续推进共建"一带一路"，坚持共商共建共享，同相关国家一道推进重大项目建设，搭建更多贸易促进平台，鼓励更多有实力、信誉好的中国企业到沿线国家开展投资合作，深化生态、科技、文化、民生等各领域交流合作，为全球提供开放合作的国际平台，展现出了新兴大国的风范。"一带一路"倡议提出6年以来，截至2019年4月，中国对共建"一带一路"国家投资超过800多亿美元。

（一）防范措施

第一，要对重点项目所在地情况高度关注，对风险进行有效识别并合理规避。"一带一路"最重要的项目之一是中巴经济走廊，这个项目将耗资510亿美元，其中中国出资460亿美元。因此，巴基斯坦授权中国政府完全控制该国南部沿海的深水港瓜达尔港，作为战略飞地和进入印度洋的出海口，联通阿拉伯半岛的霍尔木兹海峡。

第二，要制定基础设施领域投资重点计划项目清单，设计和建造一批营利性的产品或者项目。匈赛铁路是中国与中东欧合作的旗舰项目，该铁路连接匈牙利首都布达佩斯和塞尔维亚首都贝尔格莱德，全长350千米，设计时速200千米。建成后两国首都之间的陆路交通将由8小时缩短至3小时。塞尔维亚境内的匈塞铁路分为3段，分别由中国铁路国际有限公司、中国交通建设股份有限公司和俄罗斯铁路公司承建。2022年1月18日起，贝旧段（贝尔格莱德至旧帕佐瓦）开始进行动态测试验收。1月21日，塞尔维亚总统武契奇见证列车提速到每小时200千米，贾南波形图满足设计要求。

第三，要注意化解"债务陷阱"怀疑。用数据说话，用事实说话，打破西方的栽赃陷害。

第四，要充分注意市场需要。如巴西将修建大量铁路、机场、港口和输电线路等，明确表示欢迎中国投资者的参与。

（二）成功经验

第一，全面加强与当事国合作。如中巴经济走廊和瓜达尔港建设。

第二，保持耐心，把握住机遇。如马来西亚东海岸铁路恢复施工，中泰"铁路换大米项目"恢复建设。

第三，发挥中方施工能力优势。如中老铁路和柬埔寨金港高速公路建设。柬埔寨金港高速公路全长187.05千米，设计时速100千米，是由中国路桥进行"建设—经营—移交"一体化的基础建设项目，总投资额为20.19亿美元，协议运营期50年。该项目于2019年6月18日正式动工，有可能2022年7月提前竣工。金港高速对于促进中国和东盟国家互联互通具有重要意义。项目建成后，金边到西哈努拉克港车程将由5小时缩短至2小时以内，物流成本将大幅降低。该项目目标是将金港高速打造成为柬埔寨高速公路的品质工程和样板工程。中方克服了柬埔寨当地工业化程度低、项目所需大量设备和物资都需要从中国进口的现实困难。此外，受新冠疫情影响，物资设备出现供货周期延长、运输成本增加等问题。

第四，适当借助外力合作推进。如对于美、日关于基础设施项目的包容，第三方市场的合作开发。

第八章
中国海外投资优先项目的风险防范

立足本国经济的实际情况及其派生出来的对外需求，所有国家的对外投资都有着优先选择的项目。有必要对我国优先选择的项目类型，积极、全面地开展风险和安全分析，这是一切海外投资工作的出发点。

依据中国经济的具体情况，确定中国对外投资项目的价值取向是能源资源项目、高新技术投资项目、境外市场安全、国际收支均衡。

第一节　能源资源类投资项目的风险分析和防范

首先是能源资源投资安全。

一、能源资源投资安全

第一，要认识到能源资源是一个国家的生命线。两次石油危机使得能源资源成为人们议论的热点。在全球经济高速发展的今天，国际能源资源安全已经上升到了国家的高度，各国都制定了以供应安全为核心的政策。能源资源是国民经济的重要物质基础，未来国家命运取决于能源资源的掌控。能源资源的开发和有效利用程度以及人均消费量是生产技术和生活水平的重要标志。

第二，要明确能源就是自然界中能为人类提供某种形式能量的物质资源（矿物质能源、核物理能源、大气环流能源、地理性能源）。依据《中华人民共和国节约能源法》，能源是指煤炭、石油、天然气、生物质能和电力、热力以及其他直接或者通过加工、转换而取得有用能的各种资源。依据《大英百科全书》，"能源是一个包括所有燃料、流水、阳光和风的术语，人类用适当的转换手段便可让它为自己提供所需的能量"。能源是人类活动的物质基础。在某种意义上说，人类社会的发展离不开优质能源的出现和先进能源技术的使用。在当今世界，能源的发展、能源和环境，是全世界、全人类共同关心的问题。能源安全事关经济发展和国家安全。矿产在能源资源中占有重要地位。矿产企业是指以矿产资源为依托,利用本身的技术优势、人才优势和地域优势,进行矿产资源勘探、开发、冶炼、精炼和销售等部分产业链或整条产业链经营的特殊企业。

第三,要认识到能源资源安全属于战略安全范畴,通常指一国可以稳定而可靠地获得所需要的各种能源资源的一种状态,用以满足国家生存、经济与社会发展的正常需求,而且能源资源供应保障应该具有连续和稳定性。习近平总书记指出:"能源安全是关系国家经济社会发展的全局性、战略性问题,对国家繁荣发展、人民生活改善、社会长治久安至关重要。面对能源供需格局新变化、国际能源发展新趋势,保障国家能源安全,必须推动能源生产和消费革命。推动能源生产和消费革命是长期战略,必须从当前做起,加快实施重点任务和重大举措。"[①] 能源资源安全是一个包含供应安全、消费安全、使用安全和经济安全的综合安全体系。

二、能源资源投资风险

改革开放以来,中国能源资源事业取得巨大进步。"十三五"以来,我国能源发展、结构优化、高效利用等更是取得明显成效。能源资源保障能力不断提高:中国已经成为世界能源生产第一大国,能源自给水平保持在80%以上;中国建成了世界上规模最大、安全可靠的输电网络,油气管网快速拓展,能源发展有效支撑了经济发展。但是,中国经济长期保持较快发展速度,能源需求激增,能源对外依存度上升,更多依靠外部"输血"。其中,石油、铁矿石、锰、铬、钾、铜、铝、锡、镍等战略资源的对外依存度不断上升。1993年,中国成为石油净进口国。2009年,中国从一个煤炭净出口国变成煤炭净进口国。2017年,中国进口石油就高达1623.3亿美元。预计到2030年,液化天然气(LNG)的需求72%来自亚洲,主要是电力、工业和居民用户需求。2020年,原油对外依存度超过70%、天然气对外依存度超过40%,国际原油期货价格每桶已经突破80美元,创6年来新水平高水平,欧洲、亚洲天然气现货价格分别上涨了7倍和6倍左右。2021年中国正式对外

---

① 习近平:《在中央财经领导小组第六次会议上的讲话》(2014年6月13日),《人民日报》,2014年6月14日。

公布实施碳达峰和碳中和目标,这对于能源问题提出更大挑战。因此,对于能源资源及相关问题,我们在对外投资和经济可持续发展的过程中必须给予足够的重视。

中国能源资源相对短缺,而且国内资源前期过度开采比较严重。当前阶段,虽然中国经济发展速度有所放缓,但从长远看,中国对能源资源的需求仍然巨大。在当前中国能源资源对外依存度高的背景下,能源安全的目标是提供持续和不间断的能源供应。这个目标只有通过保证从生产到供应的能源链整体的安全运行才能实现。

(一)内容风险

能源的内容安全包括主要能源品种的安全、主要能源品种数量足够支撑中国国内的能源消耗需求。最主要的能源是石油、天然气、煤炭、电力和淡水等。近些年在能源领域发生的最大变化是2018年美国的石油和天然气产量猛增,这使得美国实现了能源的完全自给,而且成为世界头号石油和天然气出产国。在这样的情况下,原有能源格局——西方严重依赖阿拉伯地区的石油、美国不得不大量从海湾国家进口石油——发生颠覆性变化。而且随着油价剧烈变化,作为能源巨头的俄罗斯、沙特、甚至伊朗和委内瑞拉的财政都遭遇了很大的困难。2022年2月乌克兰危机事件更是给能源格局带来巨大影响。

从中国的角度看,近年来中国能源对外依存度一直维持在较高的水平。中国能源以煤为主,但是煤炭仍然需要进口,煤炭碳排放较高,而且清洁用煤技术掌握在发达国家手中。依据《中国能源发展报告(2018)》,2018年中国能源对外依存度约为21%,能源进口量约为9.7亿吨标准煤,其中原油占66%,较2017年下降1个百分点;天然气占16%,较2017年提高2个百分点;煤炭占18%,较2017年下降1个百分点。其中,煤炭贸易量小幅上升,2018年煤炭进口2.8亿吨,同比增长3.9%;原油进口继续较快增长,2018年,中国原油净进口量达到4.6亿吨,同比增长10%,对外依存度升至71%;中国天然气净进口量达到1200亿立方米,同比增长32%。自2016年起,俄罗斯一直是中国最大的石油供应国。中国自2019年年初起大幅增购伊朗和委内瑞拉的石油。但伊朗和委内瑞拉遭遇美国"出口"封锁，中国的石油供给面临很大的不确定性。工业和信息化部原部长、中国工业经济联合会会长李毅中在2021年经贸热点论坛上表示，目前我国部分能源和矿产资源仍存在大量依赖进口的问题；目前，我国部分能源和矿产资源自给不足，其中石油对外依存度高达70%以上，铜和铁矿石对外依存度均在80%以上。

（1）石油风险。当前中国石油安全面临的风险主要体现为：

①油价风险，有效应对国际油价大幅震荡。石油价格的巨大变化对于整个国际经济秩序产生深远的影响，一国的石油价格对于该国的企业影响也是十分巨大的。2008年国际金融危机以来，初级产品价格严重下跌。国际市场石油价格一度从顶峰时期每桶120美元降至50美元以下，导致委内瑞拉、尼日利亚、阿尔及利亚、南非等国家陷入经济增长失速状态，对俄罗斯经济也产生了重要影响。石油价格的巨大变化对中国经济同样影响巨大，中国作为能源进口大国，能源价格直接决定行业利润从而决定产业布局变化。

2018年世界石油市场基本面重回平衡后再度转为宽松，国际油价震荡上行后又大幅下挫，但年均价仍是大幅上升，并曾创下4年中的最高价格点。2018年布伦特原油期货年均价格为71.69美元/桶，比2017年提高16.96美元/桶，涨幅达到31%；WTI原油（美国西德克萨斯轻质原油）期货年均价格为64.90美元/桶，涨幅达到27.6%。2018年10月3日，布伦特原油和WTI原油期货价格分别创下86.29美元/桶和76.41美元/桶的近4年高点；但12月24日，布伦特原油和WTI原油期货价格又分别跌至50.47美元/桶和42.53美元/桶的较低水平。中国2018年推出了首个国际化期货，成交量不断提升，但影响仍然有限。2019年，中国进口石油的均价在65美元/桶左右，而2020年3月沙特与俄罗斯陷入油价大战之后，3月11日国际油价已经跌至36美元/桶。但出于石油供应稳定和国际信誉等因素，我国还在向俄罗斯购买100美元/桶的石油。2022年2月俄乌事件后国际油价迅速走高，后又再被做空走低。由于石油进口量巨大，因此油价骤升骤降对我国产业链和经济结构的影响是非常大的。

②油源风险，各石油消费国围绕石油资源的争夺可能愈演愈烈，特定地区有可能出现无油可买的局面。2018年中国原油对外依存度攀升至71%，天

然气进口量超过日本成为全球第一，对外依存度达到43%。对OPEC、美国、沙特、俄罗斯等国家和组织在产油和出口问题上的态度需要给予高度关注。

③通道风险，中国进口石油绝大多数通过马六甲海峡运输。目前中国进口的石油中有1/2以上来自中东、非洲和东南亚，中国在穿越印度洋后购买的原油大概80%是通过马六甲海峡运输的。而今马六甲海峡运力接近饱和，且国际局势动荡，中美、中印关系不稳定，通道安全已经成为关系中国石油安全的瓶颈。

④政治风险，石油的背后是国家与国家之间的较量、国际格局的巨大变化。2019年中国所消费石油的72%是进口的，总进口量达到37亿桶、5.06亿吨，总金额1.67万亿元。平均每天的进口量约为1000万桶。2020年中国进口原油5.4亿吨，同比增长7.3%，创历史新高。但是委内瑞拉、甚至伊朗等国的石油供应都存在很大的不确定性。

（2）铁矿石风险。2019年，铁矿石价格一度大幅上涨近70%，由年初的每吨70美元涨到120美元以上，创下5年来新水平高水平。这次铁矿石价格飙升，直接原因在于国际主要矿石的生产商因为多种原因减产，间接原因则是国际矿山对资源的垄断与技术资本的炒作。2019年1月25日，巴西淡水河谷公司（VALE）南部一个重要矿区发生溃坝事故，导致停产。2019年3月22日，飓风毁坏澳大利亚多个主要铁矿石出口的港口设备，导致澳矿3月下旬至4月中旬发运量同比降低。大量金融资本在市场上放量做多矿石。期货市场也增仓上行，且每一次快速拉涨都是期货先行于现货市场。2021年再度出现了铁矿石价格大幅上涨的局面。

国际铁矿石市场是卖方高度垄断格局，国际铁矿石资源主要是被巴西淡水河谷，澳大利亚必和必拓、力拓三大巨头掌握。资本又与矿山联合形成了当前的垄断局面。我国国内铁矿石从品质到成本与国外相比都有差距。在此格局下，中国容易成为利益受损者。铁矿石价格大幅上涨，加上国内钢铁市场需求走低和价格下跌，部分钢铁企业"两头受压"，一批钢企利润显著下降，有的已陷入或濒临亏损。

高矿价使中国推进钢铁行业供给侧结构性改革的成果几乎全部付诸东流，形成了很大负面影响。在供给侧结构性改革的背景下，2016—2018年，我国钢铁行业实现利润总额超过9100亿元人民币，其中2018年超过4000亿元人民币。2019年，如每吨铁矿石涨价35美元，进口总量为11亿吨，则全行业2019年将损失利润2700亿元人民币。2019年7月，62%直进矿将近120美元/吨，较2018年2月涨幅超过40美元/吨。2021年4月19日，进口62%粉矿到岸价为177.61美元/吨；至5月，普氏62%铁矿石指数一度超过200美元/吨，最高点至230美元/吨。此外，国家外汇储备也将面临数百亿美元的损失，甚至可能对汇率造成一定影响。

此外，中国在铜、铝、锂、镍等有色金属方面也存在一定的缺口。在天然气问题上，严重依赖国外供应，国外不履行管道供气合同将成为重大风险。

（二）渠道风险

能源供应地不断发生动乱和变局，中国的能源渠道如何保障和实现成为突出现实问题。

如美国对伊朗和委内瑞拉这些敌对产油国发起经济制裁。委内瑞拉国内混乱，通货膨胀严重，产油能力严重下降。伊拉克、利比亚等国安全局势堪忧。2019年5月，美国完全终结了针对部分国家和地区进口伊朗原油的豁免。后来竟然对伊朗军队将领苏莱曼尼进行了斩首行动，直接升级了地区形势。美国对中东的能源依存度开始降低，这也是使美国更便于采取对伊朗强硬政策的原因之一。美国的目的就是要凭借手中的能源霸权提高影响力，在资源外交和扩大出口上掌握主导权。打击了伊朗，搅乱了中东，美国的油气买家就更多，购买中东石油的买家就面临着越来越大的不确定性。

铁矿石比较集中的澳大利亚、巴西，特别是有色金属资源比较集中的刚果（金）等非洲国家、缅甸等东南亚国家在国际格局中的位置、治安、政治稳定等因素上也都存在很大的不确定性。

（三）通道风险

通道安全存在的主要问题是将需要的能源从能源出口地顺利运输到国内面临的风险和挑战。

美国不断加大在印太地区的军事投入，马六甲的樟宜军事基地得到加强,美国不断在南海地区加大军事投入、进行滋扰活动,不断在台湾海峡进行"巡航"、升级美台军事交流,中国能源的通道安全风险不断加大。在世界范围内,苏伊士运河、霍尔木兹海峡、马六甲海峡等战略意义越发突出。

(四)美国因素

美国是当前世界能源资源格局的实际控制者和"标准"制定者。从实际控制的角度上说,美国不仅在石油等重要能源产品上有着强大的话语权,而且掌握着全球矿产能源的大部分数据,通过研究评估它掌握的数据和价值影响等手段,能够对特定行业实施精准措施,服务其能源政策、外交政策等方面。在"标准"制定方面,如美国"责任商业联盟"以在"全球供应链中倡导企业社会责任"为借口,利用所谓"负责任矿产计划",建立起覆盖供应链上游矿产生产商到下游品牌的会员制度,制定矿产行业标准和"冲突矿产"名单,谋求规范重要矿产的采矿、进出口、售卖标准等,谋求控制国际矿产供应链,服务美国政治图谋和国际战略需要,其拟定的《冲突矿产调查表》收录了全球587家冶炼厂名单,包括中国国内192家冶炼厂详细信息及电子行业企业大量矿产资源的基础资料。

美国一直在为自己的能源安全不断努力。美国前总统特朗普2017年12月签署名为"确保关键矿物资源的安全和可靠供应的联邦战略"的行政命令,授权美国内政部与其他行政机构协调,最终实现35种关键矿物的国内生产,其中包括17种稀土元素和4种电动汽车生产所需要的关键矿物(钴、石墨、锰和锂)。2020年5月12日,美国共和党籍参议院特德·克鲁兹提出《2020年本土稀土议案》,旨在在美国本土建成稀土和其他关键矿物资源的供应链,来降低并终止对中国的依赖。该议案要求对美国稀土产业提供减免税收的优惠,鼓励美国企业在美国本土生产稀土;建立资助计划,为美国开发稀土等关键矿物提供实验项目的开发资金;要求美国国防部把稀土等关键矿物的订购合同授予美国本土企业。

美国实现能源自给,不再受制于中东的能源供应,在能源安全问题上拥有了很大的主动权,甚至开始谋求以能源为武器来改造世界。2018年美国通过页岩气革命,原油产量在时隔45年之后重新成为世界第一,而且牢牢掌握了石油和液化天然气勘探和开发的主动权。世界能源结构和能源地理因此发生了巨大变化，原来以中东为中心的能源地缘政治结构发生巨变，围绕能源的地缘政治越发复杂。美国通过页岩气革命在原油产量上成为世界第一，从资源"短缺"国变身为资源"富足"国，身份刚一转变，就开始寻求摆脱对中东资源的依赖。美国国家能源局预测，到2023年，美国石油产量可能升至1240万桶的年度新高，超过2019年创下的1230万桶的历史纪录。而中国经济两头在外的格局，使得能源领域是中国海外利益布局的重点内容，需要重点关注。

特朗普执政时期，彻底转变了过去出于确保能源安全而非常重视中东稳定的外交政策。不仅对伊朗和委内瑞拉进行制裁，还对俄罗斯要挟，对中国等国家发起贸易战。以前科技领域主要是合作，而今却是竞争的提法越发突出。中美技术战可能导致全球供应链脱钩。2020年3月18日，美国国务院宣布，根据第13846号行政令，对参与伊朗石化产品交易的9家企业、3名个人实施制裁，其中包括大连金太阳进出口公司、大连天意国际有限公司和上海船舶管理有限公司3家中国大陆企业和3家香港企业。美国国务院称，这3家中国大陆企业和3家香港企业在知情的情况下，从事了购买、获取、销售、运输和营销伊朗石化产品的重大交易。根据公告提及的法律，上述企业将受到制裁措施的范围包括但不限于：禁止政府机构为其签发特定的出口许可证；禁止政府机构向其采购任何商品或者服务或者签订采购合同；禁止其高管和控股股东入境美国；禁止美国金融机构为其提供美国有管辖权的汇款或支付；限制或禁止从被制裁者向美国直接或间接进口商品、技术或服务等。

美国2020年3月9日指责某些"国家行为体"操纵全球石油市场，称它们的行为导致油价暴跌，但补充说，美国能源供应商完全有能力经受住油价波动的影响。但美国页岩气供应将受价格战重创，其生产商正面临严酷的现实：几乎所有的美国页岩油钻探都已无利可图。美国能源部在一份声明中表示："国家行为体"操纵和冲击石油市场的企图，强化了美国作为全球伙伴和盟友的可靠能源供应国的重要性。

拜登上台后，美国重返《巴黎气候协定》，召开气候峰会，大力扶持新能源汽车，拟强化 SAFE 排放监管标准，以及推出 1740 亿美元电动车补贴法案。国际能源格局面临巨大调整。特别是当前日趋严峻的俄乌紧张局势，造成石油、天然气大幅涨价，石油供应链出现巨大不确定性。

三、能源资源投资的风险防范

中国政府鼓励和支持企业对外投资，开发利用境外油气、金属和非金属矿产资源、林木资源以及经济作物种植、远洋渔业等资源，加强互利互惠的投资合作，促进中国与其他国家和地区的优势互补、共同发展。根据中国能源资源紧张的状况，一些大企业把投资放在国外能源资源开发上，采取在靠近高端战略矿产资源储备的地区布置自己的生产制造基地，收购或入股能源资源生产企业等方式，获得了国外能源资源的开采权和产品分配权，如宝钢和世界上最大的钢铁矿石公司巴西国有铝厂成立了合资公司；中国有色金属集团公司将购买外国一些铜矿企业的股份；三大石油公司在苏丹、哈萨克斯坦、印度尼西亚等地投资入股当地企业共同开采石油和天然气等，为国内发展开辟重要资源的供应、相关行业的发展减少资源成本等作出了重要贡献。但是并不是所有的矿业企业对外投资都是盈利的，很多企业遇到了各种各样的问题，其中国企的数量占据了比较大的比例。不少企业近年来只能寄托于不断开展新的项目来带动旧的项目，以实现整体上的赢利。但是如果继续投资不利，不仅会造成投资资产损失，还有可能拖垮整个公司。在这种大背景下，大部分中资企业，尤其是经济实力、管理实力比较强的国有企业，更是考虑到投资规模和体量比较大的原因，更加重视对外投资的风险管理。资源禀赋、开发条件、投资环境、市场走势、矿种特点等都是选择境外勘察项目的重要内容。

当今世界的能源格局正在从化石燃料向可再生能源技术转型，这种能源转型将伴随着产生出新的权力关系。必须顺应这种趋势，抓住趋势带来的机会，并提前布局，确保国家能源安全。

（一）要推动绿色低碳发展

转变传统生产、供应以及商业模式，着力构建全方位、全产业链的绿色发展体系。要立足以煤为主的国情，处理好煤炭和清洁能源的关系。要加大科研投入，攻关煤炭清洁高效技术，积极发展可燃冰、氢能、低热、生物质能、核能等新能源的开发利用。坚持推动创新发展，逐步转变能源行业由投资和要素驱动向创新驱动转变。坚持"减煤、稳油、增气、提效，大力发展可再生能源"的战略。但是在农村取暖等问题上，要实事求是，宜煤则煤、宜电则电，不能搞用电用气"一刀切"。

积极进行石油能源替代。中国在太阳能电池方面有9家企业，在陆上风力发电方面有5家企业进入各自领域的全球排行榜前十名。在可再生能源领域也取得重大进展。中国绿色能源产业2021年快速发展，可再生能源装机容量5年翻了一番。可再生能源在全国发电结构中的比重达到43.5%，比2015年年底提高10.2%。其中最大的贡献来自水电，其他是风电、太阳能发电和生物质发电。中国占全球太阳能电池板产量的80%，并主导了逆变器的生产。这是将面板与电网连接的一个关键部件。排名前十的逆变器制造商有6家在中国，占全球产量的60%。这方面科技攻关力度要继续加强。

（二）积极进行能源勘探和能源开采技术攻关

大力提升国内铁矿石等重要战略能源勘探开发力度，加快天然气产供储体系建设。中国在风电领域取得了巨大成就，全球前十大风力发电机制造商有7家是中国的，已经形成从关键零部件到风电场建设和运营的完整供应链。在南海、新疆，中国拥有勘探权的国际海域等地加大页岩气和油田的勘探力度，努力扩大本土供应占比。中国拥有世界上最大的页岩气储量，大约为31.6万亿立方米，是美国和澳大利亚储量的2倍。要努力提升页岩气开采技术水平，切实提升能源开发利用水平，改变能源供应现状。要继续提升中国在储能设备研制方面的领先地位，特别是要全力防止在新能源问题上被"卡脖子"。

（三）要加大国际能源合作，拓展国际能源渠道

应"全方位加强国际合作，实现开放条件下的能源安全。在主要立足国内的前提条件下，在能源生产和消费革命所涉及的各个方面加强国际合作，

有效利用国际资源。"①中亚油气管道、中俄原油管道、海上通道和中缅油气管道一起构成了中国的四大能源进口通道。作为一个经济外向型而且能源严重依赖进口的国家,能源安全事关中国国家安全。而从国别上看中国的海外资源利益,地理上主要分布在中东、非洲、大洋洲和南美洲。在石油问题上,要继续巩固俄罗斯、伊朗、苏丹、安哥拉、尼日利亚等国家的石油进口。在天然气问题上,要积极参与海外天然气勘探开发项目,战略性布局国际LNG项目(液化天然气的加工、储存或者销售项目),形成稳定可持续的资源保障体系。要高度关注OPEC、国际能源署等组织和机构在全球能源治理中的重要作用。

要采取多方面措施,遏制矿价过高和过快上涨给钢铁行业及我国工业带来的负面影响。一是强化钢铁金融衍生品监管,遏制投机资本和从业人员违规操作。在大连商品交易所铁矿石期货国际化的过程中,要有序引入国外资本,也要进行有效监管。要加强对有关机构从业人员行为的监管,对证券公司从业人员个人从事钢铁期货交易作出明确规定。二是支持国有资本投资海外矿山,提升矿石资源保障能力。我国是最大的铁矿石需求国,但对铁矿石资源掌控力较弱、话语权较小,特别是前期海外投资的相关负面舆论,极大地影响了行业对外投资和生产的积极性,建议适当调整海外投资战略,强化矿石资源保障能力。三是强化资讯数据和预期管理,规范信息发布等工作。行业部分数据公布过多、过频,且来源存疑,但在实际中对金融市场和实物市场造成影响。建议对国内钢铁服务平台及相关媒体加强监管,明确商业秘密和公共资讯的界限,以防止有价值的经济信息被投机资金尤其是境外资本利用。

(四)积极进行能源通道建设

要积极推进中巴经济走廊和瓜达尔港建设,推进中缅经济走廊和皎漂港建设,加强中俄石油管道建设,化解过分依赖马六甲海峡能源通道的风险。如2020年3月27日,俄罗斯总统普京表示,同意俄罗斯天然气工业股份公

---

① 习近平:《在中央财经领导小组第六次会议上的讲话》(2014年6月13日),《人民日报》,2014年6月14日。

司（俄气）就通往中国的"西伯利亚力量—2"天然气管道建设开启经济技术论证与设计勘测工作。经蒙古国通往中国西部的"西伯利亚力量—2"天然气管道向中国供气，合同为期30年，规定的每年供气量为380亿立方米。类似的能源通道建设还要加强。

（五）要提升能源领域话语权

要把中国声音、中国市场带入国际能源界，争取国际能源市场话语权，提升能源领域中国话语国际传播能力，积极宣传中国企业发展理念，提升中国企业国际化形象，增加软实力。

要努力用好中国占据优势资源问题上的主动权。2003年5月中国效仿欧洲和美国的做法，建立战略石油储备。2010年中国限制稀土对日出口后，日本致力于降低对中国的稀土依赖程度，但现在仍有将近60%的稀土要从中国进口。美国使用的稀土80%来自中国。稀土对于美军的导弹等武器制造不可或缺。美国正在通过向本土稀土矿山和冶炼工厂提供补贴以及与澳大利亚等国家加强合作的方式来确保稀土供应。而对于我国而言，要避免和减少出现铁矿石涨价但稀土降价的被动局面。

要特别注意处理好中美俄能源关系，注意用好买方优势。中国是大买家，美俄都是大卖家。中美2021年4月17日发表《中美应对气候危机联合声明》。在2021年11月第四届中国国际进口博览会举办期间，中国石油天然气集团所属公司与包括沙特阿美在内的33家能源巨头企业签署采购协议，能源采购协议价值高达155亿美元。2021年10月21日，中国还与美国签订了液化天然气的采购合同，美国每年将为中国提供400万吨液化天然气，这份合同将持续20年。中国和美国在格拉斯哥联合国气候变化大会期间发布《中美关于在21世纪20年代强化气候行动的格拉斯哥联合宣言》。

成功案例：2017年11月，中葡两国政府部门签署了关于建立"蓝色伙伴关系"概念文件以及海洋合作联合行动计划框架。葡萄牙成为欧盟第一个与中国正式建立"蓝色伙伴关系"的国家。中葡两国在能源领域存在互补性，双方在可再生能源领域达成了多项合作。葡萄牙已经有多所大学与中国高校合办了孔子学院，里斯本大学还与澳门高新技术交易所、上海大学签署了合办中葡创新大学协议。

第二节　高新技术类投资项目的风险分析和防范

高新技术代表生产力的前进方向。谁掌握着高端技术，谁就掌握着这个世界的未来。中国作为工业后起国家，技术发展水平直接决定着中国经济能否实现高质量发展。因此，中国对外投资必然应该鼓励高新技术投资项目。

针对中国企业整体技术水平薄弱的情况，一些企业把投资的重点放在发展利用国外的技术和人才的投资上，采取收购整合外国的高科技企业，收购外国高科技品牌或在国外设立研发机构等方式为企业提供先进和适用技术。

一、高新技术投资安全

高新技术获取型的投资，通过投资加强与国外的技术合作，获取上游技术。如东方通信股份有限公司投资在美国设立伊斯泰克有限公司，进行CDMA技术和产品开发。依据安永发布的《2021年中国海外投资概览》，2021年中国海外投资交易额前三大行业为TMT（包括科技、媒体和通信，其中媒体部分包含媒体和娱乐行业），房地产、酒店与建造以及先进制造与运输，占交易金额的55%；按交易数量计，前三大行业为TMT、医疗与生命科学以及金融服务，共占交易量的60%。医疗与生命科学行业是唯一连续两年实现交易金额和数量双增长的行业。

中国在科技方面承担着巨大的代价。2017年，中国进口芯片就花费了整整2601亿美元，远远超过石油进口。中美贸易摩擦中，美国公布的巨额加税清单中，很多都是高科技产品，这直接导致中国进口试验设备的价格更贵，甚至根本无法成功买卖和运到中国。

二、高新技术投资的风险分析

高科技斗争有可能成为新的世界中国家阵营划分的重要依据，包括5G、量子计算、人工智能等领域。获取先进技术是中国企业"走出去"兼并或购买国外企业的重要目的之一。高新技术属于比较敏感领域，经常因为国际形势的变化或者双边关系的变化而引起相关高新技术投资项目的风险。比如中美贸易摩擦过程中，美国不断加强对于中国高新技术企业的管制和打压，中兴、华为等多家企业先后中招。

（一）内容角度，尖端科技相对落后

第一，高端发动机技术有差距。不仅航空发动机，呼吸机发动机都有一定差距。这次新冠疫情，中国是生产呼吸机最多的国家，但最后没有赚到多少钱，因为关键零部件我们自己研制不出来，要从别的国家买。

第二，数控机床有差距。现在零部件精细到靠人力已经生产不出来了，要靠数控机床生产，靠数字化来生产。中国超高精度机床与世界高端水平还有很大差距。当前我国数控机床技术不能达到国际水平，直接导致我国制造质量不理想。超高精度机床和材料学为工业之母，日本、德国、瑞士水平较高，其中日本更是领先世界一大截。世界最高精度机床主轴来自日本精工。美国F22猛禽战机就用日本机床，SNK（新日本工机）的5轴龙镗铣；yamazaki mazak（日本山崎马扎克）被瑞典皇家科学院评出的世界最佳公司、英国本地最佳工厂兼出口成就奖、美国制造工程师学会惠特尼生产力奖获得者、美军US.ARMY岩岛兵工厂联合制造技术中心的机床供应商及机械师培训方、波音集团的最佳机床设备供应商等。mazak最拿手的环节，当属machining center（加工中心）。

全球超精密加工领域中精度最高的母机，来自日本捷太科特Jtket的AHN15-3D自由曲面金刚石加工机，此设备主要用来对各种光学镜头和蓝光镜片模具进行超精密车削及研磨。这台机器仅从加工精度上就比3台军工神器（美国LLNL的LODTM和DTM-3、英国CUPE的OAGM2500）还要高出近8倍。全球70%的精密机床都搭载着由日本Metrol研制的世界最高精度的微米级全自动对刀仪。全球唯一一台突破纳米级加工精度的慢走丝电火花加工机，来自日本sodick（沙迪克），sodick将电火花式加工与水刀式加工结合在一起，成功开发出世界首台混合动力线切割放电加工机。双主轴双刀塔车床的代表者——okuma（大隈株式会社），最令人称赞的是这家公司是全球机床界中唯一的"全能型制造商",几十年来一直坚持从核心部件(驱动器、编码器、马达、主轴等)到数控操作系统到终端,全部由自己设计开发完成,真正实现了软硬兼备。日本松浦机械几乎霸占了欧洲高端发动机加工市场,历来都是超跑法拉利、布加迪威航的客户。中国高精尖科研设备铜材主要提供商中铝洛铜,向日本生田产机购买一整条伸铜双面铣面切削生产线;世界几乎所有汽车品牌上的铜材的加工过程都要利用生田产机的设备完成。

第三,材料有差距。关键性材料的一半以上靠进口,大到飞机轮胎、轴承钢,小到手机触摸屏,大飞机起落架的平台、轴承钢,国内都不能生产。在半导体材料方面,生产半导体芯片需要19种必需的材料,缺一不可,且大多数材料具备极高的技术壁垒,因此半导体材料企业在半导体行业中占据着至关重要的地位。而日本企业在硅晶圆、合成半导体晶圆、光罩、光刻胶、药业、靶材料、保护涂膜、引线架、陶瓷板、塑料板、TAB、COF、焊线、封装材料14种重要材料方面均占有50%及以上的份额,日本半导体材料行业在全球范围内长期保持着绝对优势。全球70%的半导体硅材料,都是由日本信越化学提供。不久前日韩的贸易摩擦就因为韩国的半导体材料来自日本而失败。

第四,信息硬件有差距。中国集成电路、半导体、芯片的90%以上靠进口。华为被美国制裁是因为5G是人工智能的核心部分,而人工智能是下一轮科技革命的核心部分。华为被制裁后损失巨大陷入被动的主要原因是芯片不行。半导体加工设备基本被日本、美国霸占。目前蚀刻设备精度最高的是日立。比如东丽、帝人的碳纤维,超高精密仪器,数控机床,光栅刻画机(这个最牛的也是日立,刻画精度达到10 000 g/mm),光刻机(ASML)等,这些是美日严格限制出口的。一块CPU要制造出来,需要很多设备和材料。全球前十大半导体设备生产商中,有美国企业4家,日本企业5家。

我们也要认识到,中国在量子科技领域也不是全面领先。如量子计算方面,东京大学在世界首次采用Ⅲ族氮化物普及材料(GaN-氮化镓)作为量子点单光子源成功生成可于常温下操作的单一光子,迈出了量子计算的第一步。量子通信方面,东京大学prof.akira furusawa联合ntt先端设备技术研究所，突破性地解决了进行量子隐态传输时承载在光子上的量子位信号，因光学系统内元件配置制约导致的运算扩展瓶颈。Furusawa博士的下个课题将向制造出超高速量子计算机和超大容量量子通信的目标迈进。在激光光量子计算机的电路板方面，日本和澳大利亚的研究人员已经在可扩展性的用激光光量子计算机的电路板取得了突破性的进展。东京大学和澳大利亚国立大学已经看到最多数量的量子系统汇集在一个单一的组件跳转从14到10 000。即便在明显拥有优势的光伏行业，光伏逆变器也不行。日立与东方电气集团在华的合资公司东方日立，向中国乃至全球最大规模水力光伏互补光伏发电站提供上百台高出力高转换率的光伏逆变器。光伏逆变器是将太阳能电池所发出的直流电逆变为交流电，并承担系统保护作用的光伏电站关键设备之一。

(二) 美国在高科技领域对中国开展全方位打击

当前中国科技安全的主要外部因素是美国。美国具有超强的科技实力，而且美国的对华政策发生了根本性改变，开始在高科技领域对中国进行全方位打击。如根据美国《华尔街日报》2020年3月23日报道，美国政府、国际商用机器公司（IBM）及其他相关方将向世界各地的研究人员提供至少16台超级计算机的访问权限，来协助加快疫苗和药物的研发进程，用于抗击新冠疫情。美国白宫科技政策办公室已经围绕新冠疫情的应对成立一个"高性能计算联盟"，参与合作的包括IBM、美国能源部旗下的国家实验室、谷歌公司、亚马逊网络服务公司、微软公司等。2020年3月22日开始，学术界、政府和私营部门的研究部门负责人可以通过一个网站提交与新冠病毒相关的研究项目。2021年6月3日，美国总统拜登以"应对中国军工企业威胁"为由签署行政命令，将数家中国企业列入投资"黑名单"，禁止美国人与名单所列公司进行投资交易。当前中国科技安全面临的美国方面的主要威胁是：

第一，脱钩威胁。以前美国在科技领域主要是合作，而今竞争的提法越发突出。美国发起的技术战可能导致全球供应链脱钩。根源在于中国在发展的过程中过度依赖美国等西方国家的高新技术，高新技术成了"牛鼻子"。美中的脱钩将主要体现在安保、极为重要的基础设施和高科技领域，以及支撑上述领域的人才领域。

科技领域的美中脱钩危害很大。美国与中国在科技领域的脱钩已经干扰了技术、人才和投资的双向流动。在2020年，这种脱钩从半导体、云计算和5G网络这些战略性的科技领域扩大到更为广泛的经济活动上，从而加速全球价值链的转换，同时干扰中资企业的投资和上市计划。2020年3月25日，美国特朗普政府的国家安全委员会、国务院、国防部、能源部和商务部官员开会，同意采取新措施限制中国企业华为的芯片全球供应链。使用美国芯片制造设备的外国企业将被要求在向华为供应特定芯片之前须向美国申请获得许可证。该决定将改变要求基于美国技术或者软件生产的外国产品接受美国监管的"外国直接产品规则"。大多数芯片制造商都是依靠美国科磊、泛林集团和应用材料公司提供的设备进行生产。

中美技术竞争，全球高科技供应链脱钩，短期内对中国高科技公司、美国供应商和消费者来说，都会有比较大的损失。要努力寻找可替代的非美国的产品供应来源。要认识到"完全脱钩"不符合中美双方的共同利益，美国在自己占据优势地位担心中国受益的一些科技领域是希望脱钩的，但是在向中国进行文化渗透、利用美元"剪羊毛"的领域是不希望脱钩的，美国需要的是"有选择的脱钩和相互依存基础上的获益"的一定程度之间的平衡。

第二，美国精准打压中国高科技。美国方面打压中国高科技企业发展手段呈现多样化趋势，通过特定监管规则限制中国高科技企业在境外融资；美国对中国在境外上市企业提出更加苛刻的监管要求；美国以数据安全、用户隐私安全为借口，对中国金融技术、人工智能和涉军工等领域的在美上市企业加强打压。采用的手段包括：指定中国企业适用特定监管规则，而对美国企业进行豁免；对特定人群和企业公开制裁和限制，使其无法在国际间进行资金和技术往来；限制技术人员交流。美国口头上说要推动科技领域的公平竞争，实际上正越来越将科技竞争政治化，违反国际协议、海外腐败等"长臂管辖"手段不仅被使用，而且有滥用的趋势；美国阻挠中国技术发展的行为包括：逮捕华为首席财务官孟晚舟并将该公司列入黑名单，这已经限制了华为获得美国技术；禁止美国政府机关采购华为和中兴的电信设备；把中国一系列人脸识别监控设备制造商（包括该行业全球翘楚海康威视）纳入黑名单。美国科技集团和美国法律集团正在形成捆绑在一起的利益共同体，中国高科技企业的海外活动将面临一个日趋严重的高风险时期。

美国打压中国尖端技术发展。美国参议院通过法案要求排查5G设备安全威胁。美国前总统特朗普2019年5月以美国无线网络面临安全威胁为由宣布进入国家紧急状态，美国商务部的官员正在制定旨在迅速拆除有问题设备的法规。美国参议院2020年3月4日全票通过了《2019保障5G安全及其他法案》。该法案呼吁特朗普与来自联邦通信委员会、商务部、国土安全部、国防部、司法部和情报部门的官员合作制定政策，排查支持5G无线网络的设备和软件中的安全威胁，消除安全漏洞，保护那些引领移动网络技术创新的美国公司。这项立法将为美国官员设定180天的期限，要求他们向国会提交具体政策，以及制定一份国内外值得信赖的供应商名单。该法案反映出美国国会越来越担心其他国家可能会监视美国电信网络中传输的数据。该法案经众议院批准、特朗普签批后获得法律效力。3月12日，时任美国总统的特朗普签署了该法案。

美国对中国的光刻机技术进步给予了无情打压。荷兰阿斯麦控股公司是全球半导体供应链的关键环节。阿斯麦公司的主要产品是用于生产芯片的核心设备光刻机，在世界光刻机市场占有80%~85%的份额，而在最先进的极紫外（EUV）光刻机领域市场占有率为100%。2019年，美国特朗普政府施压荷兰政府阻止了阿斯麦向中国企业出售EUV光刻机。拜登政府延续了特朗普政府的立场，荷兰政府至今未授权阿斯麦向中国企业出售EUV光刻机的许可。2020年，阿斯麦的30%营收来自中国。美国政府力求将中国芯片制造控制在产业链的低端，美国的审查机构将阻止中国企业采用收购等方式获得先进芯片公司的产权机技术。

美国打压中国高科技企业。由于担心潜在间谍活动和网络攻击，以及美国在开发和应用人工智能等最新技术方面面临输给中国的忧虑，美国努力将中国电信设备巨头华为列入全球黑名单。华为的应对举措是采取措施切断该公司整个供应链与美国的联系。2019年5月，美国商务部将华为列入"实体清单"，禁止其购买一些美国产品，随后又将其他一些中国科技公司列入清单。2019年5月，美国将华为及其114家海外关联机构列入了"实体清单"，但是华为继续使用美国技术、软件来设计半导体芯片，并交给使用美国设备的海外代工厂进行生产，严重威胁了美国的国家安全和海外政策。

2019年11月，美国外国投资委员会（CFIUS）对北京字节跳动科技有限公司展开调查。后者开发了风靡世界的抖音海外版（TikTok）。美方认为，北京字节跳动科技有限公司两年前收购另一款社交媒体应用musical.ly，可能威胁美国国家安全。2020年3月初，美国国会参议院司法委员会举办了关于大型科技公司与中国关系的听证会。视频分享应用软件TikTok受到关注，一些美国人怀疑TikTok母公司北京字节跳动科技有限公司收集美国用户数据并与其他机构共享。

2020年5月12日，美国半导体设备制造商LAM（泛林半导体）和AMAT（应材公司）等公司发出信函，要求中国国内从事军民融合或为军品供应集成电路的企业（如中芯国际和华虹半导体等）不得用美国清单厂商半导体设备代工生产军用集成电路，同时"无限追溯"机制生效。

美国各国家机构几乎同时发力。2020年5月15日，美国商务部宣布，从5月15日开始，全球所有使用了美国技术的芯片制造企业如果要为华为代工，今后都需要从美国取得许可证。在2019年美国制裁华为的时候，还有美国技术25%的上限，当时台积电评估自己的生产线使用美国技术不超过25%，所以就继续给华为代工芯片生产。现在美国连这个25%的比例也取消了。耐人寻味的是，本次美国商务部修改的最新出口管制规定给了一个120天的缓冲期，全球芯片制造企业在未来120天内为华为加工芯片不受这个规定的约束。这个关键档期美国要切断中国的高端芯片供应对于中国绝对是重大打击。美国最高明的地方在于，气势汹汹作出一副要切断高端芯片生产的姿态，但是又引而不发（给出120天过渡期），逼迫我们不断加大对高端芯片制造领域的投入。最关键的是，在这个博弈的过程中美国一分钱不花，利用自己的科技霸权反复施压，就能不断逼迫我们在这个领域消耗宝贵的资源。

美国商务部下属的工业和安全局（BIS）2020年5月15日宣布了计划，声称将限制华为使用美国技术和软件在国外设计和制造其半导体的能力。这一做法直接阻断了华为暗中规避美国出口管制条例的做法。工业和安全局正在修改其由来已久的外国生产的直接产品规则和实体名单（Entity List），专门且具有战略性地针对华为的这一做法：采购属于某些美国软件和技术的直接产品的半导体。自2019年美国工业和安全局将华为技术公司及其名下的

114家海外分公司添加到实体名单上以来,希望出口美国产品的公司必须获得许可证。

第三,美国限制技术出口。美国国会谋求保护美国的关键技术优势:半导体仍是美国最大的出口产品之一,设计和销售芯片的美国公司占据该行业的全球收入近一半,在全球所占份额最高。但美国仅占全球半导体产能的12%左右。保护半导体供应链、制定有关半导体制造设备的多边出口管制措施,并增加下一代硬件开发的资助;根据销往中国的某些产品的最终用途扩大出口管制。支持美国在金融技术领域的领导和创新:创建金融技术和加速发展的监管框架,与包括中国在内的外国司法管辖区竞争;鼓励开发区块链支付应用程序。

美、日等42个国家加入了出口惯例国际框架被称为《瓦森纳协定》。该协定的宗旨是出于防范国际恐怖主义等安全保障的考虑而管制武器及可转为军用的物品与技术的出口。该协定共有42个成员国,除美、日外,还有英国、俄罗斯、印度、韩国等。中国、伊朗和朝鲜没有参加。该协定规定,进行相关产品和技术的出口管制必须由全体成员国同意。2019年12月在奥地利召开的出口管理部门会议上,各个成员国代表一致同意扩大出口产品管制范围。2020年2月23日,加入该协定的42个国家决定扩大出口产品的管制范围,在管制产品清单中新追加了可转为军用的半导体基板制造技术及被用于网络攻击的军用软件等。

2020年4月28日,美国商务部产业与安全局(Bureau of Industry and Security,BIS)对美国《出口管制条例》(*Export Administration Regulations*,EAR)作出重大修改。基于国家安全与外交政策利益,针对中国等 D:1 类国家取消了民用许可证豁免(License Exception Civil End Users,CIV),并加强对中国、俄罗斯及委内瑞拉涉及军事最终用户及最终用途产品的出口管制。上述两项修改将于60天后(即2020年6月29日)正式生效。此外,BIS 拟定取消一项涉及 A:1 类国家及中国香港对中国等 D:1 类国家的允许再出口豁免(License Exception Additional Permissive Reexports,APR),意图限制这类国家和地区向中国等 D:1 类国家再出口受国家安全原因管控的物项。美国政府先前多次针对中国的军民融合趋势提出将对涉军用户施加限制。商务部部长罗斯（Wilbur Ross）在声明中称："中国、俄罗斯和委内瑞拉的某些企业试图规避美国的出口管制，损害美国的整体利益，因此我们将保持警惕，确保美国的技术不会落入危险的人手中。"基于军民融合趋势损害美国国家安全的理由，BIS公布了上述三项规则的修订。美国出口管制对华政策已不再局限于"实体清单"等制裁措施，而是从法规层面全线收紧。这三项规则修订将进一步升级对中国的出口管制，根本性地收紧对中国部分用户的出口许可；同时民用许可豁免的取消涉及八大类541项ECCN，也将对半导体、电信设备、高端电脑等民用领域的出口施加重大限制。这对中国用户、美国乃至全球的出口商都将产生重大影响。

第四，美国对华开展知识产权攻击。美国国会全力打击所谓的"非法技术转让"：确保有足够的资源用于反间谍调查；在美国执法部门和大学之间建立更好的合作关系；扩大制裁授权，切断部分中国公司与美国市场和金融体系的联系。美国政府已经对"中国威胁"多次表达担忧，指控中国的次数也有所增多。2019年以来，美国联邦政府已经多次要求美国科学界和机构限制美中科研合作，包括对美国联邦资助的研究活动加强审查、限制对中国公民的签证和增加对华裔科学家的监视等。中美两国是当今世界主要的科研合作者，双方之间的合作多于与其他任何国家之间的合作，中国在智力和财务支持方面为这些合作作出了重大贡献。美国将中国当作潜在的对手会阻碍科学创新，而且美国的损失也很大。美国还会在国际范围内在制定新兴技术使用的规范和原则问题上与中国进行接触。

美国持续攻击中国知识产权保护。科技是美国核心竞争力，是美国维持全球经济霸权的基本支撑。2019年4月25日，美国发布《2019特别301报告》，这版301报告对技术转移和网络安全问题也旧话重提，包括地理标志保护、商标评审等方面的细节问题。

国际知识产权规则支撑着创新经济。世界知识产权组织的具体工作是促进知识产权保护，帮助企业和个人获得知识产权，并增加获取知识产权信息的途径。该组织管理着4300万份专利文件，这个宝库包括未发表的专利申请和来自200多个司法管辖区的商业敏感以及专利信息。2020年3月，世界知识产权组织选举总干事，美国一些官员公开反对中国人担任该职务。欧洲议会于2019年3月26日通过了备受争议的版权改革,其中第13条旨在加强权利持有者与YouTube、Facebook等平台讨价还价的能力。根据这项改革,欧洲法律首次要求平台对执行版权负有法律责任,要求平台检查用户发布的一切信息和内容来防止侵权现象的发生。

第五,美国限制与中国的科研人员交流。美国对华"窃取知识产权"和"强制转移技术"的戒备之心不断增强。中国科学家获得美国签证越发困难。如量子科技领军人物潘建伟获得美国2018年度纽科·克利夫兰奖,他的论文登上了2017年6月15日《科学杂志》的封面,但潘建伟本人却因赴美签证问题而不能出席颁奖仪式。2018年年中北京大学教授、发育神经生物学家饶毅收到美国官方机构国家科学基金会邀请,参加脑科学国际合作相关研讨会,但赴美签证却被拒。甚至朱峰、金灿荣等国际关系学者也被查或被拒。

在美国的人员更是遭到多种打压,如华裔物理学家郗小星被起诉"间谍罪",涉嫌向中国提供美国企业的超导技术秘密。通用电气工程师郑小清被FBI逮捕,被指控涉嫌窃取蒸汽涡轮制造流程图等机密。张以恒于2019年2月24日因欺诈罪等三项罪名被判刑。到美国学习机器人、航空和高科技制造等专业的中国留学生签证也被限制期限,甚至需要特别许可。美国麻省理工学院等大学都收紧了在中国大陆的招生。中国引进海外高层次人才的"千人计划"受到了很大影响。根据《科学》2019年4月19日报道,美国安德森癌症中心开除了3名华裔科学家,他们被指责可能严重违反了保密原则。"千人计划"是中国引进海外人才的国家战略。该计划从2008年正式启动,已经有将近8000位海外专家入选。原则上不超过55岁的华裔科学家和不超过65岁的非华裔外国专家、企业和金融机构的专业技术人才和管理人才,拥有自主产权或者掌握核心技术的创业人才等人员才有资格入选,如潘建伟、施一公、饶毅等,对中国新兴学科、高新技术产业开发发挥了重要作用。

2018年12月,美国证券交易委员会和美国公众公司会计监督委员会发表联合声明,认为监督主要业务在中国的美国上市公司财务报告面临重大挑战。中国法律规定,在中国境内发生的交易和事件有关的账簿和记录应当保存,但中国限制审计人员在国内进行的审计工作文件转移出境。有时还援引中国的《国家安全法》来限制美国监督机构监督在美国上市的中国公司的财务报告的能力。特别是中国有关保护国家机密和国家安全的法律被用来限制外国人访问中国的账簿和审计工作文件。同时公布了224家存在检查障碍的外国发行人，其中213家在中国内地或香港，包括阿里巴巴、百度等知名企业。

2022年，美国可能在多个领域持续对中国采取强力措施：(1)涉军企业和技术。对投资敏感的中资企业进行的审查和潜在限制。华盛顿目前在审查流入的可疑投资以及向敏感技术出口发放许可方面有应手工具，但在控制私营资本流出和其他对涉及中国军事现代化或数字极权政策的企业的直接投资方面比较无力。2022年2月15日，美国财政部发布关于对59家中国公司实施制裁的规定。规定禁止美国所有金融公司、股份公司和个人投资者进行"会使这59家中国公司或其高管从金融层面获益"的证券交易活动。这些公司包括航天、电信（如华为）等领域的大部分中国大型公司。2020年11月特朗普、2021年6月拜登分别签署一项对违反制裁措施的主体实施民事或刑事处罚的行政命令。(2)通信、数据以及相关的海底光缆（承担了全球95%的数据传输）等重要敏感行业。美国国家安全部门可能会从已经关注的5G电信网络扩展至其他领域，中国云服务供应商，如阿里云、华为云、腾讯云和百度云都有可能面临严格审查。可能采取行动的机构是商务部和联邦通信委员会。美国、日本和澳大利亚近期宣布将在太平洋海底建设新的海底光缆，来改善基里巴斯、瑙鲁和密克罗尼西亚联邦的互联网连接状况；之前中国一直表态希望通过华海通信公司来投标获取这个项目。(3)中国在推广数字人民币，这会导致人民币逐步摆脱美国主导的金融体系，美国把金融制裁当作威慑工具的有效性将会被削弱。因此，美国可能会研发可靠的替代品、摸清参与研发数字人民币的中国科技企业及其与美国企业的关系、监控数据收集给美国人造成的风险以及限制数字人民币在美国的使用。(4)由于关于大容量电动汽车电池供应链控制权的争夺正在日趋激烈，而且在关键矿物开采、加工和电池装配等领域，中国处于世界领先地位，美国在推广电动汽车的过程中，可能会更加认真地审视本土开采和加工环节的可能选项，并寻求盟友和伙伴的帮助来提供这一事关国家安全供应链挑战的解决方案。(5)有关气候变化、生物技术和量子计算等方面的措施。

三、高新技术投资的风险防范

要采取有效措施，全力推动科技进步和科技安全。

（一）减少对美国的依赖

应该继续发挥掌握完整制造业链条的优势，要逐步减少对美国的依赖，将可能存在的"脱钩"风险及其带来的被动局面降到最低。要看到，美国限制对华销售的相关规定可能使得美国芯片制造商损失数百亿美元，这种冲击迫使中国力促芯片自给对美国公司的影响一样严重。如果完全切断与中国的技术往来，长期来看还可能使中国成为芯片领域的全球领先者。

2020年5月14日，荷兰ASML公司与江苏无锡市高新区政府签署合作协议，设立了光刻机设备技术服务（无锡）基地。ASML将建设专业团队技术中心，从事光刻机维护、升级等技术服务，同时建设供应链服务中心，提供高效物料和物流支持，体现了欧洲光刻机大厂ASML对中国市场的重视。2022年4月，中国科技部与欧盟委员会通过外交渠道以书面交换的形式签署了新一轮中欧联合科研资助协议。根据该协议，中欧双方将在近年的合作中聚焦农业、食品和生物技术（FAB）及气候变化与生物多样性（CCB）等领域，联合资助中欧大学、研究院所和企业开展务实研发项目合作，携手应对气候变化等全球性挑战，为推动实现碳中和与绿色低碳发展提供科技解决方案。

中美贸易摩擦促使中国更加专注于构建原创科技优势并减少对西方进口技术的依赖。从中长期看，中国公司的战略应对方案很简单，就是发展技术能力、减少对美国供应的依赖，努力实现高科技领域的自给自足。中国的高科技公司，都面临美国主动脱钩的问题。在这场纷争中，美国半导体制造商面临巨大的损失空间，中国是制造业中心，也是电脑、智能手机和其他电子产品不断增长的市场。一旦中国在高技术领域站稳脚跟，不仅能够让中国高技术企业恢复业务，也让世界其他用户获得了替代来源。这有助于打破某些高技术企业滥用垄断地位，并将降低所有用户的成本。不仅中芯国际、华为等企业在全力冲击高端芯片，而且2022年1月31日，中国第一条量子池片生产线也向公众亮相。从短期上看，中美技术竞争如果导致全球高科技供应链脱钩，所有人都将承受高昂的代价，对中国高技术企业、美国供应商和消费者而言，这几乎不可避免。但从长期看，相似产品或服务拥有两个供应商，它们之间就得相互竞争，终将成为促进世界的福祉。

（二）坚定信心，搞好创新

要借助国家科技大会东风，全力推动科技创新。要聚焦创新驱动。创新是生产力，应该顺应时代潮流，不断深化创新交流合作，推动数字化、网络化、智能化发展，共同探索新技术、新业态、新模式，探寻新的增长动能和发展路径。要努力在中国打造工作条件优于美国硅谷的国际创新技术中心，把阿里巴巴、百度、腾讯、字节跳动等大型科技公司在美国的投资适度回流。必须建立和完善中国自己的高科技全品类生产部门。必须降低对美国零部件的依赖，要着力开发自己的半导体、集成电路、内燃机、民用航空、无人驾驶汽车、人工智能和其他技术。

近10年来，中国新兴的数字经济实现了超过预期的快速增长。中国科技产业的蓬勃发展主要得益于以下几个因素：一是人口规模为初创科技企业的成长提供了巨大市场；二是新兴中等收入群体为新兴互联网企业提供了主要客源；三是数据隐私保护处于发展时期，给行业发展提供了机遇。2019年11月26日，美国商务部决定禁止使用外国的通信设备和服务，理由是其很可能影响美国通信网络。美国商务部如果认定"构成威胁"，就可以禁止使用外国产品和服务。该决定如果得以实行，使用了中国零部件和技术的日本、欧洲产品，也有可能被禁止交易。2020年年初的抗击新冠疫情过程中，腾讯开放了其超算设施，帮助研究人员更快地寻找到对症疗法；京东动用了自动驾驶机器人向武汉的医护人员配送商品。因此也要加强人工智能研究和应用。

（三）要积极推进知识产权保护体制改革

根据世界知识产权组织的报告，2019年中国申请专利件数自1978年以来首次超过美国，成为最大的专利申请来源国。华为以4411件PCT（专利合作条约）申请连续第三年成为专利申请最多的公司。中国赢得主导权是我国成为工业超级大国行动正在奏效的一个标志，多数进展与中国大幅投资人工智能相关，正在多个不同经济领域催生创新。要全力突破关键领域的核心技术，平等保护外资企业的专利技术，进一步减少技术交流的外部阻力。

（四）要创造一个公平的竞争环境，要用好市场优势

既需要进行反垄断审查，又要仔细检查专利制度是否过度有利于某些大型科技企业，这些企业更多依赖数据和网络效应。中美博弈的核心是"市场"对"技术"。没有中国的市场，美国的技术成本很难收回，更不用说巨额利润，中国市场的巨大吸引力，不会因为特朗普的"逆全球化"而逆转。美国需要中国市场，但是美国想按照它的标准来改造中国市场。美国方面的主要要求包括"市场准入""保护知识产权""国企退出""撤销非关税壁垒""放开对美国 FDI""撤回在 WTO 对美方的起诉"等。具体而言则主要是扩大进口、自我限制并保证大幅减少美方逆差。这些要求的着眼点和落脚点显然都还是谋求扩大市场份额。

（五）加大国际合作

积极学习和借鉴人类文明成果。要清醒地看到，在很多尖端领域，中国还与世界最高水平有着很大差距，因此如果面临封锁就会产生很多"卡脖子"问题。即便在一些比较领先的领域，我们也很难摆脱既有的国际科技、技术体系。必须坚持全方位对外开放，加强国际合作，促进共同提高是必须长期坚持的。如加强中欧合作的政策建议："第一，推动碳中和技术合作。第二，深化电力市场合作。第三，加快新能源汽车合作。第四，共同稳定能源供应。第五，加强资本和金融合作。"[①]

引导有实力的企业在境外科技资源较为发达的地区设立研发中心，有效利用境外科技和智力资源，提高中国企业的创新能力和技术水平，为国际市场提供更好的中国产品。

（六）要全力确保科技安全

针对美西方搜集我国信息科技数据、对我国进行高新科技封锁和打压的状况，要采取有效措施全力确保科技安全。一要加强高新科技数据信息保

[①] 张莹莹、刘诚：《中欧应对气候变化和加强新能源合作的设想及对策建议》，《中国能源》2022年第1期，第15、74页。

护；二要采取有效措施打破美国的打压和封锁，尽量减少和防止"卡脖子"现象发生。

中国必须扛住美国的压力，逐步构建起自己的技术供应链。要采取有效措施，抵消美国在科技密集型经济部门采取的出口管制措施、中国公司通过海外投资来获取技术机会的限制。

成功案例：2020年11月，中国电池制造商蜂巢能源科技有限公司宣布将在德国投资20亿欧元建立电池工厂和研发中心。预计建成后，可能满足30万~50万辆电动汽车所需要的动力电池。

第三节　拓展境外市场类投资项目的风险分析和防范

世界市场，是世界范围内的商品交换和商品流通，是通过商品交换把各国市场紧密联系起来的总体。对于一个经济体来说，拥有稳定且空间足够大的市场是非常重要的内容。

一、境外市场安全

对于境外投资而言，目标国市场和世界市场整体状况和份额都很重要。

第一，要关注目标国市场。目标国市场的主要内容、规模、人员素质、供求情况、法制程度都是需要高度关注的内容。根据市场上的竞争情况，可分为完全竞争市场、完全垄断市场、垄断竞争市场，还是寡头垄断市场。

要对目标国是否是市场经济有一个准确的判断。判断目标国是否是市场经济体，要看其本质上是否由市场决定资源配置，看市场是不是配置资源最有效的形式。

要看东道国市场规模。规模是决定市场重要程度的重要内容之一。东道国市场大小和预期占有程度是投资的重要考量内容。

要看东道国市场潜力。市场规模和市场潜力都是度量一个国家经济发展水平的重要指标。中国投资主体对外投资的过程中，要对拥有较大市场潜力的东道国给予必要的重视。

第二，要关注世界市场变化。世界市场是世界各国或地区进行商品、服务、科技交易的场所。它是由各个贸易参加国或地区的市场，通过国际分工联系起来的市场综合组成。世界市场，是世界范围内的商品交换和商品流通，是通过商品交换把各国市场紧密联系起来的总体。其形成的历史，就是资本主义势力从欧洲扩张到全世界的历史，就是把所有国家和地区的经济，纳入资本主义国际分工体系的历史。因此，世界市场是一把双刃剑。世界市场可以按地理方向划分为不同的市场，也可以按照市场对象划分为商品市场、货币市场和劳务市场，还可以按照消费者划分为不同市场。中国在不同市场中的份额和体量是中国海外利益的重要组成内容。

"中国政府支持企业'走出去'，但强调要坚持以企业为主体，以市场为导向。中国政府的作用是为企业争取和创造良好的政治环境和公平的制度框架。这是各国政府都会做的事，即便在市场经济条件下，各国对企业发展都会有形式多样的支持措施，不能简单地把这些都看作国家补贴。中国和西方国家体制不同，由于历史原因，中国企业往往承担了大量社会职能，难以用一种简单的数学公式来计算。"①

第三，要防止本土产业链的关键环节外迁。在中美经贸摩擦中，有几项内容要给予关注：一是从中国企业获取关税利益，当然同时也让美国老百姓和美国企业承担了部分关税；二是逼迫中国放弃产业升级，停留在目前的水平；三是逼迫中国的产业链外迁，让中国产业空心化。要提升本土企业的技术和竞争力水平，由于中国的基础设施、劳动力素质、政府效率、高级智力资源、产业链等各方面都有很好的基础，是优于其他主要的发展中国家的，继续提升技术水平和品牌化，及时补全产业链、修复产业链，降低对低人工成本的依赖性，可以削弱企业外迁的动力。

二、境外市场风险

对境外市场规则变化对我国海外投资及其收益产生的影响需要给予高度关注。

---

① 习近平：《在接受英国路透社采访时的答问》（2015年10月18日），《人民日报》，2015年10月19日。

（一）抹黑中国国有企业

近年来，美国不断采取贸易保护措施，干预国际贸易自由。自中国在2001年加入世界贸易组织以来，美国贸易代表办公室每年都向国会提交关于中国合规情况的评估报告。

特朗普执政以来，美国认为，中国并不是真正的市场经济，国有企业享有巨大的市场垄断权利，与美国的自由市场是两个不同的事物。长期贸易赤字导致了美国在双边贸易中受损、工人失业，而中国却在此时发展了自己。美国要保护自己的市场，与中国之间制定"更加符合现实、公平、对等"的经贸规则。

（二）过度保护，缩小市场准入

欧盟2016年开始对"一带一路"倡议采取了防范措施，加强了对欧洲市场和利益的保护。2022年2月18日，欧盟就所谓"跨境禁诉令"在世界贸易组织对中国提起诉讼，称中方限制欧盟企业在中国境外法院寻求技术专利保护。这是欧盟近来在世界贸易组织对中国提起的第二起诉讼，第一起是关于中国与立陶宛的贸易争端。所谓"跨境禁诉令"是指禁止当事方在某法院管辖范围之外的其他法庭提起诉讼的司法命令。中国司法当局近年来频频使用这种方式来禁止在华经营的外国企业在中国境外提起知识产权诉讼。欧盟方面认为，在中国境外诉诸知识产权诉讼的专利持有企业往往在中国市场被处以高额罚金，因而面临巨大的压力，不得不以低于通常市场价格的专利许可费寻求和解。如果违反了中国司法当局的"跨境禁诉令"，这些企业可能面临每天13万欧元的罚款，其驻华高管甚至还可能因此遭到拘捕。爱立信、诺基亚等持有5G相关技术专利的欧盟企业首当其冲。中方相关政策严重损害了欧洲创新能力和经济增长，事实上剥夺了欧洲企业行使保持其技术领先地位的权利。欧盟认为，中国的这些做法是中国整体战略的一部分，旨在迫使外国企业以更低价格向中国企业转让3G、4G和5G通信技术。向世界贸易组织递交诉状后，欧盟需要首先与中国展开相关磋商。如果中方拒绝磋商或者在60天内磋商无果，欧盟委员会就可以将此案正式提交仲裁。到时欧盟可能被允许向中国输欧产品征收惩罚性关税。

（三）滥用贸易工具

2022年2月16日，美国贸易代表办公室（现任主任戴琪）在一份新的评估报告中称，美国需要寻求新的战略并更新其国内贸易工具，来应对中国"政府主导的非市场政策和做法"。美国贸易代表办公室在关于中国对世界贸易组织合规情况的年度报告中称，特朗普政府两年前与中国签署的第一阶段经贸协议未能解决美国对中国产业政策和支持政策的根本关切，包括"巨额财政来源"等方面。报告称，中国政府采取对本国产业有利的监管措施，并对进口商品和服务的市场准入施加限制。此类支持措施通常针对产能、生产和市场份额等特定目标。报告称，美国需要更新国内贸易工具，来反映中国贸易政策的当前现实，"为美国工人和企业争取更公平的竞争环境"。报告认为："很明显，现有的贸易工具需要加强，并需要打造新的贸易工具。中国奉行的不公平政策和做法，是几十年前美国起草许多贸易法规时并没有考虑到的，因此我们正在探索如何更新我们的贸易工具来加以应对。"

2022年2月17日，美国贸易代表办公室宣布，由于腾讯的微信电商系统和阿里巴巴集团的全球速卖通大量售假，美国政府将其列入最新的"恶名市场"名单。美国贸易代表办公室认为，虽然阿里全球速卖通与阿里巴巴集团共享一些工具，并且阿里巴巴也拥有线上销售的一些比较好的反假冒程序，但全球速卖通上售假的商家和假冒商品增加量仍然很大；微信电商系统是中国最大的假冒商品交易平台之一。之前，中国的淘宝、拼多多、百度网盘、敦煌网已经被列入"恶名市场"名单。美国贸易代表办公室认为中国是世界上假冒商品的第一大来源地。2020年，各国查获的假冒商品绝大多数都直接来自中国内地，或者内地经中国香港转口流出。

此外还有不正当竞争和过度补贴等。

三、境外市场的风险防范

（一）大力推行市场多元化战略

重点开拓欧盟、新兴经济体尤其是"一带一路"沿线国家和地区市场，充分发挥各级政府在搭建对外经贸平台和信息网络中的作用。

（二）用好产业资本优势

产业投资要发挥中国企业在轻工、纺织、家电等制造业方面的相对优势，到有条件的国家和地区建立生产基地和营销网络，积极参与各种形式的国际经济技术合作，促进当地的经济发展。

（三）有效提升服务境外业务工作水平和层次

推动服务业要鼓励具有比较优势企业到境外从事贸易分销、银行、保险、电信信息、物流航运和中介服务，提高中国企业的服务水平和质量，同时也可为投资所在国创造一定的就业机会。

（四）把握目标市场消费特点和水平

目标国市场的消费特点等客观情况是一切工作的出发点，必须进行充分调研，并及时把握和跟进动态。

（五）与国内市场、产能形成互补

境外市场应该与国内市场形成互补和良性互动，一起支撑中国以国内大循环为主体的国内国际大循环，有效对接中国产能和产出，支持中国经济可持续、高质量发展。

成功案例：出口导向型的投资，即在出口市场或者出口市场的周边国家和地区建立生产基地，主要设备、原材料由国内供给，产品一般在境外销售。这种境外投资大多是中国边缘产业（也是优势产业）向其他国家的转移，符合产品生命周期。收购境外公司之后，利用被收购公司的销售渠道销售产品或者把国内的产品推向境外市场。

如比亚迪在坎皮纳斯州政府的支持下，立足当地市场情况，取得了不小的成绩。2014年7月，比亚迪宣布在巴西投资设立首座电动大巴工厂，同时还将设立研发中心和原型车制造中心，该项投资约为9100万美元（约5.6亿元人民币）。这家工厂主要为电动大巴和铁电池模组组装工厂，同时也是比亚迪在拉美地区的研发中心，主要负责电动车、电池、智能电网、太阳能、LED等项目的研发。2017年4月，比亚迪巴西太阳能板厂和纯电动大巴底盘厂同时建成投产。2017年6月，比亚迪巴西有限公司与坎皮纳斯州立大学签署了建立研究中心的合作协议，比亚迪将投资500万雷亚尔（约150万美元）用于太阳能产品的研究与开发。2018年，比亚迪中标巴西萨尔瓦多市轨道交通项目，投资合同金额将近7亿美元。2019年2月，巴西巴伊亚州与比亚迪正式签署合同，在萨尔瓦多修建全球首条跨海云轨。

第四节　促进国际收支均衡类投资项目的风险分析和防范

营收和促进国际收支均衡是境外经济需要时时关注的重要内容。

一、国际收支均衡

第一，要明确国际收支平衡——指一国国际收支净额即净出口与净资本流出的差额为零。即国际收支净额 = 净出口 – 净资本流出；或 $BP=NX-F$。在特定的时间段内衡量一国对所有其他国家的交易支付。如果其货币的流入大于流出，国际收支是正值。此类交易产生于经常项目、金融账户或者资本项目。国际收支平衡被视作一国相关价值的另一个经济指标，包括贸易余额、境外投资和外方投资。国际收支平衡：国际收支差额，也就是自主性交易差额为零。但是在统计上和概念上难以精确区分自主性和补偿性，只是一种思维方式，难以付诸实现。

第二，要明确国际收支均衡——国内经济处于均衡状态下的自主性国际收支平衡，即国内实现充分就业、物价稳定，国外实现国际收支平衡的状态，是一国达到福利最大化的综合政策目标。

第三，要关注调节机制。一国国际收入等于国际支出时，称为国际收支平衡。一国国际收支的状况主要取决于该国进出口贸易和资本流入流出状况。当一国国际收支处于不平衡状态时，市场机制可以进行某种程度的调节，但这种调节的力度有限，特别是在固定汇率制度下。政府作为宏观经济的管理者，在很多情况下要实施不同的宏观经济政策以弥补市场对国际收支平衡调节力度的不足。但是在不同的汇率制度下，其所实施的不同的宏观经济政策收到的效果也不同。一是浮动汇率制度下国际收支平衡的调节机制与政策效应。由于汇率是随着市场变化自动调节的,因此,无论国际收支是处在顺差还是逆差状态,市场机制都会自动对国际收支进行调节。二是固定汇率制度下国家收支平衡的调节机制与政策效应。固定汇率制度条件下,汇率主要不是由市场来调节的。在本币波动较大时,政府为维护固定汇率,都会主动采取干预措施。

表6 中国海外利益分类

主要分类	主要内容
绿地投资	又称创建投资,是指跨国公司等投资主体在东道国境内依照东道国的法律设置的部分或全部资产所有权归外国投资者所有的企业
境外并购	是指境外的企业或个人收购境内公司的股权,或境内公司收购境外企业的股权
金融投资	亦称"证券投资",是经济主体为获取预期收益或股权,用资金购买股票、债券等金融资产的投资活动
基础设施	是指为社会生产和居民生活提供公共服务的物质工程设施,是用于保证国家或地区社会经济活动正常进行的公共服务系统
能源资源安全	属于战略安全范畴,通常指一国可以稳定而可靠地获得所需要的各种自然资源的一种状态,用以满足国家生存、经济与社会发展的正常需求,而且资源供应保障应该具有连续性和稳定性
高新技术获取型的投资	通过投资加强与国外的技术合作,获取上游技术
世界市场	是世界范围的商品交换和商品流通,是通过商品交换把各国市场紧密联系起来的总体
国际收支均衡	国内经济处于均衡状态下的自主性国际收支平衡,即国内实现充分就业、物价稳定,国外实现国际收支平衡的状态

二、国际收支失衡风险

东道国因国际收支不平衡或发生国际收支困难,而采取外汇管制,禁止或限制外国企业将投资资本本金、利润和其他合法收入转出东道国境外。

(一)国际贸易主动权丧失

美国发动的贸易战没有达到预期目的,但中国也受到了不少的影响。由于美国商务部收紧了对高端半导体的出口限制，华为智能手机产量大跌。美国贸易代表办公室于2021年10月重启了同中国的接触，但未来是否要缔结新协议或调整关税制裁措施都还不确定。美国彼得森国际经济研究所整理的数据显示，截至2021年11月，中国的采购量达到目标的60%左右。美方一直有人员认为中国不积极履行中美第一阶段经贸协议。美国在安全风险和经济利益之间，选择了地缘政治和国家安全作为优先事项，这使得具有内阁成员地位的美国贸易代表戴琪几乎丧失了自主权。戴琪必须听从美国国务院、国防部和财政部的行动指令，因为出于国家安全和美国国内政治的原因，贸易自由化已经不再是美国的优先事项。不断恶化的地缘政治关系很可能导致中美经贸关系长期呈现下降趋势。

美国可能会推动说服中国履行中美第一阶段经贸协议的谈判，但如果不能说服中方充分履行协议承诺来增购美国工业制成品、农产品、能源和服务，拜登政府有可能会对中国展开新关税调查。

（二）外汇储备不足

外汇储备是金融安全的重要内容。外汇储备又称外汇存底，指一国政府所持有的国际储备资产中的外汇部分，即一国政府保有的以外币表示的债权，是一个国家货币当局持有并可以随时兑换外国货币的资产。外汇储备并非中国所持有的资产。中国外汇储备很大一部分是从别国借来的钱，俗称"外债"。2018年3月，中国外汇储备3.11万亿美元，除去全口径外债余额1.84万亿美元，还剩下1.27万亿美元。这些外债基本上都是1～2年的中短期债务。2018年6月，中国外汇储备中来自外商投资的部分约为5960亿美元，还要再加上外资在中国的利益。如果外资撤离中国，除了带走投资金额外，也会带走投资产生的利润和资产升值的收益。当前中国所有的外汇储备中，包括外商的投资和利润在内，归属外资企业的资金约有1万亿美元。如果扣除外债和外资撤离，中国真正能够动用的外汇储备只有4000亿美元左右。因此，一定要防止外资大规模撤离中国，避免中国的外汇储备遭到挤兑。经过一系列艰苦斗争，截至2018年9月底，中国外汇储备为30 870亿美元。2019年3月末，中国外汇储备余额为3.1万亿美元，连续第五个月环比增长。2021年年底中国国家外汇储备3.25万亿美元。

(三) 不能有效应对利率汇率变化

2022年3月17日美联储公布3月利率决议，上调基准利率25个基点，并暗示即将开始缩减资产负载表。美联储预计，2022年联邦基金利率中值为1.9%，较2021年12月上升100个基点，即年内共计加息7次。这些利率变化和国际经济一起影响汇率变化，对我国经济影响很大。

(四) 进出口失衡

特朗普发动中美经贸摩擦的借口是中国对美顺差过大。但2021年中国对美贸易总额同比增长29%至7556亿美元，时隔3年再创新高。2020—2021年，中国对美出口额增长均高于进口额，贸易顺差持续扩大。2021年中国对美贸易顺差达到创纪录的3965亿美元，增幅达到25%。中国2021年的GDP总量为114万亿元人民币，2021年货物贸易进出口总值将近40万亿元人民币。根据美国经济普查局和美国统计局的数据，美国2021年对华贸易逆差增加450亿美元，增幅达到14.5%，总逆差为3553亿美元，仅次于2018年创纪录的4182亿美元。我们要清醒地看到顺差的增长是因为美国经济复苏带来的个人消费的增长，这带动了电脑和玩具类等商品的出口。也有东南亚地区新冠疫情形势再度失控，从而导致供应链遭到沉重打击，但中国稳定住了产业链和供应链，而不得不从中国进口的原因。贸易占比过大对于经济长期可持续发展的影响需要给予高度关注。

三、国际收支均衡的风险防范

2021年3月末，中国银行业对外金融资产14 813亿美元，对外负债15 721亿美元，对外净负债908亿美元，其中，人民币净负债4523亿美元，外币净资产3614亿美元。在银行业对外负债中，分工具看，存贷款负债8371亿美元，债券负债3109亿美元，股权等其他负债4241亿美元。进出口贸易良性互动和国际收支基本平衡才能实现可持续发展。

(一)保持外贸外资持续增长和外汇储备的基本稳定

坚持扩大对外开放,推动国际市场多元化,努力保持和丰富外贸外资的拓展渠道,打牢外贸外资的基础。以外贸外资和利用外资为基础,保持外汇储备的基本稳定。

(二)把握涉境外项目的国内信贷处于合理区间

面对不断增加的境外项目,国内信贷也必须保持在合理范围内。不能只考虑境外项目需要,而过分扩张境外项目的国内信贷。

(三)有效应对境外项目的财政金融问题

秉承"高标准"和"高质量"原则,处理好境外项目的财政金融问题。要实现金融流渠道的安全,不能为了便利而完全依靠和使用SWIFT系统。绝大多数境外项目要以盈利为基本出发点,要考虑投入产出比的因素。

(四)有效应对大量贸易顺差的负面效应

顺差不是越大越好。要认识到大额贸易顺差不仅招致了美国的打击报复,而且也产生一些经济问题,如巨额外汇储备通过强制结汇被动向国内释放大量人民币流动性,加剧中国通货膨胀风险,提高国内货币管理和宏观调控难度;美债市场一旦发生波动,中国外汇财富将面临很大风险。只有进出口贸易和国际收支基本平衡才能实现可持续发展。

(五)慎用、善用美债武器

中国的很大部分外汇储备用于购买美国国债。因此,在中美债务关系上,中国通过减持美债和逐渐去美元化的策略逐渐摆脱可能的"美债陷阱",但必须慎用、善用美债武器。

第一,要充分认识到当前阶段,使用美债武器对中国而言弊大于利。如果要将美债变成武器,中国必须要在集中的、较短的时间内大规模抛售美债,但是这样的操作会导致美债价格的大幅下降,中国持有的美债因此会蒙受损失和贬值。而且抛售美债的效果之一就是美元贬值,相对而言人民币升值,这会给中国出口行业带来巨大压力。从长远考虑,美元仍然是当前国际货币体系主体,如大量抛售美债,失去美国金融市场,中国的外汇储备将面临巨大的保值和增值压力。

第二,使用美债的破坏效果有限,很难达到威慑或者制约美国的目标。虽然中国持有美债的绝对数量较大,但是中国持有美债占外国持有美债总量的比例仅为16%左右,占美国总债务的5%左右(截至2019年年末),而美国外债占美国总体债务的比例不到30%。因此中国抛售的美债很可能被美国国债市场毫不费力地消化掉。况且持有美国国债的主要国际主体中除了中国、中国香港之外,大部分都是美国的盟国,这些国家很难形成与美国相抗衡的合力。

第三,主动使用美债作为武器对美国金融体系进行攻击不符合当前阶段中国国家利益的实际。如大规模抛售美债,可能引起国际金融体系较大规模动荡,从而导致国际秩序的动荡和一些国家、组织及个人的损失。这与中国追求建设人类命运共同体的理念不符,而且由于这些动作必然会遭受美国的金融报复、甚至大规模金融对抗,从而使中国在国际金融体系中遭受重大损失。

表7 中国海外经济利益对应的风险内容

主要分类	主要内容	主要风险内容	主要应对措施
绿地投资	又称创建投资,是指跨国公司等投资主体在东道国境内依照东道国的法律设置的部分或全部资产所有权归外国投资者所有的企业。	一是建设周期长,速度慢缺乏灵活性。二是创建企业过程当中,跨国企业完全承担其风险,不确定性较大。三是新企业创建后,跨国公司需要自己在东道国开拓目标市场,且常常面临管理方式与东道国惯例不相适应、管理人员和技术人员匮乏等问题。四是在国别上主要是美国、法国、德国坚持对重要投资项目加强审查。	一要对"走出去"有更加清晰的战略定位和规划。二要加强国际投资规律研究,促进多元融资。三要建立和完善一套有效的机制。四要对境外投资进行分类引导和管理。目前中国政府为中国公司规定了鼓励开展、限制开展、禁止开展的境外投资。五要立足亚太地区做好文章。六要充分注意美国因素。

续 表

主要分类	主要内容	主要风险内容	主要应对措施
境外并购	是指境外的企业或个人收购境内公司的股权,或境内公司收购境外企业的股权。	一是中国企业境外收购缺乏必要的资本运作,投资成本和项目风险通常比较大。 二是中国企业境外收购缺乏能够帮助中国企业"走出去"的国际化专业中介服务机构。 三是中国企业缺乏境外收购经验,往往缺乏科学的估值体系,在进行境外并购时容易花费更多的成本。 四是中国企业总体上缺乏整合并购企业的经验。 五是中国企业境外收购缺乏金融支持。	一是要及时掌握并购对象公司、企业及其国家的相关政策、法制状况。 二是要及时掌握并购对象公司、企业的实际经营情况。 三是并购企业所在国家和地区对中国并购行为的态度。
金融投资	亦称"证券投资",是经济主体为获取预期收益或股权,用资金购买股票、债券等金融资产的投资活动。	一是来自美国的风险。 二是汇兑限制风险——投资本金、利息、利润、许可费等无法转为外汇转移到东道国外的风险。该风险由监管质量、货币政策、投资自由、金融自由等重要内容构成。 三是中国真正的风险来自金融体系、债务和不稳定的市场。	一要切实加强宏观审慎管理。 二要不断完善涉外金融制度体系。 三要着力加强对目标国家和机构运行规则的研究。 四要加强涉外金融安全信息的调查研究。 五要全力防止关键金融数据外泄。 六要预防和有效应对美国切断SWIFT系统。
基础设施	是指为社会生产和居民生活提供公共服务的物质工程设施,是用于保证国家或地区社会经济活动正常进行的公共服务系统。	建设周期长,资金回收时间长,依赖所在地政府保护,重点和难点都在于回收周期长。 如欧洲加大了匈塞铁路等项目的审查力度。基建等项目要在欧盟规定的交通运输网络框架下实施。 欧盟认为中国贷款给欧洲国家从事基建项目,导致该国债务水平上升,陷入中国的"债务奴役陷阱",从而扩大中国在该地区的影响力。	一要对重点项目所在地情况高度关注,对风险进行有效识别并合理规避。 二要制定基础设施领域投资重点计划项目清单,设计一批营利性的产品或者项目。 三要注意解决"债务陷阱"怀疑。 四要充分注意市场需要。

续　表

主要分类	主要内容	主要风险内容	主要应对措施
能源安全	属于战略安全范畴，通常指一国可以稳定而可靠地获得所需要的各种自然资源的一种状态，用以满足国家生存、经济与社会发展的正常需求，而且资源供应保障应该具有连续和稳定性。	一是石油风险。 二是渠道风险。 三是通道风险。 四是美国因素。	一要推动绿色低碳发展。 二要积极进行能源勘探和能源开采技术攻关。 三要加大国际能源合作，拓展能源渠道。 四要积极进行能源通道建设。 五要提升能源领域话语权。
高新技术获取型的投资	通过投资加强与国外的技术合作，获取上游技术。	一是内容角度，尖端技术相对落后。 二是美国在高科技领域对中国全方位打击。	一要减少对美国的依赖。 二要坚定信心，搞好创新。 三要积极推进知识产权保护体制改革。 四要创造公平环境，用好市场优势。 五要加大国际合作。 六要全力确保科技安全。
世界市场	是世界范围的商品交换和商品流通，是通过商品交换把各国市场紧密联系起来的总体。	一是抹黑中国国有企业。 二是过度保护，缩小市场准入。 三是滥用贸易工具。	一是大力推行市场多元化战略。 二是用好产业资本优势。 三是有效提升服务境外业务工作水平和层次。 四是把握目标市场消费特点和水平。 五是与国内市场、产能形成互补。

续　表

主要分类	主要内容	主要风险内容	主要应对措施
国际收支均衡	国内经济处于均衡状态下的自主性国际收支平衡，即国内实现充分就业、物价稳定，国外实现国际收支平衡的状态。	一是国际贸易主动权丧失。 二是外汇储备不足。 三是不能有效应对利率汇率变化。	一是保持外贸外资持续增长和外汇储备的基本稳定。 二是把握涉境外项目的国内信贷处于合理区间。 三是有效应对境外项目的财政金融问题。 四是有效应对大量贸易顺差的负面效应。 五是慎用、善用美债武器。

第九章
案例分析——以中巴经济走廊和马来西亚东海岸铁路为例

在中国海外利益分布比较集中的地区，必须在把握世界范围内整体规律的基础上，针对地区特点、国别特点和领域特点，采取有效的地区性、国别性和领域性措施，因地区、国别、领域、时间、形势来制定和采取有针对性的措施，保障我国海外投资精准有效、可持续，也使得"一带一路"倡议落到实处。现以中巴经济走廊和马来西亚东海岸铁路为例对中国海外投资利益的维护及其风险防范进行分析。

第一节 中巴经济走廊案例分析

中巴经济走廊（乌尔都语是 پاکستان-چین اقتصادی راہداری，英语是 China - Pakistan Economic Corridor，CPEC），是中国总理李克强于2013年5月访问巴基斯坦时提出的。初衷是加强中巴之间交通、能源、海洋等领域的交流与合作，加强两国互联互通，促进两国共同发展。该项目于2015年4月20日启动。中巴经济走廊起点在喀什，终点在巴基斯坦瓜达尔港，全长3000千米，北接"丝绸之路经济带"、南连"21世纪海上丝绸之路"，是贯通南北丝路的关键枢纽，是一条包括公路、铁路、油气和光缆通道在内的贸易走廊，也是"一带一路"的重要组成部分。

中巴经济走廊是全方位、多领域的合作，有助于进一步密切和强化中巴全天候战略合作伙伴关系，它既是中国"一带一路"倡议的样板工程和旗舰项目，也为巴基斯坦的发展提供了重要机遇。

一、项目概况

2013年年底，习近平主席提出"一带一路"倡议构想，中巴经济走廊作为"一带一路"的有益补充，战略重要性进一步提升。2013年5月，李克强总理访问巴基斯坦期间，提出要打造一条北起喀什、南至巴基斯坦瓜达尔港的经济大动脉，推进互联互通。2014年2月，巴基斯坦总统侯赛因访华期间，中巴双方同意加速推进中巴经济走廊建设。中巴双方于2014年2月19日发表联合声明，中巴经济走廊建设契合两国发展战略，有助于两国发展经济、改善民生及促进本地区的共同发展与繁荣。双方应共同努力，确保中巴经济走廊尽快成型，并取得实实在在的成果。2015年3月发布的《推动共建丝绸之路经济带和21世纪海上丝绸之路的愿景与行动》则明确提出，"中巴、中印孟缅两个经济走廊与推进'一带一路'建设关联紧密，要进一步推动合作，取得更大进展"。2015年4月，习近平主席访问巴基斯坦，中巴双方签订460亿美元合作协议共建中巴经济走廊。巴方将2281亩瓜达尔港土地使用权交给中国企业，租期43年。

（一）规划

两国政府制定了修建新疆喀什市到巴方西南港口瓜达尔港的公路、铁路、油气管道及光缆覆盖"四位一体"通道的远景规划。中巴两国将在沿线建设交通运输和电力设施，预计总工程费将达到450亿美元，计划于2030年完工。中国将帮助巴基斯坦升级该国"1号铁路干线"，并将其向北延伸，经中巴边境口岸红其拉甫连至喀什。巴基斯坦1号铁路干线从卡拉奇向北经拉合尔、伊斯兰堡至白沙瓦，全长1726千米，是巴基斯坦最重要的南北铁路干线。哈维连站是巴基斯坦铁路网北端尽头，规划建设由此向北延伸经中巴边境口岸红其拉甫至喀什铁路，哈维连拟建陆港，主要办理集装箱业务。1号铁路干线升级和哈维连陆港建设，是中巴经济走廊远景规划联合合作委员会确定的中巴经济走廊交通基础设施领域优先推进项目。

2015年4月20日，在中华人民共和国主席习近平访问巴基斯坦期间，国家铁路局局长陆东福与巴基斯坦铁道部国务秘书、铁路委员会主席帕尔文·阿格哈共同签署了《中华人民共和国国家铁路局与巴基斯坦伊斯兰共和国铁道部关于开展1号铁路干线（ML1）升级和哈维连陆港建设联合可行性研究的框架协议》。

（二）能源项目

在能源领域，双方签署了建立中巴小型水电技术国家联合研究中心的谅解备忘录，这是中方全力支持巴基斯坦解决能源短缺问题的具体体现。当前巴基斯坦正面临严重的能源短缺，电力短缺是其面临的最大挑战之一，夏季用电缺口有时可达5000兆瓦。巴基斯坦希望依靠其丰富的太阳能、风能和大量煤炭、化石燃料资源改善能源结构。中方鼓励和支持中国国有企业和民营企业寻找巴基斯坦传统能源和新能源领域的投资机会。

2015年5月21日，东方电气集团东方汽轮机有限公司、东方电机有限公司与山东电建三公司在青岛签订巴基斯坦卡西姆港1320兆瓦火电项目设备合同，标志着作为巴基斯坦"一带一路"的重要组成部分——中巴经济走廊首个能源项目正式启动。

2017年11月29日，巴基斯坦总理阿巴西、中国驻巴基斯坦大使姚敬、中国电力建设集团公司董事长晏志勇、卡塔尔王子贾西姆共同触摸启动机组的水晶球，强大的电流源源不断地输入巴基斯坦国家电网，标志着中巴经济走廊首个落地能源项目——卡西姆港燃煤电站1号机组正式投产发电。卡西姆港燃煤电站项目总投资约为20.85亿美元，为混合所有制经济体制项目，由中国电力建设集团海外投资有限公司和卡塔尔AMC公司共同出资，中方占比为51%。项目包括电站工程、配套的卸煤码头及航道工程，电站设计安装两台66万千瓦超临界机组，总装机容量为132万千瓦，年均发电量约90亿度。卡西姆港燃煤电站完全建成后，将成为巴基斯坦南部的重要火电基地，直接接入500千伏主网，可满足巴基斯坦中北部地区400万家庭的用电需求。

能源领域是中巴经济走廊进展最快、成效最显著的领域。目前已竣工的项目极大地缓解了巴基斯坦电力供应不足的局面，并对巴基斯坦调整电力能源结构、降低发电成本等方面产生深远影响。

（三）港口建设

2013年，中国海外港口控股有限公司（以下简称中国港控）取得了瓜达尔港口及自由区运营权。经过几年建设，港口各项功能修复完毕，码头运行恢复正常，码头建设二期工程正在加紧规划中。瓜达尔港自由区起步区建设也稳步推进。

当地百姓已从港口建设中直接受益。中国公司安装的海水淡化设施，不仅能满足港口内生产和生活的需要，每月还能向附近居民提供免费淡水。在支持当地教育发展上，中国港控更是作出了巨大贡献，2013年，为瓜达尔小学捐献3辆校车；2014年设立中国港控奖学金，资助当地学生来华学习、研修；2015年，全力支持中国和平发展基金会在瓜达尔建设中巴法曲尔小学。2017年5月，中巴急救走廊首个急救单元——瓜达尔中巴博爱医疗急救中心在瓜达尔顺利落成。2017年11月，由新疆克拉玛依市政府援建的中巴经济走廊首座多要素自动气象站在瓜达尔建成并投入使用。

（四）公路建设

喀喇昆仑公路，又称"中巴友谊公路"，东起中国新疆喀什，穿越喀喇昆仑、兴都库什和喜马拉雅三大山脉，经过中巴边境口岸红其拉甫山口，直达巴基斯坦北部城镇塔科特，全长1224千米，全线海拔600～4700米。之前由于年久失修，加上春季融雪、夏季降雨等原因，这条路常被堰塞湖阻断。2008年2月，由中国路桥工程有限责任公司负责实施的喀喇昆仑公路改扩建项目正式启动，新的二期工程在对原有公路提升改造的基础上，将喀喇昆仑公路延伸至巴腹地。项目二期工程处于中巴经济走廊陆路通道的核心路段，是巴基斯坦公路网南北主要骨架的重要组成部分。

2016年5月9日，中巴经济走廊的巴基斯坦白沙瓦至卡拉奇高速公路项目的苏库尔至木尔坦段开工。该段项目的合同金额约为28.9亿美元，折合人民币184.6亿元，是迄今为止中巴经济走廊金额最大的基础设施项目。

白沙瓦至卡拉奇高速公路项目原定南起巴基斯坦第一大城市卡拉奇，北至第二大城市拉合尔，而今计划延伸至西北边境重镇白沙瓦，全长1152千米，项目沿线地区GDP占巴基斯坦总量的90%以上，人口达1.38亿人，建成后将成为连接巴南北的经济大动脉和国防要道。

（五）铁路建设

2016年1月，巴铁道部部长赫瓦贾·萨德·拉菲克（Khawaja Saad Rafique）向中巴经济走廊议会委员会报告，卡拉奇—白沙瓦和塔克西拉（Taxila）—哈维连（Havelian）铁路升级（ML-1铁路升级）将在中巴经济走廊一期建设期内完成，该铁路全长1681千米，占巴基斯坦全国铁路运营的

70%，建成后每年将为巴基斯坦铁路部门创造500亿卢比收益，可解决巴基斯坦铁路亏损问题。巴基斯坦铁路建设分短、中、长三期计划，第一阶段包括在哈维连建造干货码头（Dry Port）和完成ML-1铁路升级，该阶段将于2020年完成；第二阶段包括完成ML-2铁路升级（戈德里—阿塔克）和扩建，连通奎塔、瓜达尔、Bisima等地，该阶段将于2025年完成；第三阶段包括完成哈维连至红旗拉甫铁路建设，全长682千米，将于2030年完成。

（六）农业

2016年8月30日，在伊斯兰堡举行的CPEC首脑会议期间制定了2025—2030年长期计划。该计划包括对生计、水资源、牲畜、人与人之间的通信和财务事宜的管理。按照该计划，实施农业信息化项目、农业设备建设储备配送、农业机械化、示范机械租赁项目和化肥生产项目，年生产80万吨化肥和10万吨生物有机肥。

（七）意义

对巴基斯坦：建设中巴经济走廊，不仅对中巴两国发展具有强大推动作用，优化巴基斯坦在南亚的区域优势，有助于促进整个南亚的互联互通。中巴经济走廊建设将直接为当地民众提供大量工作机会，有效改善巴基斯坦基础设施滞后，助力巴基斯坦改善电力供给，推动巴基斯坦渔业、农产品、纺织等产品"走出去"，推动巴基斯坦摆脱经济困境的重大机遇。

对中国：从中国方面看，中巴经济走廊带动沿线一大批能源、电力、公路、铁路等基建重大项目成为中国企业关注的焦点；能有效增加中国能源的进口路径——可以避开传统咽喉马六甲海峡和存在主权纠纷的中国南海，把中东石油直接运抵中国西南腹地，同时也能降低对正在建设中的中缅油气管道的依赖。

（八）战略价值

中巴经济走廊连接中国西南地区，贯通巴基斯坦全境，处在东亚、南亚、中亚和中东的交汇区域。作为其终点的瓜达尔港位于被称为"世界油阀"的霍尔木兹海峡的湾口处，是通往波斯湾和印度洋的重要出海口，也是亚太地区与欧洲、非洲海上往来航道的重要中转港。中巴经济走廊的早期项目主要包括能源、公路铁路网、光纤项目和瓜达尔港的建设，走廊的建成将有利于中国打通西南国际通道，并进一步构建印度洋战略，实现海陆并举。中巴经济走廊对于中国的战略价值主要有以下三点：

一是拓展运输新通道，保障能源安全。中国石油进口的前3条航线（东南亚航线、非洲航线、中东航线），都需要经过马六甲海峡。随着亚太地区战略地位的提高，不仅是美国一直对马六甲海峡进行监视与控制，印度也开始加强在海峡西口安达曼—尼科巴群岛的军事建设。如果海运航线在该地区被阻断，就会影响到中国约80%的能源进口，严重危及中国的能源安全和经济安全。中国的海上航线大多经过南海海域，南海局势的不稳定也会降低航线的安全性。中巴经济走廊将中国与主要石油来源地——中东和拥有丰富油气资源的中亚相连接，其油气通道项目是对中国现有的中俄油气管道、中哈原油管道和中国—中亚天然气管道的重要补充。

二是促进经贸合作，带动经济发展。党的十八届三中全会后，中国进入产业结构调整和经济模式转型的新阶段。中国必须重视"西出"战略，发掘中亚、南亚地区的经济潜力，并发挥印度洋对打开和巩固海外市场的作用。

三是维护西部稳定，扩大地缘影响力。

二、风险分析

（一）恐怖主义

2021年12月3日，"俾路支解放阵线"头目阿登·纳扎尔发文称，中巴经济走廊使俾路支人面临"种族灭绝"，俾路支人要通过一切手段抵制。2021年12月4日，"俾路支共和军"在潘杰古尔郊区凯尔克的易卜拉欣巴扎地区对保护中巴经济走廊项目的巴基斯坦政府军发动袭击，造成2死多伤。2022年4月26日，巴基斯坦信德省首府卡拉奇发生一起恐怖袭击，导致包括3名中国公民在内的至少4人遇难，另有1名中国公民受伤。袭击发生后，恐怖组织"俾路支解放军（BLA）"宣布对此事负责。

虽然巴基斯坦一直对其国内的恐怖分子进行打击，巴基斯坦军方也自

2014年开始对武装分子进行持续的军事清剿,但其国内的安全形势依然不容乐观。俾路支省是巴基斯坦国内恐怖主义的重灾区。该地区经济落后,交通闭塞,民族主义与分离主义色彩浓重,"塔利班"等恐怖组织相当活跃。而中巴经济走廊的关键项目——瓜达尔港就位于该省。俾路支省曾多次发生造成中国公民伤亡的恐怖袭击。该省的民族主义者对中巴经济走廊持敌视态度,他们认为这是对俾路支省的掠夺,会最终导致当地居民失去对本地资源的控制权。该地区的恐怖势力和分离势力为了发泄对政府和中巴经济走廊项目的不满、追求更大更广的影响和威慑,很有可能将中国公民确定为袭击目标,并从电力、交通等方面对建设中的工程进行破坏。

除俾路支省外,巴基斯坦国内安全问题比较突出的地区还有巴印、中巴边界以及靠近阿富汗的地区,尤其是中巴、巴阿边境地区的恐怖势力可能会联合起来进行跨国犯罪。走廊建设对沿线地区人口和经济的促进可能会便利恐怖势力的活动,扩大恐怖袭击造成的损失,建成项目中的利益分配不均也可能激化地区矛盾。另外,中巴经济走廊需要经过克什米尔这一敏感区域,虽然走廊建设将在巴控区进行,但也存在着与印度发生潜在摩擦的可能性。

(二)政局不稳

巴基斯坦中央政府对所属各省、地区的控制力偏弱,谢里夫政府真正有控制力的就是旁遮普省。巴基斯坦的党派、宗教争斗激烈,且政府与军方难以达成一致。在中巴经济走廊建设问题上,不同部族势力、利益集团和政党之间都存在分歧,不仅军方与政府在争夺对项目工程的主导权,巴基斯坦国内对于走廊路线的走向也是争议不断。巴基斯坦奉行民选体制,每4年政府都有可能换届,每次换届不仅仅是政党官员轮替,也是背后各个家族财团重新洗牌的过程。

走廊规划线路的"东线"途经拉哈尔、伊斯兰堡等人口密度较大、设施较完善、治安较好的城市,且沿途地势较平坦,是投资者最倾向的路线。但优先发展"东线"的方案遭到了"西线"地区的强烈反对,并通过示威活动、多党派会议等形式向政府施压。"西线"支持者认为,选择"东线"是意图加剧地区矛盾和发展失衡,一面掠夺俾路支省的资源,一面为旁遮普省、信地省以及中国获取财富。这种争论一度影响了项目落实的效率,最后在中方的反复督促下,巴基斯坦政府最终达成了一个妥协的"多线"方案,将线路确定为包含东、中、西三线,并明确将"西线"置于和"东线"同等的优先地位。这实际上增加了走廊的建设难度,也加大了中方的经济成本和安全风险。并且,由于税收分配和瓜达尔港控制权等问题被继续搁置,巴基斯坦政府与地方的争议并未真正得到解决。这反映了巴基斯坦中央政府对大部分地区缺乏足够的领导力和控制力,弱政府、强社会的现象导致即使巴基斯坦官方对走廊规划积极响应,具体政策和项目的推进还是始终缺乏力度。国内利益难以协调,政府又极易受到反对党以及各种行业协会、工会等各方力量的挟持,政府的政策在很大程度上不具备连续性和稳定性,容易反复和左右摇摆。

同时,巴基斯坦的选举政治是各利益集团和家族势力的角力场,换届可能导致权力的重新洗牌。2022年3月3日,巴基斯坦总理伊姆兰·汗在躲过一次议会不信任投票后,要求总统阿里夫·阿尔维解散国民议会,提前举行选举,并获得批准。3月28日,巴基斯坦反对党联盟正式向国民议会提出针对伊姆兰·汗的不信任动议。4月3日,国民议会副议长卡西姆·苏里否决了该动议,随后巴基斯坦总统阿尔维批准了伊姆兰·汗的建议,宣布解散国民议会。4月7日,巴基斯坦最高法院裁定苏里否决反对党联盟针对伊姆兰·汗的不信任动议的决定违宪,予以废止;裁定阿尔维解散国民议会的决定无效,宣布恢复国民议会及内阁,要求议长不得晚于当地9日10时30分(北京时间10时30分)召集国民议会开会,就针对伊姆兰·汗的不信任动议进行投票。巴基斯坦国民议会(议会下院)10日凌晨通过针对总理伊姆兰·汗的不信任动议。伊姆兰·汗成为巴基斯坦历史上首位遭到国民议会罢免的总理。

巴基斯坦政局不稳难免会对现任政府制定的政策造成影响,类似于伊姆兰·汗被罢免的这种情况前任政府制定的政策也会受到更大影响,对中巴经济走廊建设也是一次重大考验。遭遇政府不正常换届或反对党、利益群体示威,之前签订的协议很可能面临重新审查甚至全部推倒重来。

(三)国际格局影响

大国竞争涉及中美博弈,涉及印度、伊朗等诸多国家利益。中巴经济走廊周边地缘政治局势复杂,存在多国的利益争夺和力量博弈,这一规划的提出与实施,必然会触动多方神经。而巴基斯坦精英对本国未来发展没有清晰可信服的长远规划,巴基斯坦政府部门和不同利益集团行政效率低下、程序冗长,而且普遍存在腐败现象。

美国对中国影响力不断提升这一现状也始终保持防范。瓜达尔港特殊的地理位置,使美国担心中国以此为立足点向波斯湾—印度洋发展军事力量,以借此监控该区域的运输通道以及美国海军的活动和联合军演。随着美军撤出阿富汗,中国逐步承担起中亚地区调停者的角色,地区领导力不断展现,而中巴两国通过中巴经济走廊深化合作,有可能会改变中亚、南亚乃至印度洋地区的地缘政治格局,在一定程度上会挤压美国的战略空间。

印度已多次在不同场合表示了对中巴经济走廊项目的坚决反对,并谴责中巴经济走廊是加剧区域紧张局势的单边决定。印度与巴基斯坦的关系长期处于紧张状态,在克什米尔地区的争端也导致多次冲突。中巴经济走廊途经巴控克什米尔地区,印度认为这会对其主权产生负面影响。印度总理莫迪曾提出,中巴经济走廊通过吉尔吉特·巴尔蒂斯坦的项目是不可接受的,因为该项目是在印巴有争议的领土上进行建设的。不仅如此,印度还对中国建设走廊的目的提出质疑,认为中巴两国都企图破坏印度在南亚—印度洋地区的领导地位。印度成立了专门智库研究对中巴经济走廊项目的反制计划。

为应对中巴经济走廊的进展,美印地区战略合作不断推进,美印与地区内其他国家也积极发展双边、多边合作。例如,美国积极推行其"新丝绸之路"计划,而印度在2016年5月与伊朗达成关于恰巴哈尔港项目的协议,这都给中巴经济走廊的建设带来了影响。巴基斯坦与阿富汗的关系使其影响力难以向中亚地区实现纵深。如果不能协调好与美印及其他周边国家的关系,中巴经济走廊的辐射范围将严重受限。

作为一个长期而宏大的计划,中巴经济走廊的未来仍然存在着很大的不确定性,其所面临的风险与挑战不仅来自政治、经济和安全领域,同时还与文化、宗教、民族等问题交织在一起。

新加坡因为经济利益也是重要参与方之一。2001年中国与巴基斯坦签订协议，决定合建瓜达尔港，其中中方出资1.98亿美元，巴方出资0.5亿美元。瓜达尔港一期工程于2006年完成。后来中国推出了瓜达尔港运营权的竞标。2007年新加坡港务集团赢得瓜达尔港运营权。在之后的5年中，新加坡港务集团并未对瓜达尔港进行建设，运营协议被提前结束。2013年，中国参与招标，并取得瓜达尔港运营权。

（四）社会力量较强且变化大

巴基斯坦各类利益群体和组织很多，工会、各类行业协会等很善于通过各种游说乃至示威、游行等手段对巴基斯坦政府施压影响。巴基斯坦中央政府偏软，且社会比较多元，各类来自不同利益集团的抗议、示威很容易使得巴基斯坦政府已经确定的财政、货币、税收、福利政策等发生重大变化。

部族宗教冲突主要发生在逊尼派和什叶派之间，在信德省与旁遮普省南部，都曾经发生过教派之间的血腥冲突。

（五）自然环境恶劣

中巴边境地区自然环境很差，这也是千百年来中巴通过陆地交流的主要障碍。以连接巴基斯坦和中国的主要陆上"生命线"喀喇昆仑公路为例，该公路建于20世纪60年代，年久失修，加之春季融雪、夏季降雨等原因时常形成堰塞湖阻断交通，有时一年之中有半年时间无法通行。

（六）国际收支均衡压力

中巴经济走廊投入很大，回收过程漫长，主要国际收支压力包括：

一是巴基斯坦的产业基础薄弱，经济主要依靠农业，而工业尤其是制造业水平还相当落后，资源开发和利用的难度较大，这加大了走廊建设和中巴之间进行产业转移的难度和成本。

二是巴基斯坦虽然人口众多，但是受教育程度普遍偏低，远不能满足项目大量开展对于技术工人和管理人员的需求。除了政治局势和安全形势之外，巴基斯坦的经济开放程度和金融监管状况也让外国投资者发怵。巴基斯坦虽然给予中国多种税收优惠，但对于其他国家的市场主体来说，巴基斯坦的关税水平严重打击了其积极性，这也会影响经济走廊实现其对贸易、投资和产业合作的促进作用。而对于中国来说，由于两国存在巨大的贸易逆差，如果中巴经济走廊无法发挥连接两个市场的作用，则其对于拓展经贸合作的价值就会降低。

三是中国国内也担忧中巴经济走廊是否为超出两国实际承受能力的、高投入低效益的项目。中巴经济走廊的公路、铁路以及油气管道建设线路长且途径地区地形复杂，尤其还需要穿过气候和土壤条件恶劣、地质灾害频发的喀喇昆仑山脉。这些基础设施建设技术难度大、建设周期长，需要投入巨大的人力、物力，且不确定因素众多，若项目停滞，则很可能得不偿失。参考已建成的喀喇昆仑公路，其建成后也面临着运输效率和长期维护的考验。

表8 中巴经济走廊面对的主要风险梳理

一级分类	二级分类	中巴经济走廊风险分析
经济风险	外贸政策发生重大变化	关税较高
	汇率、利率、债务等金融政策发生重大变化	有可能
	能源政策发生重大变化	
	市场政策发生重大变化	
	大型或敏感企业和项目关停并转引发社会问题	
政治风险	领导人变更	
	政党轮替	经常有
	政变及政权更迭	
	大国干预	有可能
	地缘政治格局变化	
安全风险	战争	印巴问题一直在
	动乱	
	武装冲突	
	海盗	
	恐怖主义等暴力袭击	俾路支问题一直在

续 表

一级分类	二级分类	中巴经济走廊风险分析
社会风险	第三部门崛起	有
	环境和气候标准发生变化	有可能
	劳工标准发生变化	有可能
	风俗习惯影响	有可能
	宗教信仰问题发酵	有
突发事件	地震、海啸、台风等重大自然灾害	
	重大疫情等公共卫生事件	有
	大规模游行示威罢工活动	
	互联网安全问题	
	重大舆情与信息安全问题	

三、风险防范和成效

用 Y=FX 分析。

第一，经济上，加大对巴基斯坦及周边情况的调研。必须对巴基斯坦的经济、社会等客观情况作全面了解和充分调查研究，并及时给予帮助和助力，要确保及时发现和解决问题。如中国助力巴基斯坦应对气候变化向其捐赠了大量低碳物资。

第二，政治上，加大交流沟通的力度和互信程度。中巴是全天候战略伙伴，要进一步加大沟通和互信的力度。一些好做法要继续加强，如中国同巴基斯坦围绕走廊建设成立中巴经济走廊联合合作委员会，巴基斯坦议会成立中巴经济走廊委员会。

第三，安全上，借力巴基斯坦警方和军方，在巴基斯坦境内和海上加强安保，做好辅助巴基斯坦警方和军方准备。中巴在安全上的目标是一致的，中方主要需要助力巴方解决维护安全能力不足的问题。

第四，社会问题上，关注巴基斯坦民众和社会发展情况。巴基斯坦社会构成比较复杂，民族和宗教问题比较突出。中方必须高度重视巴基斯坦社会实际，尊重巴方民族构成特点和宗教信仰。

第五，突发事件应对上，做好应急处理准备。要为可能发生的恐怖主义、自然灾害和军事冲突等做好准备。

第二节　马来西亚东海岸铁路项目案例分析

马来西亚东海岸铁路项目（以下简称东铁项目）是中国和马来西亚"一带一路"合作重点项目、旗舰项目，由中国交通建设集团有限公司（以下简称中交建）承建，全长640千米，合同金额为440亿林吉特（约合668亿元人民币）。这条铁路建成后，将打通马来西亚半岛东西方向铁路运输干线，不仅能够全面促进当地商贸、物流及旅游业发展，也将成为泛亚铁路网的重要组成部分，连接中泰铁路从而构建起中国西南地区到马来西亚的陆路运输通道。

一、项目概况

该项目于2017年开工，后来受到马来西亚政府换届影响而停工。东铁项目自2019年4月重启以来，中交建克服当地新冠疫情冲击、政府换届等挑战，全面加快项目实施。2019年4月12日，马来西亚总体府发表声明，确认马中双方已经就马来西亚东海岸铁路项目签署补充协议，为项目重启铺平了道路。声明称，经过协商，东海岸铁路一期和二期工程的建设费用将由原来的655亿林吉特（当时约合1068亿元人民币）减少至440亿林吉特（当时约合718.07亿元人民币）。此次马中双方（马方谈判负责人财政部部长达因）并未重新签署合同，而是在原有协议基础上签署了补充协议。更新后的东海岸铁路项目平均造价由原先的每千米9800万林吉特（约合1.6亿元人民币）降至6800万林吉特（约合1.1亿元人民币）；线路也有所调整，新线路较原有线路长度减少约40千米。

2021年年底，东铁项目建设进入加速期。2021年年底，东铁项目C段北线确定，标志着该项目主线路基本确定，建设进入加速期。2022年1月以来,该项目各施工点快速推进施工建设。该项目计划于2027年年底前完工,截至2021年年底,项目施工整体展开的工作面累计完成31.31%。

二、风险分析

自2017年东铁项目开工以来,受到马来西亚4次政府换届和新冠疫情冲击等不利影响,先后打赢停工危机"生死战"、疫情防控"总体战"、复工复产"保障战",全力推进高质量建设全面展开。

(一)政府换届与领导人变更

马来西亚联邦政府多次出现重大变动,对项目实施的连贯性造成重大影响。2018年5月10日,马来西亚93岁的马哈蒂尔带领"希望联盟"击败了纳吉布领导的"国阵"(以巫统为主),再次当选马来西亚总理。马哈蒂尔曾经在民族政策上压制华人扶持马来西亚人。

纳吉布2004年任副总理,2009年当选总理,曾称中国为"真正的朋友和战略伙伴"。曾因"一马公司(1MDB)"案涉及贪腐。由于涉嫌洗钱,"一马公司"还遭到了美国、新加坡、瑞士等6个国家的调查。2016年7月,美国司法部启动历史上最大规模资产没收行动,将非法挪用资金的"一马公司"资产充公。2015年11月24日,中国广核集团以23亿美元现金收购"一马公司"旗下所有能源资产,包括位于马来西亚、埃及和孟加拉国等5个国家的13座电站。2015年12月,中铁工程总公司与大马华人富豪林刚河联手,收购了"一马公司"拥有的一块吉隆坡中心地区地产60%的股份。2016年10月,纳吉布访华,时间长达7天,签署了"一带一路"相关协议。中马双方就投资黄金岛、马来西亚东海岸铁路项目(耗资140亿美元)以及马来西亚城等问题达成了一致。2017年1月,碧桂园和大马一家公司投资2621亿元人民币开发"森林城市"项目,遭到马哈蒂尔在博客上的攻击。当时,中方对马来西亚的投资已经超过300亿美元。

2018年5月10日,马哈蒂尔宣誓就任马来西亚新一任总理。马来西亚领导人的更迭使得中国对马来西亚的投资充满变数。2018年7月4日,马来西亚政府下令暂停由中国企业承建的价值约220亿美元的三个大型项目,其中包括东海岸铁路（East Coast Rail Link，东铁）项目以及两条造价均超过10亿美元的管道。根据《金融时报》7月5日最新报道，马来西亚财政部部长林冠英证实，在前一天宣布暂停三项中资承建的项目后，当天又暂停了一个造价为33亿元人民币连接马六甲与马来西亚国家石油公司的天然气与石油管道项目。管理东海岸铁路项目的政府公司马来西亚铁路衔接有限公司（Malaysia Rial Link），以及由马来西亚财政部主管、负责监督两条管道的苏里亚战略能源有限公司（Suria Strategic Energy Resources），7月4日分别致函这三个项目的承建商——中交建设和中国石油天然气管道局，发出暂停合约的指示，理由是成本过高。在马哈蒂尔访华期间，中马双方就上述问题达成谅解后，马哈蒂尔又对"森林城市"项目是否向外国人出售、"马中产业园"建设围墙发难。后来的结果是一些项目停止，另外一些能够推进的项目中方也付出了比较大的代价。项目最终于2019年4月重启。2020年2月24日，马哈蒂尔辞去总理职务。2020年3月2日，马来西亚第8任总理毛希丁·亚辛正式上任，中马合作又将面临新的变化。

（二）疫情冲击

马来西亚及周边国家新冠疫情形势严峻，多次出现工人在进场前隔离期间感染的情况，导致项目大力协调争取的工人无法按时到岗。马来西亚政府相关部门、业主以及属地供应商也频繁出现人员感染情况，严重影响各项工作。面对新冠疫情考验，企业狠抓疫情防控，截至2022年2月，项目全线近7000名中外员工未发生聚集性感染或因疫情病亡案例，未发生任何群体性事件，疫情防控总体平稳。

（三）复工复产

2021年马来西亚"全面封锁"期间，项目联合业主第一时间取得施工许可，坚持正常施工；"全面封锁"解除后，项目主动协调人员进场，联合业主开展高层对接，获得政府特批，允许项目引进新的中方技术工人，解决用工燃眉之急。

(四)地缘格局

东南亚在地缘格局中占有十分重要的地位。马来西亚在东南亚的地理位置非常重要。无论是马六甲海峡,还是南海都紧邻马来西亚。

(五)大国介入

东南亚已经成为中美博弈的重要地区。美国的所谓印太战略、印太地区中,东南亚也都占有重要地位。东南亚深处美日印澳与中国的中间地位,地理位置非常重要。

表9 马来西亚东海岸铁路面对的主要风险梳理

一级分类	二级分类	中巴经济走廊风险分析	马来西亚东海岸铁路风险分析
经济风险	外贸政策发生重大变化	关税较高	
	汇率、利率、债务等金融政策发生重大变化	有可能	
	能源政策发生重大变化		
	市场政策发生重大变化		
	大型或敏感企业和项目关停并转引发社会问题		
政治风险	领导人变更		有过,很可能
	政党轮替	经常有	有过,很可能
	政变及政权更迭		
	大国干预	有可能	有可能
	地缘政治格局变化		有可能
安全风险	战争	印巴问题一直在	
	动乱		
	武装冲突		
	海盗		
	恐怖主义等暴力袭击	俾路支问题还在	

续 表

一级分类	二级分类	中巴经济走廊风险分析	马来西亚东海岸铁路风险分析
社会风险	第三部门崛起	有	有可能
	环境和气候标准发生变化	有可能	有可能
	劳工标准发生变化		有可能
	风俗习惯影响		
	宗教信仰问题发酵	有	
突发事件	地震、海啸、台风等重大自然灾害		有
	重大疫情等公共卫生事件	有	
	大规模游行示威罢工活动		有可能
	互联网安全问题		
	重大舆情与信息安全问题		

三、风险防范和成效

用"Y=FX"模型分析。

（一）着力研究项目国情况变化

2019年，马哈蒂尔领导的"希望联盟"政府已经执政将近1年，面临的内外压力很大：大量竞选承诺无法兑现；马哈蒂尔原承诺在两年内交权给安瓦尔，但当时一直没有明确计划；安瓦尔自己的政党出现分裂迹象；马哈蒂尔与国内部分州世袭苏丹家族的矛盾激化。执政的"希望联盟"有瓦解的危险，全靠93岁的马哈蒂尔操盘维系。这些情况，中方都在冷静观察，耐心应对。

（二）保持战略定力

中国政府成功重启东铁项目。2019年4月25日，李克强总理在钓鱼台国宾馆会见马来西亚总理马哈蒂尔，表明中方愿同包括马方在内的东盟国家持续深化区域合作，特别是加快推进"区域全面经济伙伴关系协定"（RCEP）

谈判，推动中国—东盟关系和东亚合作取得更大发展。马方表态支持"一带一路"倡议，欢迎中国企业来马来西亚投资，愿意同中方开展经贸、科技、农业等领域的合作，这有利于促进马来西亚自身发展。会见后，两国总理共同见证了马来西亚海岸铁路沿线开发、恢复"马来西亚城"项目、加强棕榈油贸易等双边合作文件的签署。

（三）发挥基建优势

中国"基建狂魔"能力得到检验。中交建拥有丰富的经验和专业技术知识。由中交天和机械设备制造有限公司制造的敞开式硬岩掘进机（TBM）发挥了重要作用。该机重约1600吨，长约266米。最高挖掘进度可达每月700米，在挖掘隧道的同时，还可将挖出的石渣运到地面，并安装隧道内衬的混凝土板。

（四）把握国际格局变化规律

既要把握马来西亚国内格局的变化，又要分析和把握东南亚国家的地缘和实力情况。马来西亚周边涉及越南、印度尼西亚、新加坡等东南亚大国和强国，各方力量的变化都需要及时掌握。从国际格局来说，东南亚处在中国和美日印澳之间，属于所谓"兵家必争之地"。从这个意义上说，涉及东南亚国家的力量变化对于这些主要大国强国来说影响也都很大、很重要。

（五）注意投资规模效益

由于项目属于大型基础设施投资，所以成本回收会比较慢，因此应该注意投资规模效益。

（六）有效应对疫情突发风险

当前，新冠疫情仍然比较严重，东南亚整体防控也有一定空间。项目施工过程中更要注意严防项目人员感染导致停工等现象发生。

灾害、重大疫情等公共卫生事件、大规模游行示威罢工活动、互联网安全问题、重大舆情与信息安全问题等。

中国海外投资利益的主要内容为绿地投资、跨国并购、金融投资、促进互联互通的基础设施投资；优先项目主要包括能源资源安全、高新技术安全、境外市场安全、国际收支安全。将境外项目作为研究的重要内容和视角。

中国海外投资利益安全保障的目标状态是什么？主要确定为境外投资的总体正常运转、国际经贸规则与体系的公正及良好运行、与国内经济构成互为补充的有机整体和中国海外救济体系的良性运转。

中国海外经济利益安全保障需要关注的领域是什么？双边、多边、第三方合作、国际格局及变化。"双边"即中国与对象国之间一对一的经济关系等内容；"多边"一般是指参加同一个国际组织或某个活动的多个国家之间的关系；"第三方合作"是指两个国家在第三国就一些约定的重点领域进行合作。

三、解决问题

针对理论问题的"怎么保"，中国海外经济利益实现有效保护和安全风险防范的思路框架：一是促进高质量发展；二是加强法制建设（研究对象国的法律制度；用法律来促进中国经济的高质量发展），促进可持续发展；三是加强情报信息搜集，促进判断正确和措施得力；四是加强共同利益和机制构建，促进人类命运共同体建设（有效机制构建）。

四、"Y=FX"模型

上述过程用"Y=FX"模型体现为：

X 是中国海外经济利益，是自变量。当前阶段主要包括绿地投资、跨国并购、金融投资和促进互联互通的基础设施投资。将境外项目作为研究的重要内容。

F 是函数。中国海外经济利益的角度主要包括双边、多边、第三方、国际格局及其变化。双边主要包括中美、中日、中欧、中非、中国和东盟等。

多边包括世界贸易组织、亚太经合组织等。第三方包括中日在印度、中印在非洲、中国相关机构与盖茨基金会在第三国的合作等。

Y是风险预防，是因变量。中国海外投资利益安全保障的目标状态是境外投资的总体正常运转、国际经贸规则与体系的公正及良好运行、与国内经济构成互为补充的有机整体和中国海外救济体系的良性运转。风险要切实可控。经济安全风险预防通过高质量发展、法制途径、情报信息搜集、促进人类命运共同体建设等方式/渠道来实现。明确四点优先内容：能源资源、高新技术、境外市场、国际收支平衡。

Y（高质量发展+法制建设+情报信息搜集+人类命运共同体建设）=F（双边+多边+第三方+国际格局及变化）X（绿地投资+跨国并购+金融投资+基础设施投资）。

站在项目角度，通过研究来揭示自变量和函数变化对因变量引起的变化。在中美经贸摩擦的问题上，美国是自变量，中国采取了结算和核算分开的办法来有效应对。如进口博览会的举办是因变量的有效作为，中国的"一带一路"倡议是自变量，美国的应对是因变量。

五、用模型指导具体问题

针对实践中的问题"如何有效应对美国的投资审查？""如何避免主要发达经济体和国家一致对付中国的局面出现？""如何确保海上丝绸之路的能源安全？""如何确保丝绸之路经济带的对外投资安全？""如何确保国际收支平衡？"通过有效增强函数相关内容——提升双边领域的力量对比、多边领域的共同价值和体制构建、双方在第三方合作实现的共同利益，以及塑造对双方有利的国际格局等内容，来实现比较有力的措施——利用好对象国的法律制度（包括国内法和国际法）、有力的民间合作、切实的共同利益和能够真正影响双方的机制建设。

研究以中巴经济走廊项目和马来西亚东海岸铁路项目为案例进行了具体分析。实践当中，对象国等主体作为自变量会采取一些措施对中国海外利益造成风险甚至损失，中国相关单位和人员应该及时采取有效措施来化解风险、减少损失，并通过有效手段来影响函数相关内容的变化，从而使得中国海外利益的经济安全得到有效保障,使得对象国等主体出现有利于中国海外利益经济安全保障的积极变化。

关于风险预防从发现和识别风险、消除和化解风险、预警机制建设、应急机制建设等方面来展开研究和论述。

政策建议

有效地预防，能够做到防患于未然，这是最好的海外投资利益保护。从企业主体的角度，要注意趋利避害，有效防范风险。从国家层面来说，要努力形成预防、准备、反应、恢复的体制机制甚至法律法规。具体而言，主要包括：

一、重视预防，有效预防

预则立，不预则废。预防是最好的保护。无论是人身安全，还是财产安全，最好的保护都是不出事、少出事、出事也是出小事。因此，必须高度注重预防工作。而中国的海外利益保护工作，重处置、轻预防的背后是处置能力弱而预防能力更弱。而且"从海外项目类型上看，中国目前的资本输出，基本上还是以基建工程和资源开发为主，比如铁路、港口、矿山、油气开发等。这些大型工程项目具有投资大、工期长、风险高、回报率低的特点，项目的成败与当地稳定的政治环境、安全环境密切相关。'一带一路'沿线的局部地区存在政局动荡不稳、社会治安不靖、恐怖主义势力活跃、政府管控能力薄弱等不利因素，在这些地区，中国企业开展'一带一路'建设所面临的安全环境不容乐观。'走出去'的步伐加快，使得中国企业和资本全面暴露在各种海外风险之中，治安风险防范面临的压力随之加大"。[①] 在这样的情况下，危机预防的意义更加突出。

预防阶段针对的是危机的潜伏期。这个阶段中，危机还没有爆发，但苗头已经出现，造成危机的结构、问题已经形成，培育危机的"温床"已经就绪。最成功的危机管理不在于危机形成和爆发以后的干预，而在于排除可能导致危机前的各种可能性，从根本上防止危机的形成、爆发，即"防患于未然"是最高的境界。如修建水库大坝等重大工程一定要注意当地的地质结构情况；在当地雇工一定要注意宗教信仰情况。

预警内容应该包括根据风险评估机构的评估而得出的东道国投资环境；

---

① 崔守军：《中国海外安保体系建构刍议》，《国际展望》2017年第3期，第86页。

对东道国可能发生的政府违约风险所采取的预防和控制手段；在风险评级后得出的海外投资企业经营管理建议。还可以采用奖励和支持微信等更为便捷高效的预警传播渠道。

第一，切实加强对涉及中国重点地区和国家的风险状态的研究。这也是分析危机的客观环境。"一带一路"涉及五大方向，其中丝绸之路经济带有三大走向①，21世纪海上丝绸之路有两大走向②，此外还涉及"六廊六路多国多港"③。涉及国家、地域、文化的形态各异，需要突出重点。作为危机管理者，应该对其管理范围内的政治、经济、社会、自然等环境进行全面认识和客观评估。

比如安全风险最严重的中东地区的研究，埃及国内冲突主要源于各种武装团体与政府武装力量之间的矛盾与对抗；缅甸和泰国爆发了比该地区其他国家更多的武装冲突和暴力冲突；而老挝、越南和柬埔寨则相对较为稳定。比如印度的武装冲突事件主要集中在其与巴基斯坦有争议的克什米尔地区，而巴基斯坦国内主要的武装冲突集中在与阿富汗交界的地区，即塔利班活动较为活跃的地区。巴基斯坦虽然武装冲突和暴力袭击偏多，但是在南北两端，即巴基斯坦北部靠近中国的地区和南部靠近阿拉伯海的瓜达尔港地区，呈现出平稳的态势。巴基斯坦的国内主要是两种冲突：一是巴基斯坦与印度的军事冲突；二是国内武装团体与强力部门之间的冲突。国内武装团体包括巴基斯坦塔利班、基地组织和俾路支省独立组织等，其中巴基斯坦塔利班和基地组织南亚分支是其国内安全的主要威胁，俾路支系统的各种武装力量虽然较为分散，但也对巴基斯坦国内安全造成了不小的影响。

中国对外投资及中国海外利益分布的相关国家和地区经常出现的风险类

---

① 一是从中国西北、东北经中亚、俄罗斯至欧洲、波罗的海；二是从中国西北经中亚、西亚至波斯湾、地中海；三是从中国西南经中南半岛至印度洋。

② 一是从中国沿海港口过南海，经马六甲海峡到印度洋，延伸到欧洲；二是从中国沿海港口过南海，向南太平洋延伸。

③ "六廊"是指新亚欧大陆桥经济走廊、中俄蒙经济走廊、中国—中亚—西亚经济走廊、中国—中南半岛经济走廊、中巴经济走廊、孟中印缅经济走廊；"六路"是指铁路、公路、航运、航空、管道和空间综合信息网络，是基础设施互联互通的主要内容；"多国"是指培育若干支点国家；"多港"是指构建若干海上支点港口。

别有哪些？出现这些风险的规律有哪些？这是投资动议和项目审批过程中的重要参考内容。建设重点项目特别是战略性项目启动前，必须开展安全风险评估工作，作为项目决策和后续建设的依据。在确定存在风险的地区开展项目务必慎重进行。还要定期全面细化梳理境外建设安全风险，及时提出防范化解政策措施建议。

第二，切实加强不同类型风险的应对策略研究。有风险不可怕，只要能够有效地应对、规避或者化解，中国海外利益的安全就能够得到有效的保障。比如应对政治危机和冲突的最好办法就是做到事前的危机管控、事中的立场坚持以及事后的危机管理。在叙利亚危机上，中国一改以前在联合国安理会被动放弃投权票的次要角色，变成"主动投反对票，派外交官调解冲突"的大国，不断强调叙利亚出现的人道主义危机，不仅是阿萨德政府的责任，也有反对武装分子的责任。在2016年以来的朝核危机中，中国在安理会也投票支持了制裁朝鲜的议案。

2011年11月《中国企业海外政治风险防范指南》发布，明确要求企业加强员工管理，要制定派出人员行为守则，规范驻外人员行为方式，引导和督促员工树立良好文明形象，遵守当地法律法规，尊重当地风俗习惯；要严格执行高危国家和地区安全规定，员工外出必须经项目领导批准，并由专业安保人员或军警护送，严禁私自外出；要建立外派员工紧急联络信息库，包括员工国内亲属的姓名、关系、联系方式等。应该进一步编制《境外中资企业和人员安全管理指南》，加大境外企业安保培训力度，不断提升企业和其他主体的境外安全防范和管理能力。

第三，要促进境外企业等主体增强防范意识。如"跨国企业应该高度重视项目建设的社会影响及社会风险，并将社会风险管理有效嵌入项目规划、开发、建设、竣工及运营的各个阶段，如在项目规划阶段需准确识别影响范围内有战略意义的社会要素，综合制定流域开发的社会目标及社会规划；在项目选择阶段，应具体评估项目影响范围内的社会发展现状和社会发展目标，依据社会承受能力和社会兼容程度调整选址及规模；在项目准备阶段，重点关注非自愿移民、减缓贫困、少数民族发展、劳工保障、文化遗产、公共健康、公众参与、反腐败、信息公开与透明等社会风险高发高危领域，并制订减缓社会风险应对方案;在项目实施阶段,应制定可核查的社会风险监测预警机制,定期动态评估项目带来的正面及负面影响程度,预测社会风险发生概率及影响程度,根据行动计划的效果调整完善社会风险应对方案;在项目竣工及运营阶段,应持续监测项目影响群体及组织的发展状况,评估社会目标实现程度,总结反馈社会风险管控效果"。[①] 从根源上避免危机发生或者避免卷入危机以及危机发生后尽量减少损失是最成功的危机管理。

第四,建设风险与冲突数据库。一要立足自身条件,建立符合实战需要的专用数据库。撤侨工作需要准确掌握当地工作、生活和旅游的中国公民的准确情况。应整合外交、商务、公安、国家安全、旅游和国有资产等管理部门和各省(区、市)相关资源,逐步搭建中国公民、机构、境外企业、项目等信息共享平台,建成海外利益专用数据库,真正把《对外投资合作企业在外人员相关信息备案制度》落到实处,实现对中国公民和企业在境外特别是在高风险国家和地区的活动情况的全面掌握,实现对海外利益分布和变化情况的动态全面掌握。二要借力相关部门和机构的作用,构建最大合力,比如上海国际问题研究院、上海外国语大学、上海万达软件开发公司合作开发的"全球多语种信息监测与决策分析平台项目"中就有"一带一路"政治安全风险数据库的相关内容。建立数据库能够为研究者和相关实务人员提供冲突事件中各个行为体和主要内容之间的关系网络信息。三要尝试建立安全分析数据模型。建立数据库的目标在于建立预警与预测系统:(1)体现目的性原则。建立国别风险评估指标体系时,要以该指标能够全面反映该国的风险状况为目的,选取的指标要能充分反映一国的国内安全、政治、经济运行的基本情况。(2)兼顾模型的有效性和可操作性。一方面,指标数据要有较好的可得性,即选取的指标相关数据要容易从公开渠道获得,这样模型的真实性和有效性才能被认可;另一方面,要求指标要可以被较好地量化,这样才能有较好的实践效果。(3)重要性与全面性相结合的原则。指标选取要全面、尽可能地覆盖经济活动。但并不是要求指标选取的数量越多越好,要突出重点,提高效率,同时尽量避免指标的重复。

---

① 张锐连、施国庆:《"一带一路"倡议下海外投资社会风险管控研究》,《理论月刊》2017年2月刊,第142页。

二、提前准备，打好基础

预防准备工作针对的是危机的发展期。这个阶段持续时间或长或短，危机苗头开始出现，烈度逐渐增强。这个过程中建立危机预警机制十分重要。近些年来危机研究的不断进步、大数据以及信息传输领域的重大进展，使得建立危机预警机制不仅可能，而且可行性大幅上升。

第一，制订应急计划。应急计划和预案是公共危机事件处理的前期准备和应急处理的基本指南，没有应急预案的应急救助工作必将是混乱、无序、盲目和代价高昂的。根据掌握的情况，判断危机可能爆发的方式、规模，应准备好几套应急方案，危机一旦发生，可以根据实际情况有针对性地应用对策。危机应急方案中，要全面考虑，尽量不要遗漏；也要做最坏的打算和准备。应急计划和预案的总目标是控制紧急情况的发展并尽可能消除可能发生的危机，将人、财、物的损失降到最低限度。"应急预案又称应急救援预案，它包括：对可能发生的危机进行预测和评价；人力、物资等资源的确定与准备；明确应急组织和人员的职责；设计行动战术和程序；制订训练和演习计划；制订专项应急计划；制订危机后消除和恢复程序。制订应急预案要做到科学、实用和权威。"[①]

国家层面要制订应急处置预案，确立应对突发事件的指挥协调、研判决策、联络联动、操作实施等程序，明确相关主体职责和任务。各部门、各地方依据国家应急处置预案，结合本部门或地区实际情况，制订本级应急预案。针对高危国家、地区和重点项目，制订一国（地区）一策应急预案和专项应急预案。

2001年12月12日，国务院第50次常务会议通过《中国公民出国旅游管理办法》。SARS这个重大公共危机促进了中国危机管理预案建设的进程。2005年8月，国务院发布了《国家涉外突发事件应急预案》。2006年1月8日，国务院发布了《国家突发公共事件总体应急预案》，这是全国应急预案体系的总纲，是指导预防和处置各类突发公共事件的规范性文件。外交部据此制订了《外交部重大突发事件应急预案》。2006年4月26日，外交部和国家旅

---

① 李立成编著：《公共危机与管理》，北京：中信出版社，2010年，第59页。

游局还发布了《中国公民出境旅游突发事件应急预案》，适用于中国公民出境旅游过程中生命财产受到损害或严重威胁的重大和较大突发事件的应急处置工作。2007年11月1日实施的《中华人民共和国突发事件应对法》是包括外交部在内的各级政府部门进行应急处理的最基本法律依据。

2011年外交部推出的《中国企业海外政治风险防范指南》对企业应急预案作出了相关规定，要求企业要针对境外机构所在地安全风险状况，以"用得上、行得通、靠得住"为标准制订企业境外安全突发事件应急预案，并定期组织员工就预案内容进行演练，根据实际情况不断加以改进和完善。2013年3月15日，国务院国资委发布的《中央企业应急管理暂行办法》成为中央企业实施应急管理的最新权威指导。

应急计划要注意满足不同行业的特殊需要。比如海外利益保护中的国际性特征在海外承包工程领域具有特定含义和体现：人员和机械设备的跨国调遣、工程材料和设备的异国采购和运输、合同实施过程中受到多个国家法律制度的约束、使用合同规定的语言进行工作和交流、采用多种货币和不同的支付方式、国际政治经济因素影响较大、用于施工的技术和标准庞杂且差异比较大等。这些特点可能导致我国企业在海外工程承包业务的运作过程中，如果不能有效识别并化解各种风险因素，就很可能会造成企业人员伤亡、工程无法完工、发包方以各种理由拒绝支付或延期支付工程款、企业效益亏损等对我国不利的局面。

第二，有针对性的情报信息搜集工作。确认危机一定会发生后，必须要进行危机有关情报的搜集工作。这关系到危机管理者认识的科学性和判断的正确性等相关内容。危机中最缺乏、最珍贵的资源就是情报信息。准确及时的情报信息，能够使决策者准确地找到危机的原因和关键因素，能够使决策者对危机性质进行准确的定性，能够使决策者准确判断危机的破坏程度，能够使决策者迅速对症下药、甚至缩小或者化解危机。海外利益的保护能力是以海外行动能力为基础的。中国虽然有很多政府单位和企业在境外活动，但是还没有建立起独立可靠的海外安全信息网，依旧高度依赖外交部门。而外交部门在大多数情况下，也只能做到事后通报，很少能够事先预警。

要逐步探索建立国家海外利益安全风险监测预警电子平台。重点依托各种海外机构、基础信息数据库、海外利益安全风险评估指数以及各种实时的情报信息，逐步拓展以"一带一路"为中心的海外利益安全风险监测预警电子平台，逐步实现电子平台与风险评估模型的良好对接。

第三，境外安全风险预警。各驻外经商机构、各地商务主管部门和有关商（协）会负责搜集涉及驻在国、本地区和本行业企业的境外安全风险信息，整理、分析和评估有关信息对我国对外投资合作造成的影响，及时向驻在国中资企业、本地区、本行业相关企业发布预警并将有关情况报送商务部。商务部视情况对各单位报送的和通过其他渠道获取的境外安全风险信息向全国发布预警。也可依托第三方权威机构及时做好风险公开提示和预警，重要涉密预警信息以适当方式点对点通报给相关驻外机构和国内派出单位。

信息通报的主要内容包括境外安全形势分析、境外安全突发事件总体情况、企业应对和防范境外安全风险的典型案例、企业境外安全生产和管理案例。

第四，强化预案衔接和实战推演。立足应对现实复杂情况，坚持实案化、检验性推演，实行实兵、实装、实地演练，强化预案的可操作性和针对性。建立完善相关实训机制，优化推演方式方法。每年至少组织一次跨部门、跨地区联合演练，提高协调行动能力。

第五，及时采取有效措施。确认危机发生后，要及时采取有效措施，尽量减少人员伤亡和财产损失。要进行必要的资源储备。资源是开展一切工作的基础。根据境外安全风险信息的敏感程度，可采取内部方式和公开方式发布预警和进行信息通报。对于敏感的境外安全风险信息，通过内部通报方式直接向企业发布预警并进行信息通报。必要时，召开形势分析会，研究境外安全风险可能造成的危害及应对措施。对于可公开的境外安全风险信息，通过网站和其他主要媒体向全社会发布安全风险预警并进行信息通报。

随着危机管控研究的不断深入和大数据建设的不断进行，以及科技进步等原因，已经使得建立起危机管控机制的预警机制成为可能。比如在经济领域，外债占国民生产总值比例过高等是引发国内经济危机的重要原因。

建立监测制度十分必要。监测是预警、应急的基础，加强海外经济利益相关危机的监测是建立预警和应急机制的关键环节。各海外利益保护部门要将发现的相关信息及时纳入情报网络，形成上下结合、分工协作、统一高效的海外经济利益危机监测体系。要明确相关机构、相关人员的责任和义务，实现分工负责，形成常规和动态的监测预报体系。逐步建立起监测指标体系，实现科学、系统地监测和预报。

三、高效反应，积极应对

危机反应的相关工作针对的是危机的爆发期。一般而言，这是一个持续时间短而猛烈的时期，不过有些危机可能没有明显的爆发期。这是危机最严重、也是对参与者冲击最大的时期，更是危机管理中最困难、最急迫的时期。危机发生后如何应对成为迫切需要解决的问题。

针对重大突发事件，关键是建立并不断完善相关应急机制。要确保在各类重大突发事件面前，不仅采取有效的防范措施，而且应急反应迅速、高效、到位，应对措施从专业性讲针对性强、从实际效果上讲非常有效。各种相关措施主要由经济商务、外交部门启动和运作。在有必要的情况下，要采用外交保护手段、启动领事保护机制。在发生危及或可能危及我国境外人员和机构的危机事件的情况下，应首先寻求保障企业人员的生命财产安全，必要时可以撤回部分甚至全部工作人员；除了积极、主动寻求我国使领馆的帮助外，还应该积极主动地向当地政府及红十字国际委员会、红十字与红新月国际联合会等国际机构寻求帮助；与当地使领馆和境内上级单位保持密切联系，随时报告事态进展情况；客观公正地进行新闻媒体沟通。

第一，努力控制危机。要达到这个目标，危机管理部门就要在极端困难的情况下为决策者提供准确而必要的信息，决策者依靠这些信息迅速找到危机要害，及时出击，在最短的时间内减少危机的冲击。

努力控制危机建立在风险应对机制不断完善的基础上。应该注意到中国目前风险应对机制的缺失。中国对外输出资本和产能需要中国企业"走出去"。中国企业"走出去"的过程中，受到国际视野、国际法律及管理的熟知、国际人才储备等方面薄弱的影响，对"一带一路"沿线国家缺乏深度的了解，缺乏足够的国际经营的风险意识，导致不能有针对性地建立起相应的风险应对机制。

为防止危机蔓延，首先，要防止危机扩大或迅速发展。其中一种方式叫作隔离。这就好比发生火灾时在火场周围建立隔离带来防止火势蔓延一样，危机管理者要把危机限定在一定的范围之内。其次，要防止危机引发相关领域、更大影响的危机。如防止政治危机蔓延为社会危机；防止自然灾害或者经济危机蔓延为政治危机等。

第二，实现快速高效处置。依托扁平高效指挥机制，加强各部门、各地方之间协调联动，发挥各部门、各地方优势，为处置工作开辟绿色通道。强化驻外使领馆一线应急指挥和处置权力。提升快速行动、交通运输、远程投送、医疗救治、信息通信等关键能力。加强应急处置信息的发布和舆论引导。

要及时采取有效措施，确保人员安全，确保财产损失不再扩大。2004年外交部领事司司长罗田广在接受采访时表示，当应急机制启动时，需要做三件事：第一要迅速地将案情上报中央；第二要进一步和使领馆保持联系，及时掌握最新情况；第三要把信息尽快传达给派出单位的主管部门，让他们了解情况，同时了解他们对这个案件的善后处理的一些基本考虑。[①]一直以来，中国采取了比较有效的救援工作，比如巴厘岛撤侨行动。印度尼西亚巴厘岛阿贡火山自2017年11月21日首次喷发，受此影响，巴厘岛伍拉莱国际机场自11月27日7时15分起临时关闭，400多架次航班取消，近6万名旅客受影响，其中有1万多名中国游客。商家坐地起价，甚至发生暴力事件。在这样的情况下，中国政府紧急行动，开展救援工作。印度尼西亚发布危机预告后，中国政府就开始计划撤离中国游客。11月29日，天气好转，来自中国的包机从各地赶到巴厘岛，运回被困同胞。5天内外交部协调中外航空公司派出82架商业航班，累计协助1327名中国滞留游客从巴厘岛返回祖国。

第三，努力化解危机，减少损失。不是所有的危机都能够化解，有些危机只能通过处置来追求尽可能减少损失。但是对于能够化解的危机必须尽力寻求化解，以此谋求从根本上消灭危机、减少和杜绝损失。

第四，加强媒体管控和引导。首先要向受危机冲击者及时发送出准确而

[①]《我外交部领事司司长谈中国公民海外安全》，新浪网，2004年6月29日，http://news.sina.com.cn/c/2004-06-29/ba3553171.shtml。

权威的信息。一要让相关人员对危机事态的程度和危害有清醒的认识；二要让大家了解决策者和救援者为应对危机所作出的各种努力。其次要坚决防止不利于危机管理的谣言流传。要使相关人员保持情绪的稳定，避免民众情绪失控而增加决策者和救援者面临的压力。

第五，分级分层精细指导。如发生严重危及我国境外中资企业机构的生存、人员生命及资产安全受到极大威胁的安全风险事件，应提醒对外投资合作企业在风险降低前不要前往有关国家开展投资合作活动，已在当地的企业机构和人员加强安全防范，并在必要时根据驻外使领馆统一安排及时撤离。

如发生对境外中资企业机构的投资合作造成极大干扰、人员生命及资产安全受到威胁的安全风险事件，应提醒对外投资合作企业谨慎前往有关国家开展投资合作活动，已在当地的企业机构和人员及时采取措施，制订应对预案，加强风险防范。

如发生对境外中资企业机构的投资合作活动造成干扰和影响的安全风险事件，应提醒对外投资合作企业及其在境外的企业机构和人员密切关注形势，及时采取措施，制订应对预案，加强风险防范。

四、全力恢复，做好善后

危机恢复的相关工作针对的是危机的恢复期。这个时期长短也不一定，但是其重要性不可忽视。如果处理不当，危机恢复期可能成为新危机的发展期。主要包括恢复和重建等内容。

第一，做好善后。妥善处理事件后续追责、补偿、恢复重建等事宜。这是恢复工作的基本内容。

第二，做好恢复与重建。危机发生过程结束后，如何进行恢复工作，要根据危机产生的原因和实际受损失的客观情况，制订可操作性强的恢复计划，确保恢复工作顺利实施。重建过程中要特别突出应对危机和减少损失能力的建设。

第三，做好引导。在危机恢复和重建的过程中，一定要注意引导最佳的结果。要加强基础建设，防止类似危机再次来临时重蹈覆辙，提升规避风险的能力，有效减少危机来临时的损失。

第四，做好总结评估。及时总结经验教训，对应急处置工作进行整体评估，改进完善应急处置机制及流程。

第五，不断完善支援与保障系统建设。海外利益保护的危机支援与保障系统，是一个包括外交部、发改委、商务部、国家安全部、境外企业等多个主体在内的庞大体系。危机处理和应对就是这个庞大体系的紧急调度和演练过程。这个系统能否有效贯彻危机中枢系统的决策，能否在最短的时间内调度所有的社会资源来解决危机中的实际问题，可以在实践检验后不断地调整和完善。

海外投资利益保护工作，一定意义上说就是全面、客观地掌握中国海外投资利益的现实情况，及时、全面地发现这些海外投资利益已经面临和即将面临的风险情况，并及时、有效地采取措施，化解和规避这些风险的过程。"海外利益保护的本质是回应全球化时代的经济发展和社会变迁与国际治理格局之间的矛盾，其不仅关乎国籍国对自身利益的保护，也具有革新国际制度的意义。因此，国家海外利益保护机制的合法性应当是一种建构的合法性：内容上指向的应是国际正义观念而非机械的法律文本，方式上则要求国籍国顺应时代需求，在保护国家利益的同时也向国际社会供给新的制度和价值观。在具体操作层面，国籍国应在国际法原则、国籍国与东道国的双边关系和保护行动的外部性领域充当合理国际秩序的维护者和创造者，使海外利益保护机制和国家、国际社会的发展方向保持一致，获得长久生命力。"[①]

[①] 刘莲莲："国家海外利益保护机制论析"，《世界经济与政治》，2017年第10期，第148页。

主要参考资料

一、中文论文

[1] 陈伟光、缪丽霞:《"一带一路"建设的金融支持:供需分析、风险识别与应对策略》,《金融教育研究》2017年5月刊。

[2] 崔守军:《中国海外安保体系建构刍议》,《国际展望》2017年第3期,第78-98页。

[3] 丁源、苏佩佩:《海外风险情报认知能力建构中的知识活动研究》,《情报杂志》2015年3月第3期,第29-36页。

[4] 房文双:《中国转型期构建公共危机体系的探析》,《内蒙古农业大学学报》(社会科学版)2009年第5期。

[5] 顾德欣:《国际危机的预防与设置》,《世界经济与政治》1995年第12期。

[6] 顾海兵、段琪斐:《中国经济安全冲击的国别来源研究》,《经济学动态》2016年第2期,第10-16页。

[7] 顾海兵、张敏:《中国经济安全研究:五大误区与辩证方法论反思》,《经济学动态》2017年第2期,第14-24页。

[8] 郭学堂:《国际危机管理与决策模式分析》,《现代国际关系》2003年第8期。

[9] 龚维斌:《公共危机管理的内涵及其特点》,《西南政法大学学报》2004年5月刊。

[10] 贾文华:《欧盟危机管理初探》,《外交学院学报》,2003年第4期。

[11] 李齐:《中国能源安全现状与矛盾转变》,《国际石油经济》2018年第4期,第18-26页。

[12] 李香菊、王雄飞:《"一带一路"倡议下企业境外投资税收风险评估——基于Fuzzy-AHP模型》,《税务研究》2017年2月刊,第9-13页。

[13] 林良沛、揭筱纹:《比较视角下中国对"一带一路"国家直接投资的影响因素分析》,《关于财经大学学报》2017年第1期,第57-62页。

[14] 林乐芬、祝楠:《中国经济安全:挑战与应对》,《中国浦东干部学院学报》2015年1月刊,第58-67页。

[15] 刘笑阳:《中国国家利益研究综述》,《国际研究参考》2016年第4期,第47-57页。

[16] 门洪华、钟飞腾:《中国海外利益研究的历程、现状与前瞻》,《外交评论》2009年第5期,第56-71页。

[17] 钱皓:《加拿大外交部与国家海外利益保护》,《国际观察》2015年第6期。

[18] 邱美荣:《国际危机辨析》,《世界政治与经济》2003年第11期。

[19] 苏长和:《论中国海外利益》,《世界经济与政治》2009年第8期,第13-20页。

[20] 魏琪嘉:《"一带一路"风险分析及应对建议》,《国际金融》2015年12月刊,第37页。

[21] 吴长剑:《我国公共危机管理视野中的非营利组织参与:困境与对策》,《经济与社会发展》2010年第10期。

[22] 夏玉珍,吴娅丹:《中国正进入风险社会》,《甘肃社会科学》2007年第1期。

[23] 徐鹤、齐曼古丽-依里哈木、姚荣等:《"一带一路"倡议的环境风险分析与应对策略》,《中国环境管理》2016年第2期。

[24] 徐英倩:《论我国国家经济安全立法》,《学习与探索》2017年第10期,第65页-70页。

[25] 员智凯、李博:《中国海外经济利益的安全保障研究》,载于《河南社会科学》2012年4月刊,第54-56页。

[26] 张海波:《风险社会、公共危机与治理的空间性——话语与实践的二维框架及进一步探讨》,《公共管理高层论坛(第2辑)》。

[27] 张弘:《"一带一路"倡议中的政治风险研究逻辑与方法》,《北京工业大学学报》(社会科学版)2016年8月刊,第45-55页。

[28] 张锐连、施国庆:《"一带一路"倡议下海外投资社会风险管控研究》,《经济纵横》2017年第2期,第135-143页。

[29] 赵睿、贾儒楠:《浅议"一带一路"倡议中的国别风险管控——基于国别经济风险评估模型的研究》,《上海金融》2017年第3期,第91-95页。

[30] 周亦奇、封帅:《安全风险分析的方法创新与实践——以"一带一路"政治安全风险数据库建设为例》,载于《国际展望》2017年第5期,第147-166页。

[31] 张小进、左昌盛:《公共危机全球治理的困境及路径选择》,《经济与社会发展》2008年7月刊。

二、中文著作

[1] 冯海沧:《美国国际危机管理》,北京:军事谊文出版社,2010年。

[2] 高建国:《应对巨灾的举国体制》,北京:气象出版社,2010年。

[3] 李立成编著:《公共危机与管理》,北京:中信出版社,2010年。

[4] 李永清:《如何应对重大突发事件》,北京:中央编译出版社,2011年。

[5] 李军主编:《"一带一路"研究文选》,北京:当代世界出版社,2017年。

[6] 李志永:《"走出去"与中国海外利益保护机制研究》,北京:世界知识出版社,2015年。

[7] 厉以宁、林毅夫等:《读懂"一带一路"》,北京:中信出版集团,2015年。

[8] 马跃主编:《冷思考"一带一路"深层问题与关键问题梳理及求解》,成都:西安交通大学出版社,2017年。

[9] 孙德刚:《危机管理中的国家安全战略》,上海:上海人民出版社,2010年。

[10] 孙继伟:《从危机管理到问题管理》,上海:上海人民出版社,2008年。

[11] 陶满成:《国际非政府组织在公共危机管理中的作用——以红十字国际委员会为例》,北京:中央广播电视大学出版社,2015年。

[12] 王秋石、丰羽等:《全球金融危机:成因—应对—思考》,北京:经济科学出版社,2010年。

[13] 王义桅:《"一带一路"机遇与挑战》,北京:人民出版社,2015年。

[14] 王义桅:《"一带一路"中国崛起的天下担当》,北京:人民出版社,2017年。

[15] 许蔓舒:《国际危机预警》,北京:时事出版社,2008年。

[16] "一带一路"课题组编:《建设"一带一路"的战略机遇与安全环境评估》,北京:中央文献出版社,2016年。

[17] 翟崑、王继民主编:《"一带一路"沿线国家五通指数报告》,商务印书馆,2018年。

[18] 张慧、黄建忠:《我国对外直接投资的区位分布与地理集聚效应研究》,厦门:厦门大学出版社,2015年。

[19] 张萍:《中国企业对外投资的政治风险及管理研究》,上海:上海社会科学出版社,2012年。

[20] 张岩松编著:《危机管理案例精选精析》,北京:中国社会科学出版社,2008年。

[21] 张沱生、[美]史文主编:《对抗博弈合作——中美安全危机管理案例分

析》，北京：世界知识出版社，2007年。

[22] 赵蓓文等:《中国企业对外直接投资与全球投资新格局》，上海：上海社会科学院出版社，2016年。

[23] 中共中央党史和文献研究院编:《习近平关于总体国家安全观论述摘编》，北京：中央文献出版社，2018年。

[24] 中国现代国际关系研究所危机管理与对策研究中心编著:《国际危机管理概论》，北京：时事出版社，2003年。

[25] 中共中央党史和文献研究院编:《习近平谈"一带一路"》，北京：中央文献出版社，2018年。

三、外文论文

[1] Dawn R. Gilpin and Priscilla J. Murphy, Crisis Management in a Complex World, New York: Oxyford University Press, 2008.

[2] Edward Newman, A Crisis of Global Institutions? Multilateralism and international security, London and New York: Routledge, 2007.

[3] ELIZABETH D.SHERWOOD, Allies in Crisis: Meeting Global Challenges to Western Security, New Haven and London: Yale University Press, 1990.

[4] Hans-Joachim Heintze, On the Relationship between Human Rights Law Protection and International Humanitarian Law, International Review of the Red Cross 856（2004）.

[5] Marco Sassoli, State responsibility for violations of international humanitarian law, International Review of the Red Cross 846（2002）.

[6] Margaret Daly Hayes, Latin America and the U.S. National Interest, Basis for U.S. Foreign Policy, 1984, Westview Press, Inc.

[7] Stephen D. Krasner, Defending the National Interest, Raw Materials Investments and U.S. Foreign Policy, 1978, Princeton University Press.

[8] Tom Hadden,《A Responsibility to Assist: EU Policy and Practice in Crisis-management Operations under European Security and Defence Policy》, OXFORD AND PORTLAND, Hart publishing, 2009.

[9] Ulrich Beck. Risk Society,《Towards a New Modernity》, London: Sage Publications, 1992.

[10] Ulrich Beck,《World Risk Society》, Cambridge: Polity Press. 1999.

[11] William, preface, Annals of the American Academy of Political[J]. Social Science, 2006（7）.

[12] Ulrich Beck. Survival Issues. Social Structure. And Ecological Enlightenment [A]. In: Ecological Enlightenment: Essays on the Politics of the Risk Society [C]. NJ: Humanities Press, 1995.

[13] Ulrich Beck. The Conflict of Two Modernities [A]. In: Ecological Enlightenment: Essays on the Politics of the Risk Society [C]. NJ: Humanities Press, 1995.

[14] Yanli Liu. Research on the Evaluation and Management of the Unexpected Public Crisis Based on Matter-element Model [A]. In: Evaluation and Management.

[15] [德]乌尔利希·贝克，张世鹏译："世界风险社会：失语状态下的思考"，《当代世界与社会主义》（双月刊）2004年第2期。

四、外文著作

[1] Frederic P.Miller, Agnes F.Vandome, John McBrewster（Ed.）: International Committee of the Red Cross, Alphascript Pubilishing, U, S.A., U.K., Germany, 2009.

[2] James Avery Joyce: Red Cross International and the Strategy of Peace, London HODDER & STOUGHTON, 1959.

[3] Souvenir, Xixth International Red Cross Conference, Imperial Chemical Industries（India）Private Ltd, New Delhi 1957.

[4] South-North Coordinating Committee & South-North Red Cross Conference: South-North Dialogue in Korea, 1978.

[5] [比]亨克茨等主编：《习惯国际人道法规则》，北京：法律出版社，2007年。

[6] [丹麦]比约恩·隆伯格（Bjorn-lomborg）主编：《全球危机全球解决方案》，岳昌君、李永军等译，北京：北京大学出版社，2010年。

[7] [法] Jacques Attali 著，林平译：《危机之后？》，北京：中国文联出版社，2009年。

[8] [法]夏尔·卢梭著，张凝等译：《武装冲突法》，北京：中国对外翻译出版社，1987年。

[9] [美]莫约西：《红十字会之历史》，上海：上海商务印书馆，1919年。

[10] [美] Otto Lerbinger 著，于凤娟译：《危机管理》，中国台湾：五南图书出版有限公司，2001年。

[11] 罗伯特·希斯著：《危机管理》，王成、宋炳辉、金瑛译，北京：中信出版社，2001年。

[12] [美] 米切尔·K·林德尔、卡拉-普拉特等著，王宏伟译：《应急管理概论》，北京：中国人民大学出版社，2011年。

[13] 美国国家情报委员会编，中国现代国际关系研究院美国研究所译：《全球趋势2025：转型的世界》，北京：时事出版社，2009年。

[14] [德] 乌尔利希·贝克著，何博文译：《风险社会》，南京：译林出版社，2003年。

五、重要网站

危机杂志：http://www.thecrisismagazine.com/.

国际危机组织网站：http://www.crisisweb.org.

美国联邦应急治理署：http://www.fema.gov/.

美国国家应急反应框架资源中心在线网址：http://www.fema.gov/nrf.

国家发改委官网：www.sdpc.gov.cn.

一带一路官网：www.yidaiyilu.gov.cn.

中国领事服务网：http://cs.mfa.gov.cn.

国际矿业网：www.intimining.com.cn.

中国行业研究网：www.chinairn.com.

附 件

附件一：中国海外利益保护机构职能一览表
附件二：中国对外投资大事记
附件三：美国近年来针对中国的主要举措

附件一：中国海外利益保护机构职能一览表

机构名称	主要职能	主要法律依据和规范性文件
中央深化改革领导小组	价值引领、基本原则	《关于改进境外企业和对外投资安全工作的若干意见》
国务院办公厅	规则制定	《关于进一步引导和规范境外投资方向的指导意见》
外交部	领事保护	《领事工作条例》
国家发改委（利用外资和境外投资司）	境外投资项目审批	《企业境外投资管理办法》 《关于进一步引导和规范境外投资方向的指导意见》
商务部（对外投资和经济合作司）	境外企业和人员	《境外投资管理办法》 《对外投资合作境外安全风险预警和信息通报制度》 《对外投资合作境外安全事件应急响应和处置规定》 《对外劳务合作管理条例》 《境外中资企业（机构）员工管理指引》
财政部	境外投资财务管理	《国有企业境外投资财务管理办法》
国资委	中央企业境外投资	《中央企业投资监督管理办法》 《中央企业境外投资监督管理办法》
中国人民银行	货币政策	
银保监会	银行政策	《中国银监会关于进一步加强银行业金融机构境外运营风险管理的通知》
	保险政策	《关于保险业服务"一带一路"建设的指导意见》 《保险资金境外投资管理暂行办法》
外汇管理局	外汇政策	《境外投资外汇管理办法》

续　表

机构名称	主要职能	主要法律依据和规范性文件
全国工商联	民营企业境外投资	《民营企业境外投资经营行为规范》
国家安全部	情报信息搜集和风险评估	《国家安全法》《情报法》《反恐怖法》
公安部	警务合作	《国家安全法》《情报法》《反恐怖法》
国家税务总局	境外税务问题	《"走出去"税收指引》

附件二：中国对外投资大事记

1985年对外经贸部制定《在国外开设非贸易性合资企业的审批程序管理办法》。

1989年国家外汇管理局颁布《境外投资外汇管理办法》。

1997年党的十五大报告确立了"鼓励能够发挥我国比较优势的对外投资"的战略方针。

1998年党的十五届二中全会提出，要有领导有步骤地组织和支持一批有实力有优势的国有企业"走出去"，到国外尤其是到非洲、中亚、中东、中欧、南美等地投资办厂。

2000年10月，中共中央召开了十五届五中全会，会上通过的《中共中央关于制定国民经济和社会发展第十个五年计划的建议》，首次提出"走出去"战略，与西部大开发战略、城镇化战略、人才战略一起并称为四大战略。把"走出去"概括为一项开放战略，指出有计划有步骤地"走出去"投资办厂，成为关系中国发展全局和前途的重大战略之举。再到后来的丝绸之路经济带和21世纪海上丝绸之路，中国的海外利益实现了从小到大、从弱到强。

2001年，实施"走出去"战略正式写入我国《国民经济和社会发展第十个五年计划纲要》中。

2004年，胡锦涛在第十次驻外使节会议上发表重要讲话时强调，要增强中国海外利益保护能力，为在国外的中国公民和法人服务。

2004年，国家发改委颁布《境外投资项目核准暂行管理办法》。

2004年11月，中巴两国正式签订"中巴经济走廊建设远景规划"，并将中巴经济走廊定义为"一带一路"倡议的旗舰工程。

2005年，商务部、外汇管理局颁布《企业境外并购事项前期报告制度》。

2008年8月1日，国务院第20次常务会议修订通过《中华人民共和国外汇管理条例》。

2009年3月16日，商务部颁布《境外投资管理办法》。

2009年3月，中缅两国政府签署《关于合作开发缅甸水电资源的框架协议》。该协议中支持中国电力投资集团与缅方共同开发包括密松水电站在内的伊洛瓦底江上游水电项目。

2009年6月，中缅签署《伊江上游水电项目合作协议备忘录》。

2009年7月13日，外汇管理局颁布《境内机构境外直接投资外汇管理规定》。

2009年12月12日，密松水电站正式开工。

2011年9月30日，缅甸总统吴登盛突然通过联邦议会宣布，为"尊重民意"，在其任期内将搁置密松项目建设。

2012年11月，党的十八大报告明确提出"坚定维护国家利益和我国公民、法人在海外合法权益"，中国开始从政策到实践都将海外利益保护纳入重要的战略议题。

2013年2月18日，巴基斯坦总统扎尔达里宣布，瓜达尔港的运营权正式移交中国。

2013年秋，习近平总书记访问哈萨克斯坦和印度尼西亚，先后提出构建"丝绸之路经济带"和"21世纪海上丝绸之路"倡议。

2014年9月6日，商务部颁布新修订的《境外投资管理办法》。

2014年11月29日，习近平总书记在中央外事工作会议上发表重要讲话，指出"要切实维护我国海外利益，不断提高保障能力和水平，加强保护力度"。

2017年5月14—15日，第一届"一带一路"国际合作高峰论坛在北京举行。

2017年12月18日,《中巴经济走廊远景规划》在巴基斯坦首都伊斯兰堡发布。

2017年12月26日,国家发改委正式发布《企业境外投资管理办法》,并于2018年3月1日起施行。

2018年5月31日,美国贸易代表罗伯特·莱特西泽与日本经济产业大臣世耕弘成及欧盟贸易专员西莉亚·马姆斯特罗姆在巴黎举行会谈,并达成《欧盟—日本—美国制定更为严格产业补贴规则的基础界定》《技术转让政策和做法的联合声明》《关于市场导向条件的联合声明》等联合文件。文件多处表达三方对WTO规则进行完善与改革的意愿。

2018年10月26日,中日两国政府在北京召开"第三方市场合作论坛"。

截至2018年年底,亚集铁路已经累计运送旅客近13万人次。这是中国海外收集、设计、设备采购、施工、监理和融资于一体的"中国化"铁路项目,标志着成套中国铁路"走出去"取得重大突破。

2018年,习近平主席最先提出"一带一路"高质量发展。

2019年1月21日,省部级主要领导干部"坚持底线思维,着力防范化解重大风险专题研讨班"在中央党校开班。习近平总书记强调,要深刻认识和准确把握外部环境的深刻变化和我国改革发展稳定面临的新情况新挑战,坚持底线思维,增强忧患意识,提高防控能力,着力防范化解重大风险,保持经济健康发展和社会大局稳定。习近平总书记强调,当前,世界大变局加速深刻演变,全球动荡源和风险点增多,我国外部环境复杂严峻。我们要统筹国内国际两个大局、发展安全两件大事,既聚焦重点、又统揽全局,有效防范各类风险连锁联动。要加强海外利益保护,确保海外重大项目和人员机构安全。要完善共建"一带一路"安全保障体系,坚决维护主权、安全、发展利益,为我国改革发展稳定营造良好外部环境。

2019年2月14日,欧洲议会以大比数通过一项对外国投资进行安全审查的法案,以保护欧盟国家在关键的科技和基础设施领域的利益。

2019年4月25—27日,第二届"一带一路"国际合作高峰论坛在北京举办。

2019年6月17日,第十次中英财金对话期间,中英签署《关于第三方市场合作的谅解备忘录》。

2020年12月，中老高速公路万象—万荣段提前通车。

截至2020年年底，丝路基金通过以股权为主的融资方式，签约各类项目49个，承诺投资金额约117亿美元和438亿元人民币，覆盖了"一带一路"沿线多个国家。

2020年年底，亚洲基础设施投资银行成员国增加克罗地亚、塞内加尔、利比里亚，成员国扩容到103个，涵盖了世界大部分国家和地区。

2021年11月19日，第三次"一带一路"建设座谈会召开。

2021年12月3日，中老铁路通车运营。两国领导人通过视频连线共同出席了通车仪式。

2022年1月14日，中国已经与147个国家和地区、32个国际组织签署了200多份共建"一带一路"合作文件，涵盖投资、贸易、金融、科技、人文、社会、海洋等领域。

附件三：美国近年来针对中国的主要举措

2017年12月18日，特朗普政府公布首份《国家安全战略报告》，明确把中国列为"战略竞争者"，标志着美中对抗上升到战略层面。

2018年8月13日，《外国投资风险评估现代化法案》作为2019财年《美国国防授权法案》的一部分，由特朗普签署成为法律。该法案主旨在于大规模加强对外国投资的审查，将赋予CFIUS更广泛的权力，以国家安全为由审查并可能阻止外国交易，而且允许CFIUS审查涉及关键基础设施或关键技术公司的少数股权转让。2018年10月10日，CFIUS的主管部门美国财政部发布了《外国投资风险评估现代化法案》试点计划的暂行规定，进一步扩大CFIUS的管辖范围，以覆盖例如关键科技行业下细分的非控制类及非被动投资；对于试点计划覆盖到的行业内关键技术的交易，新增简易强制申报程序，必须在交易预期完成日期的45天前先提交一份不超过5页的关于交易基本信息的声明。

2018年8月28日，美国参、众两院以压倒性多数通过了特朗普的《外国投资审查更正法案》。其中一条是不允许部分公司在美国的一切投资活动。

这意味着将来中兴、中国移动等中国国企要全面撤出美国市场。美国外国投资委员会加大了自身改革力度，扩展了审查范围。以前在美国设立新公司的投资被称为绿地投资，不需要经过美国外国投资委员会审查。改革后在美国投资设立新公司，只有第一笔投资可以获得审查豁免，其余的投资都要向美国外国投资委员会申报。这种审查非常严格，由商务部、司法部、国防部轮流审查，会追溯每一笔投资是否合规，且必须在72小时内得到问题的反馈。这直接导致了中国在美国投资的断崖式下跌。美中双边直接投资额已经从2016年的峰值600亿美元（其中中国对美投资460亿美元，约为2015年的3倍）跌至2018年的略高于190亿美元（其中中国对美投资48亿美元）。

2018年9月，美国发布首个全面应对各种生物安全威胁的《美国国家生物安全防御战略》，构建整体性、系统性、战略性的生物安全防御体系，主要由美国国防部、国土安全部、卫生与公众服务部和农业部等负责实施。

2018年秋，美国国会通过立法建立了投资600亿美元的国际开发金融公司（IDFC）来监管对发展中国家的战略投资，显然是主要针对中国不断增长的影响力。

2018年，美国推出《出口管制改革法案》，包括对中国执行更加宽泛和严格的出口管制，首次对纳米生物、合成生物、基因组以及进化、遗传算法等生命科学前沿新型和基础技术加强管制。

2018年11月，美国司法部启动"中国行动计划"，以"打击经济间谍"和"窃取知识产权"为借口，针对美华裔科学家和与中国有合作关系的科研人员进行国家安全调查。

2019年3月25日，美国成立"应对中国当前危险委员会"（Committee on the Present Danger: China）。这个委员会作为一个专门对付中国的组织机构，它的成立标志着美国遏制中国崛起进入全面实施阶段。

2019年5月，美国将华为及70家关联企业列入其所谓的"实体清单"，并表示今后如果没有美国政府的批准，华为将无法向美国企业购买元器件。

2019年6月5日，一个由美国两党组成的法团提出《公平法案》（*Equitable Act*），要求在美国证券交易所上市的中国公司提供审计底稿和接受美国会计标准。

2019年6月，美国国防部成立"中国事务办公室"专注处理中国事务，并设立"负责中国事务的国防部副助理部长"职位，作为国防部部长的中国政策头号幕僚，负责涉华政策战略制定、监督和审查。

2019年8月5日，人民币对美元汇率破7。

2019年8月6日，美国财政部将中国列为"汇率操纵国"。

2019年10月，美国又将8家中国企业列入美国贸易管制黑名单，禁止与美国企业合作。具体包括大华科技、海康威视、科大讯飞、旷视科技、商汤科技、厦门美亚柏科信息有限公司、依图科技以及颐信科技有限公司。

2020年1月中旬，拜登上台之前任命外交政策专家坎贝尔（Kurt Campbell）担任亚洲事务主管"印太协调人"一职，来应对中国的挑战。

2020年1月30日，美国商务部部长罗斯在接受福克斯商业新闻采访时表示，中国暴发新冠疫情将有助于提升美国经济，认为这将加快工作机会重返北美的进度，有些会回到美国，有些可能被墨西哥得到。

2020年2月20日起，特朗普政府开始禁止向中国提供CFM国际公司（法国斯奈克玛公司和美国通用电气公司的合资公司）生产的LEAP-1C航空发动机。中国商用飞机公司正在研制的C919新型客机使用这款发动机。

2020年4月8日，美国联邦通信委员会允许谷歌开通连接至中国台湾的高速互联网链接，但以国家安全担忧为由不允许光缆连接至中国香港。中国电信也成了美国的打击目标。中国电信自2007年以来一直使用中国电信美国子公司的牌照来充当连接国内外网络的"公共运营商"。中国电信的国有企业性质，以及中国通过的几部法律，令美国方面担心该公司被迫遵守中国政府的要求，配合进行通信拦截等行动。美国政府也无法信任依靠中国电信。以美国司法部为首、包括国防部和国土安全部在内的多家联邦机构，要求美国联邦通信委员会永久性吊销中国电信美国子公司的牌照。

2020年4月16日，美国国会众议院军事委员会资深成员、共和党籍众议员马克·索恩伯里提交"亚太威慑倡议"草案，要求2020财政年度向印太地区追加60亿美元的防务开支，用于加强导弹防御、情报、监控、侦察、基础建设和人员培训等项目。该草案比照针对俄罗斯的"欧洲威慑倡议"计划，旨在遏制中国。该草案授权在关岛建设一个陆基综合导弹防御系统和武器交付系统，在夏威夷建设一个国土防御雷达站，在印太地区建设一个轰炸机的轮换驻扎基地，增强水下作战能力，研究员称精确火力系统。该草案还授权在印太地区建立地区应急预置中心，提前存储弹药，同时与地区盟友和伙伴国家加强防务合作，通过"国民警卫队伙伴合作计划"与当地国家增加接触，为"印太海洋安全倡议"和"太平洋伙伴计划"提供资金等。

2020年4月21日，代表美国石油和天然气生产商的美国勘探与生产委员会，在当前国际市场石油供应严重过剩的形势下，致信美国贸易代表莱特希泽，敦促其对中国施加压力，让中国及时履行从美国进口石油的承诺。美国勘探与生产委员会认为，按照美中双方2020年1月签署的贸易协议，中国要在两年时间内进口价值524亿美元的美国石油，但是中国履行承诺的进度不够快。但同时，中国却从沙特和俄罗斯进口了大量石油。

2020年5月15日，美国商务部工业和安全局宣布了一项有针对性的规则修订，旨在利用美国在芯片领域的垄断地位全面切断华为全球供应链，想一举打垮华为。多名华人学者被美国逮捕或被判重刑。5月15日，著名华人科学家、中国"千人计划"学者王擎在美国被捕；之前著名华人物理学家李晓江在美国被判重刑；5月11日，著名华裔科学家洪思忠在美国被捕。同时，美国正在与日本协商，将日本作为部署陆基中程导弹的候选地，这与以前部署在日本的反导导弹不同，陆基中程导弹属于进攻型武器。

2020年5月21日，美国参议院通过了《外国公司问责法案》，旨在加强对外国企业监管。该法案规定，任何一家外国公司连续3年未能遵守美国上市公司会计监督委员会（PCAOB）的审计要求，将禁止该公司的证券在美国证券交易所上市。该法案还将要求上市公司披露它们是否为外国政府所有或控制。后获得众议院通过，并获总统签署通过实施。

截至2020年5月，中国在美国的直接投资已经下降到2009年全球经济衰退以来的最低水平，接近于停止。但是美国在中国的直接投资情况变化不大。2019年中国在美国的直接投资平均每个季度为20亿美元，但是2020年度前三个月，中国对美国的直接投资接近于停止，金额只有2亿美元；同期美国公司宣布在中国的投资项目金额为23亿美元，仅略低于2019年的季度平均值。美国在中国的投资虽然2019年相较于2018年的130亿美元增加到了 140 亿美元，但是增长部分主要来自之前宣布的一些项目，如特斯拉在上海建厂等。中美两国之间的双向投资水平下降到了近年来的少有的低水平。

2020 年 5 月 23 日，美国商务部宣布，将共计 33 家中国公司及机构列入"实体清单"。其中包括北京计算机科学研究中心、奇虎三六零、捷辉创（香港）科技有限公司等科技企业/机构。北京达闼科技（Beijing Cloudmind Technology Co. Ltd.）具体名单是北京云计算中心（Beijing Computational Science Research Center）、北京锦程环宇科贸（Beijing Jincheng Huanyu Electronics Co. Ltd.）、北京高压科学研究中心（Center for High Pressure Science and Technology Advanced Researc）、成都太科光电有限责任公司、中国九原贸易公司、达闼科技香港［Cloudminds（Hong Kong）Limited］、达闼科技（Cloudminds Inc.）、哈尔滨创越科技有限公司（Harbin Chuangyue Technology Co. Ltd.）、Kunhai（Yanjiao）Innovation Research Institute、哈尔滨工程大学（Harbin Engineering University）、哈尔滨工业大学（Harbin Institute of Technology）、哈尔滨蕴力达科技开发有限公司（Harbin Yun Li Da Technology and Development Co. Ltd.）、精纳科技有限公司［JCN（HK）Technology Co. Ltd.］、快急送物流（中国）有限公司、顶峰多尺度波音所（Peac Institute of Multiscale Science）、奇虎三六零（Qihoo 360 Technology Co. Ltd.）、奇虎三六零（Qihoo 360 Technology Company、Shanghai Nova Instruments Co. Ltd.）、四川鼎澄物资贸易公司（Sichuan Dingcheng Material Trade Co. Ltd.）、四川新天元科技有限公司、四川图斯克进出口贸易有限公司、砺剑天眼科技有限公司、中国公安部法医学研究所（China's Ministry of Public Security's Institute of Forensic Science）、阿克苏华孚，拉拉股份有限公司云行科技（Aksu Huafu Textiles Co. Cloud Walk Technology）、烽火科技集团（Fiber Home Technologies Group and the Subsidiary）、南京烽火星空通信发展（Nanjing FiberHome Starrysky Communication Development）、网易考拉（NetPosa and the Subsidiary）、深网视界（人脸识别）（SenseNets）、云天励飞（Intellifusion）、IS'Vision.。据悉，这些企业及部门被列入"实体清单"后，美国政府即可根据《出口管理条例》限制对这些机构出口、进口或转口，这意味着进入名单的企业无法与美国有任何商业交易。包括此次被列入美国"实体清单"的 33 家中国科技企业，

美国至今已封禁超过100家中国企业。

2020年5月,美国成立众议院共和党"中国任务组",以应对"中国对美国各层面的挑战"。该组由14个不同委员会的15名共和党议员组成,协调涉中国立法事项。该组划分为国家安全、科技、经济与能源、竞争力、意识形态竞争5个支柱小组。2020年9月,该组形成一份141页的报告,列出400多项针对中国的政策建议。

2020年6月5日,美国对33家中国企业和机构的新制裁正式生效。

2020年6月17日,美国总统特朗普签署所谓《2020年维吾尔人权政策法案》(*Uyghur Human Rights Policy Act of* 2020),威胁进行涉新制裁。

2020年6月24日,特朗普政府决定将包括华为、海康威视等20家中国顶尖企业列为中国军方"拥有或控制",为美国对其实施新金融制裁铺路。

2020年6月29日,美国商务部官网发布声明称,已取消对中国香港的特殊相关待遇,包括暂停出口许可证豁免,并正在进行差别待遇评估。

2020年7月9日,美国国务院和财政部宣布根据《全球马格尼茨基人权问责法》对一家中国新疆政府机构和4名官员实施制裁。

2020年7月14日,美国总统特朗普签署所谓《香港自治法案》(*Hong Kong Autonomy Act*),威胁将对"协助限制香港自治"的中国实体和个人实施制裁。

2020年7月,美国国土安全部宣布成立"中国工作组",主要在贸易和经济安全、网络安全和关键基础设施、边境安全和移民、知识产权等领域开展活动。

2020年9月,美国国防部设立"对华政策办公室",主要负责国防部对华政策研究。

2021年2月,美国国防部成立"中国工作组",主要负责涉华国防事务。

2021年3月2日,美国联邦通信委员会将华为技术有限公司、中兴通讯、海能达通信股份有限公司、杭州海康威视数字技术股份有限公司和浙江大华技术股份有限公司5家中国公司列入威胁美国国家安全的通信设备和服务提供商名单。

2021年6月,美国国会参议院通过斥资2500亿美元,全面抗衡中国的跨党派《创新与竞争法案》。

2021年10月7日,美国中央情报局宣布将中国业务从原来的"东亚太平洋任务中心"中独立,设立"中国任务中心",并称中国是美国在21世纪最重要的地缘政治威胁。

2021年12月2日,美国证券交易委员会(SEC)通过最终修正案,颁布了《外国公司问责法》(HFCAA)的实施细则,明确了"SEC认定的证券发行人",并对CII提出了明确的各类信息披露要求。美方要求在美国上市的中资公司必须披露它们是否由政府实体拥有或控制,并提供审计底稿供美方检查,否则将在3年内被纽约证券交易所和纳斯达克摘牌。面临摘牌的中资公司可能超过200家。

2022年1月25日,在美国国会众议院《创新与竞争法案》基础上,美国国会众议院推出《2022年美国创造制造业机会和技术卓越与经济实力法》,简称为《2022年美国竞争法案》。该法案于2022年2月4日获得通过。按照这项长达近3000页的法案,美国将创立芯片基金,拨款520亿美元鼓励私营部门投资于半导体的生产等;授权划拨450亿美元改善美国的供应链,加强制造业,防止关键物品的短缺并确保更多此类产品在美国制造;推动美国的科学研究和技术创新以及通过经济发展、外交、人权和同盟关系确保美国在全球的竞争力和领导地位。该法案还有多项涉及中国台湾的条款,包括强化美国与台湾的伙伴关系,并包含了2021年由美国两党众议院推出的《台湾和平与稳定法案》和《台湾国际团结法案》的内容。该法案旨在加强美国竞争力,目标是加强美国国内供应链、先进技术研发和科学研究,在全球范围内与中国抗衡。美国总统拜登发表声明称,该法案将使美国在今后几十年内在与中国和其他国家的竞争中立于不败之地。

2022年2月7日,美国商务部宣布将33个总部在中国的实体列入"未经核实名单"。列入这一清单的公司必须接受严格的出口管控,美国的理由是美国官员"无法对这些公司进行例行式核查"。美国商务部声明,无法确定这些实体的合法性与可靠性在美国政府控制之外,可能包括无法联系或找到当事方、当事方未能恰当展示涉《出口管制条例》物项的性质、当事方所在国政府在美国商务部工业和安全局进行最终用途调查缺乏配合。被列入这份名单并不意味着该实体构成具体和明确的国家安全威胁或外交政策关注，但美国公司与纳入名单的实体进行交易时必须进行额外的尽职调查，需要提交更多的文件，美国出口商如向被列入名单的中国公司发货必须获得许可证。这33家公司主要包括电子公司、光学公司、一家风涡轮叶片公司、某大学的国家实验室等。

2022年2月11日，美国白宫发布印太战略文件，宣布向印太地区投入更多的外交与安全资源，以对抗中国。依据这份12页的文件，美国将聚焦从南亚到太平洋岛屿的印太地区的所有地域，来加强美国的地位和承诺。在中国台湾问题上，华盛顿将与地区内外的伙伴合作，维护台湾海峡的和平与稳定。美国将要推动联盟关系现代化，加强新兴的合作伙伴关系，并对地区性的组织进行投资。美国还将扩大美国海岸警卫队在南亚、东南亚与太平洋的存在与合作。美国还将在2022年推出"印太经济框架"来弥补特朗普退出《跨太平洋伙伴关系协定》的真空。美国在原有的西太平洋地区双边同盟体系的基础上，近年来逐步构建了美日印澳四方安全对话和澳英美联盟来对抗地区"唯一竞争对手"中国的印太战略的核心。美国推出和完善印太战略，基本框架包括四大层面：军事层面的力量建设、政治层面的盟友与伙伴关系发展、经济层面的贸易协定再谈判与投资合作扩大化、制度层面的地区网络化结构的形成。该战略具有明显的中国指向性，在军事安全、经济发展、地区影响力以及政治安全等领域对中国造成了一定挑战。

2022年2月24日，美国上市公司会计监督委员会表示，它正持续与中方监管机构就对在美国上市的中资公司的审计底稿检查问题进行沟通，但目前仍不清楚中国政府是否会允许美方检查审计底稿。

2022年3月25日，美国联邦通信委员会将俄罗斯卡巴斯基实验室、中国电信美洲公司和中国移动国际（美国）公司列入威胁美国国家安全的通信设备和服务提供商名单。

2022年4月22日，美国国家安全委员会印太事务协调员坎贝尔和国务院亚太事务助理国务卿康达率领的代表团在与所罗门群岛总理索加瓦雷会晤时称，美国将对中国在所建立永久军事存在的任何举措"有重大关切并作出相应回应"。

2022年4月27日，美国贸易代表办公室发布特别301报告，将27个贸易伙伴列入所谓侵犯知识产权观察名单，并将中国、印度和俄罗斯等国列为知识产权侵犯最为严重、对美国企业影响最大的"重点观察名单"。

2022年4月27日，美国国会众议院通过一项法案，指示美国国务院制订计划，协助中国台湾重获世界卫生大会观察员地位。

2022年5月4日，美国证券交易委员会将80多家中概股列入预摘牌名单，其中包括京东、拼多多、网易、晶能科技、蔚来汽车、中国石化等知名企业，原因是无法检查这些公司的审计底稿。

后 记

这本书是我的博士出站报告。故以报告的致谢作为本书后记。

出站了，赶在期限之前，我完成了博士后出站答辩，得到了经济学博士后证书。在此之前，我先后完成了法学专业本科、国际关系专业国际组织研究方向硕士、国家安全学专业危机管理与国家安全研究方向博士的学习。之前的专业领域跨越就很大，但是这次的跨越是最大的，再加上工作和年岁的原因，完成的过程也是最难的。矛盾从来都是存在的，如何抓矛盾和矛盾的主要方面，平衡好各种事项和关系的个中辛酸，一言难尽！

我在"人民日报内参""世界经济调研"以及博士后单位"研究报告"等发表了多份比较有分量的内参，在期刊、杂志、报纸、网站上发表了100多篇文章，参与了多本部级教材的编写工作，参与了多项省部级课题，也搞了些讲座。这些学术成绩和那些翘楚、大牛，甚至一些同门、同学比起来都不算什么，我也有自知之明、知道自己几斤几两。但是无论从起点看，还是从职业和岗位看，抑或类似经历的同龄人来看，自诩也已经十分不易了。所以，我自知也成了一种奇葩和另类。

对于经济学而言，我从头学起，对于经济学的相关内容也逐块学以致用。而后在导师的指导下逐步锁定到海外投资利益保护这个题目。这个题目是个几乎全口径的经济学问题。随着我国经济总量的不断增大、对外开放的不断推进，中国海外投资利益的流量和体量不断上升。百年未有之大变局、特别是乌克兰危机导致的世界格局变化，更是将海外投资利益维护和风险防范推向潮头。写作过程中得到很多帮助，在此特别感谢！

感谢宁吉喆老师。宁老师高屋建瓴，有的放矢，治学严谨，和蔼可亲，平易近人。感谢宁老师给我打开经济学之窗。在百忙之中，宁老师数次当面耐心细致地指导，对研究方向和研究思路都做了精确的引领，为我指明了海外投资利益维护及其风险防范相关"政策研究"这个前进的方向。宁老师对这份作业作了严格的要求，使我不敢有丝毫的懈怠。经济安全和海外投资利益保护研究和实践只有进行时，没有完成时。在以后的工作和研究中，还需要不断投入和努力。

感谢王春正主任。博士后报告的开题和答辩都十分荣幸请老人家作为主席，受教匪浅。王主任学术修养深厚，治学严谨，温文尔雅，谈论问题准确、清晰、到位，真正的大家风范，诚为我们晚辈做人做事的榜样。

感谢毕井泉常务副理事长、韩永文副理事长、李德水局长、王一鸣副理事长，百忙之中，疫情之下，指导答辩！几位前辈都是大家，看报告、说意见都是远识高见，切中要害。各位前辈的指点我将铭记于心、努力实践。

感谢中国国际经济交流中心。感谢博士后工作站各位老师和工作人员。在学习和研究的过程中，领导、老师和同学们的宽广视野、灵活思路、强大逻辑思维能力使我受益良多。

感谢博导杨明杰研究员。儒雅博学，才高八斗，博观约取，实事求是，却低调务实。海外利益保护本身就是特殊领域的国际危机管理、公共危机管理。因此可以说这本书一定意义上就是博士研究方向的细化。我将永远记住杨老师的话，用修行的态度踏实行走人生。

感谢硕导张海滨教授。作为顶尖学府的知名学者，温和理性的张老师是待人治学做事的榜样，无论面前的人什么水平和段位，张老师都是一样的亲切和蔼。张老师的经典语录："只要务正业、干正事、一直努力，成就大小不说，但是一定会有所成就。"我自2006年开始有幸接受教诲，直至今天，受益颇多。

感谢博士后以及各个阶段的同学、同门、朋友，你们是我读书路上的益友良朋，也是互助一生的好伙伴。

感谢我的单位，给了我一份安稳与依靠。单位解决了我这个寒门子弟的基本生存和安全感的问题，虽然也给了一些束缚。有了这口井，我的心理上才安全了，我才能抓住各种机会不断地学习和进修。面对百年未有之大变局，稳定的工作越发重要，这可能也带动了从业者社会地位的变化。所以这也是一种庆幸。近来，对于私德、公德和职业道德有了一定的感触——作为个人，要做一个真实的自己，作为家庭和家族的一员，要承担为人子、为人夫、为人父的责任，这是天伦之乐的基础；从单位的角度讲，个人在岗位上工作，要按照岗位的动态要求做人做事，爱岗敬业；作为公民，要关注时代背景，要从国家和世界的时空格局中找方向、做人做事。所以，要统筹兼顾，目光长远。

也要感谢所在单位的领导和同事们。一些领导和同事给予了我工作的机会，并给予了必要的关心爱护，我对他们终生感恩。也有些人让我得以更加全面地认识单位和社会，直到后来才不经意发现，与他或者她共事的经历成为我一生中不可多得的财富，过程之中也明白了什么叫作底线思维。总体来说，自己的际遇应该算是不错，否则即使努力可能也达不到今天的状态。客观地说，我碰到的大部分领导和同事是与人为善的，事情的顺利与不顺利都是机会乃至后来的结果。而在我做好工作、再主动要求学习的情况下，当时的领导们大多数都是支持的。所以，一次就抓住了学习的机会，这当中除了自己之外还有很大的因素是当时的领导们都没有阻挠或劝退。

感谢家人的大力支持。人的时间和精力是有限的，工学相长地一路走来，自知在家事上的投入不够，相较于关注家庭的高净值人群而言，对家人有所亏欠。其余可能有些酸楚的地方略去，虽然这部分可能是感受最深的。凡是过往，皆有因果，何必一时一事。

自己也不容易啊！从冀北小山村，一路不忘本心、潜心向学、披荆斩棘、筚路蓝缕，从故乡那条曾经的沙土路，一直走到京城安身立命、安家立业、福缘善庆，得到修行博士后的机会。这条路是徒步、是骑着那辆"永久牌"自行车开始的。博士后研究期间，白天上班，工作正常进行，也有一定的岗位责任；而所有的搜集资料、写作、修改、研究工作都是在业余时间。这本书在时空和精力上是不断向自身挖潜和"乾坤大挪移"的产物。我一心向学，全力践行工学相长、工研结合，也取得了一些成果。我努力实现法律、国际政治、国家安全和经济学的专业跨越。已届不惑之年，其中滋味，可想而知。身为寒门子弟，只有顽强拼搏、永不服输、踏实前行，才能有自己的点滴进步和微薄收获。所以我特别喜欢那首"离离原原上草，一岁一枯荣。野火烧不尽，春风吹又生"。这就是草根的精神，也是草根最最宝贵的资源。

自从将近7岁读小学以后，30多年来，我从来没有停止读书，抓住一切机会读书、学习。我较为广泛地涉猎文学、历史、哲学，特别是人生哲学、法律、国际关系、经济学、英语等方面的书籍资料。30多年来，精读数百本，阅览过万卷是肯定没有问题的。通过读书、学习和写作，我打开了一扇窗，开阔和深化了对于世界的认识，思路得到开拓，思想得到提高和充实。可谓仰观宇宙之大，俯察品数之胜，可以游目骋怀，足以极视听之乐也。我的人生因为读书、写作得到了一份独特的精彩。将来如果时间允许，我将在读书和写作上投入更多。

感恩祖国，感恩时代，给予我们寒门子弟践行草根精神、学习、研究和实践的机会和条件！

感恩领导、老师、家人和亲朋好友，你们的支持帮助是我不懈奋斗的动力源泉和现实基础！

是为博士后出站小记。也以此小记作为本书的后记。

感谢中央党校（国家行政学院）图书和文化馆馆长于军教授作序。感谢著名书法家李炯峰题写书名。感谢中国商务出版社郭周明社长和刘姝辰主任给予的大力支持。

陶满成

2022年11月28日